L'Avenir de Hegel, Plasticité, Temporalité, Dialectique

ヘーゲルの未来

カトリーヌ・マラブー Catherine MALABOU
西山雄二 訳 Yuji NISHIYAMA

未來社

日本語版への序文

日本語版に序文を寄せるにあたって、二人の高名な先駆者のことを引き合いに出させてください。私はどうしても、ハイデガーとデリダのことに思いを馳せずにはいられないからです。私が思い出すのはあの二つの重要なテクストのことです。一つ目は、ハイデガーが日本人対話者と「存在」という言葉の翻訳に付き纏うあらゆる困難さについて議論を展開しているテクスト「言葉についての対話より」[★1]です。二つ目は、デリダが井筒俊彦教授に「脱構築」の翻訳に関する注意事項を余すところなく披露しているテクスト「日本人の友への手紙」[★2]です。

明らかに、〔私の哲学の主要概念である〕「可塑性」は存在とも脱構築とも異なります！　とはいえ、「可塑性」は存在と脱構築に多くを負っています。ですから、可塑性が辿る哲学的航跡のなかで、既に随分と切り開かれた数々の道と交差しないというのは私には不可能なことです。

存在、脱構築、可塑性——これら三つの場合において、何かとても壊れやすいものが問題になっています。きわめて執拗に存続する何か、そして、著しく危険に曝け出された何かです。私たち自身のように、私たちの生のように。私のために「〔日本語の〕可塑性」を分解して、真ん中の漢字〔「塑」〕に留意しながら、訳者の西山雄二氏は「塑」が「朔」から形作られていることを指摘してくれました。彼の説明によれば、「塑」とは「へらやのみを使って粘土や泥の塊で塑像すること」「土を掘ること」「土を削ること」を意味します。「朔」には「陰暦で月の第一日。月が一周してもとの位置に戻ったこと」という含意があります。

「塑」と「朔」の関係はあくまでも音声的なものであって意味的なものではないと注意を促しながらも、西山氏は両者のあいだに必然的な関係を見い出そうとします。彼によれば、「私は〔両者の〕想像上の関係に魅力を感じています。

粘土の塊で塑像が作られる。しかし、塑像はとても壊れやすいので、自ずからあるいは雨風の影響でいとも簡単に解体してしまいます」。こうして、あらゆる形態の贈与は破壊に関係します。「あたかも形成作用（塑）が、月の満ち欠けのように、出発点への回帰や最初の位置に向かう運動（朔）と切り離せないかのようなのです」。

この美しい分析は可塑性を〔形の〕出現と無化のあいだに刻み込みます。そうして、一方では存在論的な差異――存在者のステータスと存在の無化のあいだの隔たり――によって、他方では現前の消滅と型の形成作用とが一致するような痕跡の運動によって、開かれた空間のなかに可塑性が的確に位置づけられるのです。

〔日本語の〕「可塑性」のなかに、『存在と時間』第四二節で展開される「憂い」の寓話[☆1]に似たものを、また、『余白』の冒頭に配されたあの「鼓膜」の特徴を見い出せるのではないでしょうか。デリダによれば、鼓膜とは耳の内部を構造化する肉の迷宮であり、それは「同質的な空間」の形態とは異なる「閉域の形態を境界画定し[★3]」ます。こうしてみると、可塑性が特徴づけているのは、〔ハイデガーにしたがえば〕つねに憂いをともなう、粘土のように柔軟な分節構造という存在様態であり、〔デリダにしたがえば〕聴聞や理解を決して凝固したもの、固定したもの、決定的なものにはしない、自分自身の形態を自らに贈与する螺旋構造という存在様態なのです。

「言葉についての対話より」のなかで、日本人は、おそらくは文章表現よりも、とりわけ能のような演劇によって言葉の翻訳が容易になると語っています。「動作とは私たちが担い返すものと私たちに向かって担われてくるものが根源的に一体となって凝集したもの[★4]」と彼は言います。この担うことの凝集とは可塑性概念を展開させる的確な表現に他なりません。可塑性が何かを形作りながら何かの位置をずらすことである以上、それは動作なのです。可塑性とは、主体が自らの未来を形作りながら運動するという緊張状態に付与された的確な名称です。それはいわば、主体における時間の動作のことなのです。だからこそ、可塑性について語る際にはつねに二重の領域、つまり、本質――主体とその形態――と偶有性――到来する幸運なもしくは不運な出来事――とに従わなければならないのでしょう。厳格な同一性の法則に従いながらも数々の出発と変貌とが演出される、そんな劇場の舞台の上で可塑性を表現する必要があるのでしょう。

この舞台はヘーゲルの体系という舞台です。そこでは、絶対者が〈自己《ゼルプスト》〉、すなわち、自らの真理の形態と運動とを自己固有化する匿名の自己として演技をします。デリダが見事に示したように、ある意味において、真理の弁証法的‐可塑的な自己固有化はこの真理そのものの脱構築と部分的に結びついているのです。思考することは結局、体系が構築されるときに「諸構造を解体し、分解し、その沈殿物を浮かび上がらせること」★5なのです。ヘーゲルからすれば、可塑性を通じて主体は自分固有の形態を予見しつつもその到来に驚く〔voir venir〕のであり、可塑性とはあらゆるプログラムと予定説を逆説的にも分解してしまう時間の塑造なのです。

「存在」、「脱構築」、「可塑性」は互いに類似しているとはいえ、これらの語の主な違いはおそらく、「可塑性」の翻訳は難しくはないという点にあります。可塑性はヘーゲル哲学においてさほど専門的ではない概念です。この概念は翻訳不可能というわけではまったくありません。それは数多くの言語において煩瑣な置き換え作業を必要としません。既にみたように、問題は動作なのです。「可塑性」を翻訳することは、動作を理解するようにうながす動作なのです。

まさにこうした点において、私たちは形而上学の破壊や脱構築を越えてヘーゲルへと導かれます。言葉が欠如しているというならまだしも、実際の運動や変動するものが欠如しているところで、贈与と破壊の同時性を思考することなどできるのでしょうか。これが思弁的観念論の根本的な問いなのです。

この点において、日本語は可塑性の理解を助けてくれます。塑像や時間の循環、粘土や退化といった含意を有する以上、ギリシア語やドイツ語、フランス語とはかけ離れているとはいえ、何ら技巧を加えることなく、〔日本語の〕「可塑性」によって、何かが執拗に存続することと何かが放棄されることの同時性を把握することが可能なのです。〔ある言語から他の言語への言葉の〕予期せぬ移行の一例と言うべきでしょう。

この意味において、〔日本語の〕「可塑性」は〔本書で論述される〕「可塑性」の未来そのものです。それはヘーゲルの未来に他ならないのです。こうした要点を十分に把握されている西山雄二氏に深く感謝申し上げます。

カトリーヌ・マラブー

原注

★1　Martin Heidegger, «D'un Entretien de la parole. Entre un Japonais et un qui demande», *Acheminement vers la parole*, NRF Gallimard, 1976.〔「言葉についての対話より」亀山健吉他訳『言葉への途上』創文社、一九九六年〕

★2　Jacques Derrida, «Lettre à un ami japonais», *Psyché Inventions de l'autre II*, Galilée, 2003.〔「〈解体構築〉とは何か」丸山圭三郎訳『思想』一九八四年四月号、第七一八号〕

★3　Derrida, *Marges - De la philosophie*, Minuit, 1972, pp. XX-XXI.

★4　«D'un Entretien de la parole», op. cit., p. 104.〔「言葉についての対話より」前掲、一二五頁〕

★5　«Lettre à un ami japonais», op. cit., p. 11.〔「〈解体構築〉とは何か」前掲、一二二頁〕

訳注

☆1　ハイデガーはヒュギヌスの寓話として伝承されている「憂い」の寓話を引用している。陶土の土地に辿り着いた「憂い」は陶土の塊を形作る。そこにユピテルが通りかかり、完成したこの塑像に精神を吹き込む。しかし、塑像の名づけをめぐって、最初に形態を整えた「憂い」と精神を与えたユピテル、素材を提供した「地」のあいだで論争がおこる。三者は判官を呼んで彼に調停を求め、結局、塑像は人と名づけられることで決着がつく。ハイデガーはこの寓話のなかに、人間的現存在が精神と身体とは異なる「憂い」を根源的に抱え込んでいることをみる。

ヘーゲルの未来——可塑性・時間性・弁証法★目次

凡例

＊本書は、Catherine Malabou, *L'avenir de Hegel Plasticité, temporalité, dialectique*, Vrin, 1996 の全訳である。

＊（　）と［　］は原文どおりに表示した。原文中の《　》は「　」、原文中の大文字は〈　〉で表わした。ただし、訳者の判断で、成句や語句のまとまりを示すために〈　〉や「　」を、訳文を読みやすくするために——を使用した箇所もある。

＊〔　〕は原語を挿入するため、日本語訳書の書誌情報や訳者による補足を表わすために用いた。

＊原文中のイタリック体による強調は傍点で示した。ただし、引用であることを示すためにイタリック体が用いられている場合には、訳文では傍点を付していない。

＊★は原著者による注、☆は訳者による注を示す。

＊原文では、引用されたドイツ語は、フランス語の原文と区別するためにすべてイタリック体で表記されているが、訳文では標準的なローマン体で記した。その際、ドイツ語原文を参照した上でイタリック強調が施されている箇所はイタリック体で記した。

＊原注の参照指示が明らかに間違いである場合、原著者本人の了解を得て訂正をおこなった。

＊本文中のヘーゲルからの引用はすべて、原則として訳者によるフランス語からの翻訳である。ただし、次にあげるドイツ語のズールカンプ版ヘーゲル全集、および日本語訳を適宜参照した。

・*G. W. F. Hegel Werke in zwanzig Bänden*, Redaktion Eva Moldenhauer und Karl Markus Michel, Frankfurt am Main, Suhrkamp, 1969-71.

＊頻出するヘーゲルの著作の日本語訳への参照指示に関しては、次にあげる訳書のタイトルと頁数だけを〔　〕のなかで示した。

・『エンチュクロペディー』

『小論理学』：松村一人訳『小論理学（上・下）』岩波文庫、一九五一・五二年。

『自然哲学』：加藤尚武訳『自然哲学（上・下）』岩波書店、一九九八・九九年。

『精神哲学』：船山信一訳『精神哲学（上・下）』岩波文庫、一九六五年。
・『精神現象学』
樫山欽四郎訳『精神現象学（上・下）』平凡社ライブラリー、一九九七年。
・『大論理学』
武市健人訳『大論理学（上巻の一・二、中巻、下巻）』岩波書店、一九五六―六一年。
・『信仰と知』
上妻精訳『信仰と知』岩波書店、一九九三年。
・『歴史哲学講義』
長谷川宏訳『歴史哲学講義（上・下）』岩波文庫、一九九四年。
・『哲学史講義』
武市健人・真下信一・藤田健治・宮本十蔵訳『哲学史（上巻、中巻の一・二、下巻の一・二・三）』岩波書店、一九四一―六一年。
・『宗教哲学講義』
木場深定訳『宗教哲学（上巻、中巻、下巻）』岩波書店、一九八二―八四年。

（『宗教哲学講義』に関して、著者はラッソン版、およびこの版のフランス語訳を参照している。これに対して、日本語訳はズールカンプ版からの翻訳である。そこで訳注では、マラブーが引用するラッソン版に対応する日本語訳の頁数を可能なかぎり示すことにする。）
・『美学講義』
竹内敏雄訳『美学（第一巻の上・中・下、第二巻の上・中・下、第三巻の上・中・下）』岩波書店、一九五六―八一年。

ヘーゲルの未来——可塑性・時間性・弁証法

装幀——戸田ツトム

謝辞

本書は、ジャック・デリダの指導のもとで執筆され、一九九四年十二月十五日に高等師範学校《エコール・ノルマル・シュペリウール》で口頭試問を受けた拙博士論文に加筆したものである。ベルナール・ブルジョワを審査員長とする審査委員会は、ドゥニーズ・スーシュ＝ダーグとジャック・デリダ、ジャン＝フランソワ・クルティーヌ、ジャン＝リュック・マリオンで構成されていた。

彼らの鋭敏な読解のおかげで、この口頭試問は私にとってひとつの出来事になった。つまり、数多くの点で、この出来事によって私は自分の未来へと委ねられたのだ。

ベルナール・ブルジョワは、光栄なことに、いささか危険を孕んだヘーゲル読解の有効性を認めてくれただけでなく、さらには、私以上にその効力を汲み取ってくれた。

ジャン＝リュック・マリオンは私に信頼や支持、厚意を示してくれた。私が何を彼に負っているのか、彼はすべて心得ている。ここで今一度、私から友愛と讃嘆の念を彼に表わしておきたい。

ジャン＝フランソワ・クルティーヌは私の研究に何度も目を通してくれた卓越した読者だった。私が手直しを試みるにあたって、彼は惜しむことなく、私に助言と励ましの言葉を与えてくれた。彼が主宰する叢書に本書を収録して頂くことになり、彼には本当に感謝している。

家族と友人にも感謝の意を述べたい。とりわけ、リュセット・フィナスとエルヴェ・トゥブールに。彼らは、『ヘーゲルの未来』を構想し執筆していた困難な時期に私を絶えず支援してくれた。

私は本書を、パリ第十大学で教鞭を執る初年度に書き終えた。新しい同僚たちの歓待精神が私の任務をどれほど容易にしたか、彼らに伝えておきたい。

国立科学研究所の研究員であるアラン・ペルネには、原稿を最終調整する際に大いに助けていただいた。ペルネ氏には心より御礼申し上げる。

私の研究はその核心的な部分をジャック・デリダが書いた作品、彼が施した研究指導、彼が与えてくれた友愛に負っている。願わくば、本書——かつて彼はこの著作のことを予見していた〔voir venir〕だろうか——がデリダにとって、私の負債の証言とならんことを。

はしがき

『エンチュクロペディー　精神哲学』の読解を進めるにあたって、本書で注釈されるヘーゲルの著作はフランクフルト期以降のものに限られる。

翻訳上の諸問題（とりわけ、「Aufhebung」に対する仏訳語「relève」の選択）はすべて、論述の途中で明示される。

ヘーゲルのテクストはほとんどの場合、フランス語の既訳から引用されるが、訳文は度々変更される。翻訳は概ね最新のものが使われるが、『精神現象学』の翻訳は例外である。なぜなら、私たちはジャン・イポリット訳にその一字一句につねに忠実であるわけではないにしろ、彼の翻訳の精神に今もって忠実であろうとするからである。

参照したドイツ語テクスト（それぞれの版は巻末書誌で細かく指示される）の頁数は注記の鉤括弧のなかで示される。

私たちは〔強調記号を略して〕**hegelien, hegelianisme** と表記し、**hégélien, hégélianisme** とは書かない。同様に、**Iena** と表記し、**Iéna** とはしない。大文字表記は極力避けることにする（「**esprit**」、「**savoir absolu**」等々）。

Science de la logique (E) は『エンチュクロペディー　小論理学』を指し示す。

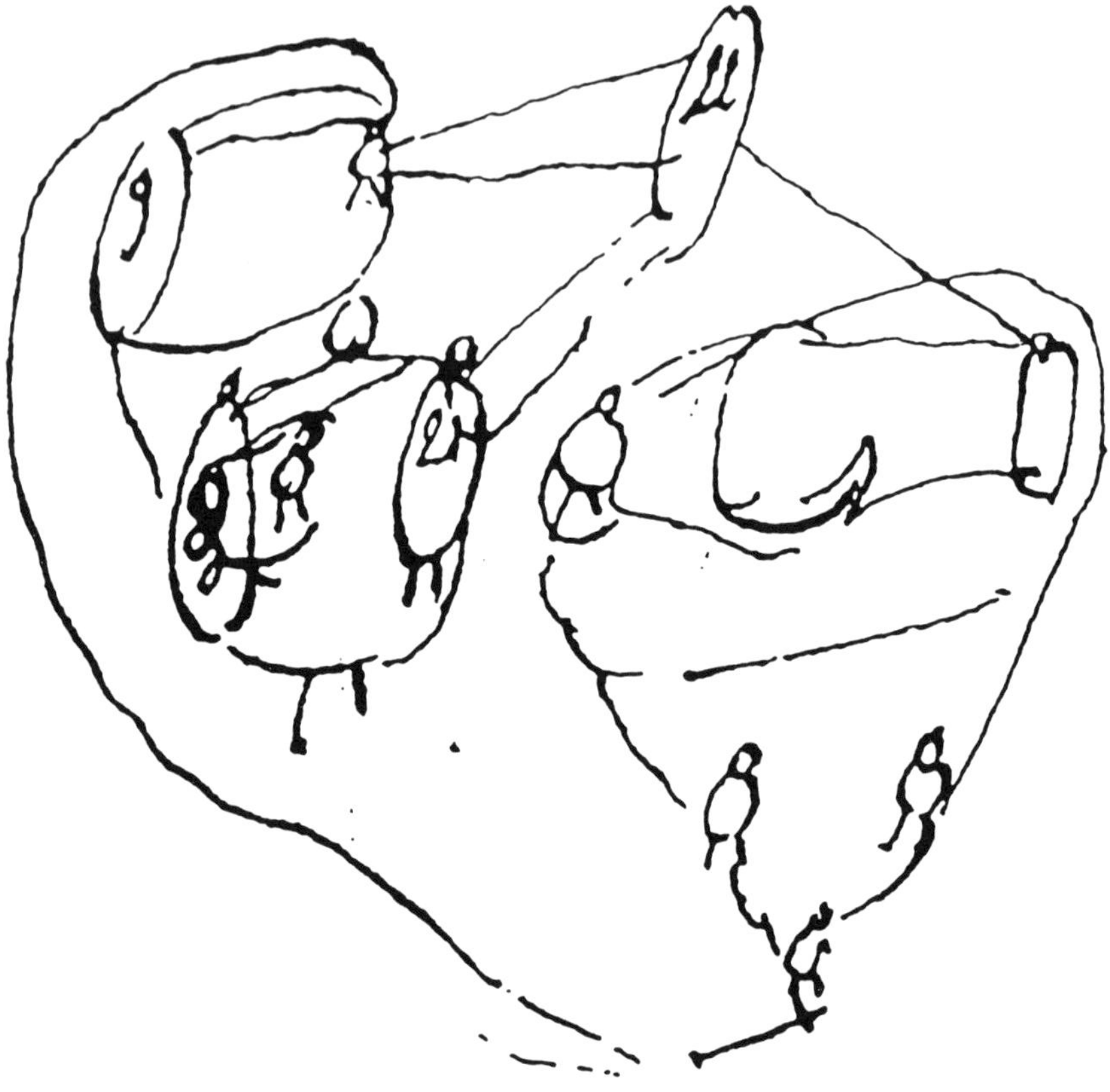

『自然哲学』(1805－06年)
の草稿の余白に描かれたヘーゲルの素描

「有機的なものの推論」

類はここでは有機的なものの側に立つ——結論は、類は非有機的なものと直接的に合一されるということである。——個体は自分自身を食い尽くす。排除することのない分裂。有機的なもののそれ自身との関係。個体は自らの無機性を止揚し、自分自身から栄養を摂取し、自らを自分自身へと分枝させ、自分の普遍を自分の諸区別へと分裂させる。これが個体自身における過程の推移である。☆1

訳注

☆1 『自然哲学(下)——ヘーゲル哲学体系初期草稿(三)』本多修郎訳、未來社、1984年、212頁。なお、同様の表現は『自然哲学(下)』、第342節補論、476頁にもみられる。

序論

I　問題設定

A）ヘーゲル哲学は「過去のもの」なのだろうか？

「ヘーゲルの未来」という表題はひとつの肯定として、ヘーゲルには未来があるのか、という問いに対する先取りされた積極的な応答として提示される。こうした問いがこの一世紀の終わりに立てられることは止むを得ないことである。今世紀を通じて、哲学的思考はヘーゲルの偉大さを称賛し、彼に対する負債を認めながらも、全体化的さらには全体主義的と判断された形式——思弁的観念論は思考をこうした形式に服従させたと信じていた——に対して、拒絶とはいかないまでも、距離を置こうとする運動に断固として参与してきたのだから。それゆえ、今日、ヘーゲルの未来をひとりでに獲得されたもの、ないしは承認されたものとみなすことは不可能である。つまり、この未来そのものが到来しなければならないし、これから検証され、教育される余地があるのだ。こうした教育に対してこそ、本書は捧げられるのである。

「ヘーゲルの未来」という表現から、何よりもまず、ヘーゲル哲学が有する未来を理解しなければならない。「未来

〔avenir〕」という語には「未来時〔futur〕」という通常の意味があるが、語源的にみればそれは到来するものを意味し、また、持続しうるものを指し示す。☆1 例えば、「avoir de l'avenir（将来性がある）」とは「後裔をもつことができること」である。さて、これは根本的な問題なのだが、時間が経つにつれて、ヘーゲル哲学が時間の解消という試みとして現われてきたのに、この哲学はいかにして真正なる後裔をもつことができるのだろうか。さらには、いかにして何事かを約束すること、出来事を生み出すこと、時間を導くことができるのだろうか。

問題となるのは時間である。時間を通じてこそすべては開始され、時間が原因でヘーゲル哲学と現代哲学の不一致が宣告されたのだから。『精神現象学』の有名な結論はいわば、ヘーゲル主義の死刑宣告に署名したのである。

> 時間とは定在する概念、空しい直観として意識に表象される概念そのものである。それゆえ精神は必然的に時間のうちに現われることになる、そこで精神は、自らの純粋概念を把握していないかぎり、すなわち時間を亡ぼしていないかぎり（**das heißt nicht die Zeit tilgt**）、時間のうちに現われることになる。時間は自己によって把握されていない純粋な外的な直観された自己であり、直観されただけの概念である。この概念は、自己自身を把握するとき、その時間形式を止揚し（**hebt seine Zeitform auf**）、直観を概念把握する。そこでこの概念は概念把握され、また概念把握する直観である。それゆえ時間は、自らにおいて完結していない（**der nicht in sich vollendet ist**）精神の宿命であり、必然性である。★1

数多くの解釈者たちはこの分析から、ヘーゲルにとって時間とは通過するべきひとつの契機にすぎないと結論づけた。だから時間それ自体が、絶対知による時間の弁証法的廃棄のプログラムを許すことができないために、償いを必要としているようにみえる。こうした要求がその最も力強い表現を見出すのは、ハイデガーの思想においてである。ハイデガーは、精神が絶対知という契機において「止揚する」時間は通俗的時間、つまり、その概念が形而上学の全歴史を支配し、今日これを完成させているような時間にすぎないとした。それは〔通俗的時間の〕敷衍的説明《パラフレーズ》であり、固定観念の完成にすぎない、というわけである。

ヘーゲルの時間概念は通俗的時間了解の最も根底的な、今まであまりにも注目されずにきた概念的表明である。[★2]

アリストテレスはこの「通俗的時間了解」を概念的に練り上げた最初の哲学者である。この了解は時間を「今」[★3]の系列として規定するのだが、この系列は始まりも終わりもなく移行し、こうして、そのなかで一連の出来事が展開するような画一的な流れを構成するのである。

通俗的時間了解にとって、時間は恒常的に「手前存在」(vorhandenen)し、過ぎ去るとともに到来してくる〈今〉の系列として現われる。時間は多くの〈今〉の継続として、これら〈今〉の「流れ」として、「時の歩み」として了解される。[★4]

ハイデガーによれば、『エンチュクロペディー』において時間に割り当てられた数節は、アリストテレスが『自然学』第四巻で展開した「点《スティグメー》」という問題設定を逐語的に繰り返すばかりである。ヘーゲルは瞬間性を「点性(Pünktlichkeit)」として概念規定することで、瞬間性に関する古典的思想を完遂したとされる。実際に、ヘーゲルは次のように明言している。

> 否定性は点として空間に関係する(die sich als Punkt auf den Raum bezieht)。否定性は、その規定性を空間のうちで線や面として展開する。この否定性が、中心が自分の外にある状態(自己外存在)の圏域においても対自的に存在する。〔それが時間である。〕しかし同時に単独に、この規定を中心が自分の外にある状態(自己外存在)(des Außersichseins)の圏域に措定しながら、しかも、その際、静かに相互に並存するもの(das ruhige Nebeneinander)にたいして無関係なものとして現象する。このように対自的に措定されたとき、その否定性が時間である。[★5]

点という空間的規定は瞬間という時間的規定を特徴づけるために用いられる。だが、時間をもっぱら相互共在の形式に還元してしまうこのような時間概念は、今日では、未来を欠いているかのようにみえる。

ハイデガーにとって、通俗的時間了解は哲学的——彼はこれを形而上学的という名に還元する——伝統の統一性を構成する。この伝統は現前性(οὐσία, Anwesenheit)としての存在の意味の規定、つまり、時間がもつ別の二つの次元〔過去・未来〕に比べて結局は現在（*Gegenwart*）に特権を付与する規定に従う。したがって、過去と未来は必然的に、過ぎ去った現在あるいは来たるべき現在とみなされる。存在者が産出されるこの同質的環境――何も真に出来することができない環境――としての時間という考えは、ハイデガーによれば、ソクラテス以前の哲学者たちからフッサールに至るまでの哲学史を支配している。だが、ヘーゲルは、伝統的に現在に与えられてきた特権をその絶頂に至らせたという点で他の哲学者たちから区別される。時間概念の思弁的論述においては、未来はもはや任意の時間ではなく、自らを維持する力をもたず、過去‐現在の優位――つまりそれらの存在論的優先性――に譲歩するらしいのである。

『精神現象学』に捧げられた一九三〇年の講義でハイデガーは次のように述べている。

> なるほど、〔ヘーゲルは〕既に存在したものについて語ることは時々あるのですが、未来については少しも語りません。この沈黙は、過去が時間の特筆すべき性格である、と言うことに符合しています。時間とは過ぎ去ることであり、過ぎ去りゆくものであり、常に過ぎ去ったものなのですから。[★6]

ヘーゲルにおいて、時間とは精神の過去、つまりそれを精神が通過し（übergehen）、永遠なる絶対的自己同一性へと結果的に到達しなければならないものなのだろう。翻って、この同一性はまさにそれ自体ひとつの過去である。ただし時間的に過ぎ去った過去ではなく[★7]、絶対者の現前ないしは「臨在」という非時間的な往古である。それゆえ、到来する一切のものは金輪際、既に到来したものの前兆でしかありえず、いかなる未来も可能態における自己回帰でしかありえないということになるだろう。

実際のところ、ヘーゲルにおいて、到来する一切のものは常にあまりにも遅れて到来するのではないだろうか。いかなる若さもその新しさにおいてさえ既に遅れているのではないだろうか。『エンチュクロペディー　精神哲学』において「諸々の年齢の自然的経過」が分析される箇所で、ヘーゲルは、若者の特性が未来を信じることであり、世界が未だにありのままの姿ではないと考えることであると明確に示している。

> 実体的普遍者が、その本質の方からみて、世界のなかで既にその発展と実現（Wirklichkeit）を遂げているということは、若者の熱中しやすい精神によっては洞察されない。★8

次のことを理解するためには、若者は年老いるのを待たなければならないだろう。つまり、世界は、

> 自らを実現する絶対的な威力を占有し、かつ以前から自らを成就していた。それは初めて自己の実現の発端を期待しなければならないほど非力ではない。★9

絶対者は期待しない、これまで一度も期待したこともなければ、これから期待することも決してない。予想もつかぬことを目指して努力することなどは青年時代の幻想にすぎない。ヘーゲル自身が、フランクフルトでの危機以前にはこうした幻想を抱いていたことを認めている。つまり、もう遅すぎるのだ。ヘーゲルからすれば、黄昏時の言葉を用いて、夜の帳が下りる頃、哲学はおそらく次のような真理を告知するしかないのだろう。すなわち、未来を語るにはもう遅すぎるのだ、と。

こうした告知に耳を傾けるとき、ひとは存在論的に窮屈な状況に追い込まれていると感じずにいられるだろうか。〈体系〉のうちに、あらゆる外部、あらゆる他性、あらゆる驚きを包括するひとつの円環運動を見い出さずにいられるだろうか。ヘーゲルは、精神は別の絶対者をもたず、絶対者の絶対的な他性は存在しない、つまり「精神にとって、絶対的に他なるものなどは全然現存しない」と述べている。このために、

> 精神のあらゆる働きはただ自己自身の把握である。そして、真実なあらゆる哲学の目的は、もっぱら、天地万物のなかで自己自身を認識することである。★10

精神の責務は自己自身を把握すること、存在する一切のもの、生起する一切のものにおいて現在として自らを予期することにあるので、精神は全き他者と関係をもちえず、またこの意味で、出来事とも関係をもちえない。一切が精

神によって既に浸透されており、この意味で、常に成就されているとすれば、ヘーゲル的思惟のなかで、未来の問いに対して、一体どのような場所があるのだろうか。

数多くの分析が現代哲学のテクスト中に散見されるが、それらは思弁的思考の停止し、凝固した、致死的な特徴を指摘している。コジェーヴでさえ、ヘーゲル哲学の現代性を強調し、その未来を思考することにあれほど執着するにもかかわらず、絶対知を「時間の終わり」[★11]という用語で特徴づけている。だが、永続する現在という凝固した形式における時間の停止ではないとすれば、どのような時間が「時間の終わり」に呼応しうるというのだろうか。ハイデガーは次のように確言している。

ヘーゲルによる存在の本来的な概念の論述は（……）、時間への言及を伴っているものの、永遠なものである精神へ至る道程としての時間に別離を告げることに他ならない。[★12]

ヘーゲルによる時間との「別離」は、時間によるヘーゲルとの別離へと反転しなかったのだろうか。なるほど、思弁哲学における時間は現実的には時間一般ではなく、ハイデガーが「根源的時間（ursprüngliche Zeit）」と名づけた時間の平板化（*Nivellierung*）であるのだろう。根源的時間は現在の現前を起点として把握されることができないからこそ、その卓越した「脱自」がまさしく未来なのである。根源的時間性は「第一義的には、未来から時間化する」[★13]とハイデガーは記している。真の未来は時間の単なる一契機ではなく、ある意味において時間そのものとひとつになるのである。

本書では、時間をめぐるヘーゲルとハイデガーの思想の対立を提起することが目的なのではない。しかしながら、未来という概念が二十世紀を通じて被った意味の変化を無視することはできない。つまり、未来という概念の未来自体を無視すれば、必ずやこの未来を平板化し、それゆえこの未来に遅れることになるのだ。

さて、本書において、危険を孕んだこのアプローチは反動や郷愁を望むものではない。数々の論駁を可能にする力量を発揮するか否かによって、とりわけ、ヘーゲル哲学における未来の思考の不在がヘーゲル哲学という未来の不在を含意するというような分析を可能にする力量次第で、本書のアプローチの成功――その未来――が左右される。ハイデガーのように、ヘーゲルは未来を決して語らないと言ってしまえば、結局、ヘーゲルには未来がないと言うことになる。だが本著はまさにこうした断言に対して、いかなる意味を与え、いかなる哲学的アクチュアリティーを認めるべきかを踏まえつつも、はっきりと異議を申し立て、ヘーゲルの未来を肯定しようとするものである。

B）可塑性の約束

そこで私たちはひとつの概念を形成するつもりなのだが、それは「ヘーゲルの未来――可塑性・時間性・弁証法」という表題が予告している通り、「可塑性〔plasticité〕」という概念である。まず第一に、ひとつの概念を形成するということは、ヘーゲルの哲学のなかでは控え目な存在感しかもたないひとつの観念を、その把握という審級へと変形するということである。この把握という語は、「概念」という語の語源〔concept の語源はラテン語の cum「共に」と capere「つかむこと」〕から分かるように、摑むことと理解することという二重の意味で理解される。可塑性をひとつの概念へと変形することはそれゆえ、可塑性がヘーゲル哲学を摑んでいるということ、その可塑性によって読者がヘーゲル哲学を理解できるということ、そしてそれによって、可塑性が同時に理解可能性の構造と条件として現われているということを例示することなのである。

第二に、ひとつの概念を形成することは、自分が把握するものに自ら形式を与えることができるようなひとつの審級を練り上げることを意味する。ヘーゲルが幾度も主張しているところによれば、概念が論理的形式であるとすれば、この形式を空虚な受け皿としてではなく、それ自身の内容を加工する威力とみなさなければならない。可塑性に「未来」と「時間性」の中間の立場を委ねることによって、表題「ヘーゲルの未来——可塑性・時間性・弁証法」は、ヘーゲル哲学における未来と時間を形成する審級、つまりそれらの関係を加工し、互いの変形作用の弁証法的プロセスを組織する審級として可塑性が検討されることを既に予告している。その結果、未来と可塑性という概念は競合した形でともに論じられ、表題が副題によって理解されるように相互に解明し合うことになる。

第三に、この類義的関係は非対称的な関係へと転換する。というのも、「未来、すなわち可塑性」を措定することは同時に、未来を時間の契機として理解する通常の規定を転位させることに等しいからである。したがって、表題は、「未来」が未来時という既成の直接的な意味に限定されないことを告知している。この意味で理解された未来が、『自然哲学』のいくつかのヴァージョン[14]における時間概念の論述において、現在と過去との間に保持する関係を解明することは問題にしない。これらのテクスト自体、未来の「よく知られた」意味づけ、したがって時間の「よく知られた」定義を放棄するよう命じている。時間の契機——「来たるべき今」——という単純なステータスの彼方で時間的規定——未来——を思考する可能性は同時に、ヘーゲルからすれば、時間それ自体が諸契機によって調整された関係には還元されないことを明らかにするのだ。私たちはこれから、「可塑性」という語を用いて、思弁的哲学における「未来の未来に対する超過」を、また「時間性」という語によって「時間の時間に対する超過」を指し示すことにする。

これらの予備考察が初めから表わしているように、私たちの作業は、ヘーゲル哲学のなかで未来を明確に審問したコジェーヴとコイレによって示された道筋を辿るものではない。前者は論考「イェーナのヘーゲル」[15]において、後者は『ヘーゲル読解入門』[16]において、二人ともイェーナの「講義」における過去と現在に対する未来の「卓越性」、あるいはさらに「第一義性」——これは青年ヘーゲルの思考とハイデガーのそれとの近接性を示すものである——を認めている。こうした試みはその関心と重要性にもかかわらず、ヘーゲルの未来という問いに答えるものではない。

Zukunft（未来）の選別という問題はいかなる点でも特にヘーゲル的な問題というわけではないし、コイレとコジェーヴが認めるところでは、こうした読解仮説は袋小路へと陥ってしまうのだ。彼らは二人とも、ヘーゲル哲学はあらゆる未来を宙吊りにすることによってしか未来に他の瞬間に対する特権を付与することができないという、ヘーゲル哲学における解消しえない矛盾に逢着するのである。

コイレは一方で、ヘーゲルにとって「時間は弁証法的であり（……）、未来から構築される」と述べ、他方では次のように述べている。

> 歴史の哲学——したがって、ヘーゲル哲学、「体系」——が可能となるのは、歴史が終焉したとき、もはや未来が存在しないとき、ともすれば時間が停止したときでしかない。★17

ヘーゲルは、未来概念がその〈体系〉のなかで帯びる二つの意義、つまり、その力動性が歴史的な生成変化の基礎であるような時系列的《クロノロジー》な未来と、論理的な未来ないしは概念の「自己自身への到来（Zu-sich-selbst-kommen）★18」とを「和解させる」に至らなかったというわけである。

コジェーヴはと言えば、彼は一方で「ヘーゲルが念頭に置く〈時間〉は（……）〈未来〉の優位性によって特徴づけられる★19」としながらも、他方で、絶対知に到達した「人間」にはもはや未来がないことを認める。

> 〈人間〉は、自分に対立する客体‐事物に（……）もはや関係しなくなると、自己自身との同一性を保存しながら、実存のなかで自らを保持するために否定をおこなう必要がもはやなくなる。だから、もはや否定しない〈人間〉には真の未来はないのである。★20

解決を欠いているためにその本性上、弁証法的ではない単なる矛盾を暴露することは、二十世紀前半の多くのヘーゲル解釈者たちがとった一般的な身振りである。逆に、新しい世代のフランスの注釈者たち、ベルナール・ブルジョワ、ピエール＝ジャン・ラバリエール、ジェラール・ルブラン、ドゥニーズ・スーシュ＝ダーグ★21の諸研究は、ヘーゲル哲学における「歴史的生成」と「論理的真理」の生きた統一を提示した。これらの研究はヘーゲル主義における「永遠性」と「歴史性」の関係の問いを確かに解決したわけではないが、それでも十分に解明したと言えるので、この問いを本書で主題として取り上げるには及ばない。私たちの行論は、『精神現象学』と『大論理学』を結びつける構造的関係の分析にしたがうわけでも、さらには、歴史哲学と概念の内在的演繹が〈体系〉のただなかで保持する関係についての調査にしたがうわけでもない。これらの問題は確かに私たちの問題設定のなかに常に現存しているのだが、主題をなすことはないだろう。

ヘーゲルの未来――ヘーゲル哲学という未来とヘーゲル哲学のなかの未来という二重の意味で――を肯定する可能性は、何よりも、未来が期待されないかぎりにおいて、未来の問いをどのように設定しうるのかにかかっている。それゆえ、可塑性はヘーゲル哲学の予期しえぬものとして姿を現わすことだろう。

こうした仕方で、可塑性という概念の未来自体が本書で問いに付されることになる。この概念が発展するかどうかは、ジョルジュ・カンギレムが定義した認識論《エピステモロジー》的操作が成功するかどうかにかかっている。その操作をカンギレムは、今やよく知られた用語で次のように規定している。

> 概念を加工するということは、外延と内包を変化させ、例外的特徴を取り込んでそれを一般化し、その概念を生まれた領域の外に出し、それをモデルとして採用し、あるいは逆にそれに合うモデルを探すことである。つまり、概念を調整しながら変形させ、それに形式としての機能を徐々に与えることである。★22

このような操作は、私たちの作業全体を通じて、可塑性という概念の可塑性そのものを検証するに至るだろう。

II　可塑性の試練にかけられるヘーゲル哲学

A）可塑性という概念の通常の意味

可塑性という概念を「加工すること」は、その第一義的な意味で、この行為自体を指し示すような言葉に「形という機能を与えること」に等しい。実詞「可塑性」とこれに相当するドイツ語 Plaztizität はいずれも十八世紀になってフランス語とドイツ語のなかに登場し[★23]、同じ語幹から構成された従来の二つの語、実詞「彫塑（die Plastik）」と形容詞「可塑的な（plastisch）」[★24]に付け加えられた。これら三つの語はすべて、「造形する」という意味のギリシア語 πλάσσειν（アッティカ方言 πλάττειν）から派生したものである[★25]。形容詞「可塑的な」は一方で、「形を変化させうること」、可鍛的な状態を意味する——例えば、粘土には「可塑性がある」。また他方で、造形芸術〔les arts plastiques〕や形成外科〔la chirurgie plastique〕のように、「形を与える能力を有すること」という意味もある[★26]。これら二つの意味はドイツ語の形容詞 plastisch にもみられる。グリム辞典はこの語を「物体の形あるいは形姿を受け取ることないしは与えること〔körperlich（……）gestaltend oder gestaltet〕」と定義づけている[★27]。可塑性は（ドイツ語 Plaztizität と全く同様に）可塑的なものの性質、すなわち形を受け取ること、および与えることが可能なものという性質を意味する[☆2]。

こうした諸定義によって、私たちのアプローチが「解釈学的循環」のなかに陥っていることは既に明らかである。何しろ、可塑性という概念を形成するためには、この言葉の規定自体が要求される、つまり、定義づけるものと定義づけられるものが同一なのである。なるほど、これらを互いに「引き離し」、「その外延を変化させる」必要があるのだろう。しかし、この変化自体が可塑性という語の意味にさらに作用を及ぼす。実際に、こうした言語上の進化はこの語を「その出身地の外に出すこと」を既に物語っている。可塑性という語の故郷は芸術の領域である。造形術〔la plastique〕という語は塑造に関する芸術、とりわけ彫刻家の作業を性格づけるからだ。造形芸術とは数々の形の練成をその主要な目的とする美術であり、そのなかに建築、デザイン、絵画も分類される。ところで、意味を拡張すると〔*par extension*〕、可塑性は人格形成一般、教養や教育を通じた成型への性向を含意する。新生児の適応能力〔plasticité〕、子供の性格の適応能力という言葉が使われている。可塑性はさらに柔軟さ（脳の柔軟性〔plasticité du cerveau〕）、進化し適応する能力を特徴づける。動物や植物、生物全般に関して「環境適応能力〔vertu plastique〕」という言葉が用いられるのはこのためである。

このような「意味の広がり〔extension〕」は次のような仕方で理解されなければならない。例えば、可鍛的な物質と比較するならば、子供はいわば可塑的〔＝柔軟〕である。ただし、形容詞plastiqueは、「堅固な」「固定した」「硬化した」〔という形容詞〕とは対立するものの、「多形性の〔polymorphe〕」を意味するわけではない。一度形成されるとその祖形を再び見出すことができない大理石彫刻のように、形態を保存するものこそが可塑的なのである。したがって、「可塑的」とは変形作用に抵抗しながら形に譲歩することを意味する。そこで、この語の別の「意味の広がり」を組織学の分野で理解することもできる。生物の組織が損傷後に自らを再形成する能力は可塑性と言われるのである。

可塑性の数々の意味は言語体系のなかで絶えず進化してきたし、現在も進化し続けている。可塑的な物質とは、既定の用途に応じて異なる形をとり、異なる特性をもちうる合成物質である。「プラスティック爆弾」という語に言及すると、それはニトログリセリンと硝酸繊維素《ニトロセルロース》を基剤とする爆発物であり、暴力的な意味を喚起させる。可塑性という語の可塑性そのものはこの語を、形の取得（彫刻）とあらゆる形の消滅（爆発物）という両極端でデリケートな比喩形象へと導くのである。

B）ヘーゲルによる可塑性の思想

ヘーゲル哲学のなかで可塑性という概念を形成することは、まずはじめに、ヘーゲル自身がこの概念に形を与えた仕方を解明することを意味する。この作業のなかには三つの意味領域が含まれている。いずれの場合にも、形容詞「可塑的」がもつ二重の意味（形を受け取ること、および与えること）が見出され、この意味のために、この形容詞は「思弁的な言葉」とみなされるのである。

第一の意味領域は造形芸術のそれである。「可塑的」、「可塑的なもの」という言葉は、ヘーゲルが『美学』――そこでは彫刻が「比類なき芸術」[★28]と定義づけられる――でギリシア芸術に割り当てた分析において特に頻繁に登場する。彼は可塑性の通常の意味を拠り所としてその内包を延長し、「可塑的個体性」――これが可塑性概念の第二の意味領域である――という考えを練り上げる。ヘーゲルによれば、可塑性は、「範例的（**exemplarische**）」ないしは「実体的（**substantielle**）」と彼が名づけたギリシア的個体性の性質を特徴づけている。「ペリクレス（……）、フェイディアス、プラトン、とりわけソフォクレス、またトゥキュディデス、クセノフォン、ソクラテス」は「可塑的な個体」なのである。

> 偉大で自由な彼らは、つねに自らを生み出し、自分が望む姿になろうと絶えず目指しながら、彼ら固有の実体的な特殊性という基盤の上で成長した。[★29]

ヘーゲルが主張するところでは、ギリシア人たちは、神的なものと人間的なものという概念において、完全な可塑性の意味を熟知していた（**dieser Sinn für die vollendete Plastik der Göttlichen und Menschlichen war vornehmlich in Griechenland heimisch**）。ギリシアの詩人や雄弁家、歴史家、哲学者のことを理解し、彼らを然るべく位置づけるためには、彫刻、すなわち造型術という理想の光に照らし合わせるしかない。ただ造型術だけが、叙事詩や悲劇の英雄、国事を司る者、哲学者のありのままの姿を私たちに明らかにするのである。なぜなら、ギリシアの美しい時代には行動する人物も、詩作し思索する人物と同様に、可塑的な、普遍的でしかも個体的である、内外両面の一致した性格をもっているからである（diesen plastischen, allgemeinen und doch individuellen, nach außen wie nach innen gleichen Charakter）。[30]

これらの「可塑的個体性」は「精神的なものの物体性（Körperlichkeit des Geistigen）」を形作る。可塑的個体性という主題そのものは第一の意味領域（造型術、彫刻）[31]と第三のそれ（哲学的可塑性）との中間項をなすのである。「哲学的可塑性」という表現は二通りの仕方で理解されなければならない。ヘーゲルからすれば、一方で、それは哲学者の態度や行動を特徴づけ、他方で、哲学そのものの存在様態、すなわち思弁的内容が展開される律動とその叙述を形容する。

『大論理学』一八三一年版の序文でヘーゲルは次のように述べている。

可塑的な論述（ein plastischer Vortrag）には、受容と理解のやはり可塑的な意味（einen plastischen Sinn des Aufnehmens und Verstehens）が不可欠である。しかし、自分自身の反省や着想――それを通じて「自分流の考え」がひけらかされるのだが――を冷静に自制することのできるような可塑的な青年や大人、あるいはプラトンが描いているように、ひたすら事柄だけに随順する能力のある聴衆（nur der Sache folgende Zuhörer）が現代の対話のなかに登場することはできないだろう。まして、このような読者を期待することはできないであろう。[32]

ギリシアの可塑的個体性は、哲学の理想的な態度という範例的価値を獲得する。[33] 可塑性とは何よりも、内容、つまり事柄そのものに従って、自らの直接的特殊性という形式、自分「固有の考え」という恣意性を放棄しながら哲学をおこなう主体の能力を意味する。だが、既に見たように、「可塑性」は「多形性」を意味するわけではない。哲学の読者ないしは対話者は確かに形を受け取るのだが、今度は彼らが、自分が理解し読解したものに形を与えるよう促されるのである。[34] この意味で、ヘーゲルからすれば、彼らはギリシアの可塑的個体性に匹敵し得るものである。これらの個体性が「普遍的かつ個体的」であるのは、彼らが普遍、すなわち概念を形成する理性を受け取り、また、彼らが特殊な形を受肉する、ないしは肉体化することで、この形を普遍に与えるという意味においてである。かくして、個人は精神的なものの「定在」、つまり感覚的発現となる。したがって、可塑性は普遍と特殊の相互形成作用のプロセス――ここから範例的個体性という個別性が生じる――として現われる。

こうした注釈を受けて、哲学的可塑性がもつ第二の意味を検討してみよう。「可塑的な論述（plastischer Vortrag）」とは何なのだろうか。『精神現象学』序文の一節によってこの言葉を定義づけることができる。

哲学的論述は、ひとつの命題の諸部分〔主語と述語〕が普通の仕方で関係し合うのを厳密に排除する（streng ... ausschlösse）ようなものであるときに、初めて可塑的なものに行き着くだろう（diesjenige philosophische Exposition würde es erreichen, plastisch zu sein）。[35]

哲学的命題を考察する通常の方法とは、命題の主語を、自分の偶有性を産出することなくこれらを外部から受け取るような固定した審級として思考することである。「ひとつの命題の諸部分が普通の仕方で関係し合うのを厳密に排除すること」は、この関係を実体の「自己規定（Selbstbestimmung）」プロセスとして把握することである。実体とその偶有性の関係概念をさらに別の概念へと移行させることを、ヘーゲルは述語命題から思弁的命題への移行として考えている。

可塑性は思弁的真理にまで高められた主語－述語関係を特徴づける。自己規定プロセスの最中で普遍（実体）と特殊（諸々の偶有性の自律）は、可塑的個体性において作用していたそれに比較しうるようなダイナミズムでもって互いに形を与え合う。自己規定のプロセスとは実体－主体の展開である。自己規定をおこなうことによって実体は自分自身に反撥し、その内容の特殊性のうちへと入る。この自己否定の運動によって、実体は自らを主体として措定する。

ブルジョワは次のように指摘している。

主体とは無限の活動性ないしは否定性である。すなわち、主体の真なる、具体的な、媒介された同一性は、自己からの区別化、自己の根源的分割あるいは分裂（**ursprüngliches Teilen**）、自己の判断（***Urteil***）のなかで現実化するのだ。かくして、主体の同一性はその区別の肯定において確立されるのに対して、実体の同一性は、それ自身のうちで区別を前提としながら、この区別の否定においてしか確立されえないのである。[★36]

自己規定作用とは、実体が自分自身の主体＝主語であると同時にその述語であることが明らかになるような運動である。『エンチュクロペディー』の『小論理学』において、ヘーゲルは「実体性と偶有性の関係」――あるいは「絶対的〈関係〉」――を「形式の活動（***Formtätigkeit***）[★37]」と定義づけている。こうした「活動」はまさしく、実体の可塑性、つまり実体がそれ自身の内容を受け取り、かつ与える能力を表わしている。根源的に可塑的な作用とみなされる自己規定の研究は、本書の心臓部を形作ることになるだろう。

C）弁証法と「予見＝不測」

この心臓の拍動が明確な律動を刻むのは、私たちの作業を包括的に示す表題「ヘーゲルの未来――可塑性、時間性、弁証法」の最後の語においてである。自己規定の運動は弁証法のプロセスの原理である。そのエネルギーは、特殊的規定性が維持されながらもこの規定性が普遍のなかで解体するという矛盾した緊張から生まれる。『大論理学』でヘーゲルが示すところによれば、これは、「即且つ対自的とみなされ」、「自立性（**Selbständigkeit**）」の外観を纏った「初項」が、自分の立場の固定性を解体することによって「自己自身の他者」として姿を現わすような緊張である。[★38]

この維持と消滅のダイナミズムは、『精神現象学』序文が明示するように、実体‐主体が論理的に展開する可能性に存する。

実体は、それが単純であり自己同等的（Sichselbstgleicheit）であるために、固定し（fest）永続するもの（bleibend）として現われる。しかし、この自己同等性はまた否定性でもある。そのため、この固定した定在は自ら解体（Auflösung）していくことになる[★39]。

弁証法の過程は、それが十全な不動性（固定性）と空虚さ（解体）、そしてこれら両極の和解、つまり抵抗（*Widerstand*）と流動（*Flüssigkeit*）の連接としての全体の生命力をその流れのなかで分節化するかぎりにおいて可塑的である。可塑性の過程は、可塑性を構成する諸作用、すなわち、形の取得とあらゆる形の消滅、発現と爆破といった諸作用が矛盾しているという点において弁証法的である[★40]。

「可塑性」、「時間性」、「弁証法」という三概念を結ぶつながりは今や明瞭である。つまり、このつながりこそが未来そのものの形成作用に他ならないのである。可塑性は実体と偶有性の関係を特徴づける。ところで、ギリシア語συμβεβηκός（偶有性）は動詞συμβαίνειν から派生したものだが、この動詞は「〜に起因すること」と「到来すること」を同時に意味する。この語はまた、帰結——論理的連続——と出来事——時系列的《クロノロジー》連続——という二重の意味で連続ということをも指し示す。つまり、自己規定とは実体と到来するものとの関係なのである。したがって私たちはこれから、ヘーゲル哲学における「未来」という言葉を、主体性が偶有性と保持する関係という意味で理解することにする。

時間の契機という直接的な意味とは別の仕方で未来を理解することは、同時に、時間の意味を拡張すること——これは時間性の可塑性そのものに由来する拡張なのだが——である。ヘーゲルの時間概念を展開することは、この概念が〈体系〉中で主題的に論述される諸々の場所や時間——諸々の契機＝瞬間——に固定されることではない。時間とは弁証法的に差異化されたひとつの審級であって、この審級は瞬間的にしか契機＝瞬間として規定されないのである。

未来、可塑性、時間性という諸概念の弁証法的構成は、ヘーゲルが構想したような主体性のなかで作用している予期の構造を形作る。この構造を通常の意味での未来から区別するために、私たちは——自分の言語で哲学せよというヘーゲルの命法にならって——これを「予見＝不測〔*voir venir*〕」と名づけることにする。[☆3] フランス語の「**voir venir**」には同時に、「出来事の推移を見計らいながら慎重に待つこと」と「ある人物の意図を見通すことやその魂胆を見抜くこと」という意味がある。それゆえ、この表現は同時に「何が到来するのか確信していること」と「何が到来するのか知らないこと」を意味するのだ。したがって、「予見＝不測」が指し示すのは、ヘーゲル哲学のなかで目的論的必然性と驚きが交接する作用なのである。

「予見＝不測」の構造はそれ自身の縁、つまり、ヘーゲル哲学のなかでその機能を規定する「内」縁とヘーゲル哲学という未来に決定を下す「外」縁をもたらす。ヘーゲルの可塑性概念の諸状況をすべて一緒に加工すること、決定された「外延」からこの概念の「内包を変化」させることは、この二つの縁の分節作用と、〈体系〉のなかで、〈体系〉にしたがって形が作られる仕方を見出すことに等しい。

かくして、可塑性はヘーゲル哲学をさまざまに変貌させる中心として姿を現わすのである。

Ⅲ　ヘーゲルの二つの時間

ヘーゲル哲学によって活用される時間概念は一義的なものでも固定したものでもない。ヘーゲルは（二つの時代において）二つの時間を同時に加工する。これを証明している『エンチュクロペディー』第二五八節において、ヘーゲルは、「時間とは存在しながら存在せず、存在しないことによって存在する存在[★41]」である、と述べている。この文が示す弁証法的理解からは必然的に二重の意味が生じる。通常ならば第一の意味しか生じない。すなわち、互いに抹消し合う諸瞬間である時間は存在しかつ存在しない。現在とは、存在するけれども、それが過ぎ去るかぎりで直ちに存在しなくなるようなひとつの〈今〉であり、二つの非-存在、つまり過去と未来の間に張り詰めたひとつの瞬間であるという意味である。さらに、ヘーゲルは第二五九節で、「現在、過去、未来という時間の次元は、外面性の生成そのものであり、この生成の解消でもある。すなわち、無への移行としての存在と存在への移行としての無という区別への解消なのである」[42]と書いている。このように、生成を現前と無が互いを内包した状態、「諸々の今」の二重の否定として理解することは正確ではあるが不完全である。時間は「存在しながら存在せず、存在しないことによって存在する存在」であるということはまた、厳密に言って、「時間そのものはそれがそうであるところのものではない」、時間は常に（同時的に、連続的に、永続的に）それがそうであるところのものであるとは限らないということも意味するのだ。時間の概念自体が諸々の契機を孕み、自らを区別化し、それゆえ自分自身を時間化するのである。

A）論理的区別化

こうした区別化は第二五八―二五九節を注意深く読む者にとっては一目瞭然である。というのも、そこでは時間が同時に、ギリシア的（厳密に言えばアリストテレス的）規定と近代的（厳密に言えばカント的）規定にしたがって論述されるからだ。〈今〉に関する分析、「存在しながら存在せず、存在しないながらに存在する存在」という時間の定義がまさに『自然学』第四巻からの反復であるならば、「感性の純粋な形式」という時間の定義は明らかに『純粋理性批判』からの反復である（ヘーゲルは「時間は空間と同様に、感性、すなわち、直観の純粋形式である。つまり感性的ではない感性的なもの（das unsinnliche Sinnliche）である」[43]と書いている）。

ヘーゲルは、第二五八節の注釈で「時間は純粋な自己意識である私＝私と同一の原理（**das selbe Prinzip als das Ich=Ich**）である」と述べることで、「私は考える」と時間の同一性を想起しつつ、カントの分析の結果を反復している。時間は諸々の瞬間の連続へと還元されることのない統合的審級、すなわち「予見＝不測」であるようにみえる。時間を「非感性的なる感性的なもの」と定義づけ、直観の純粋形式というカントの定義を反復しながら、ヘーゲルがこの時間了解を〈今〉の純粋な連続へと還元していないことは明白である。この点に関して、ジャック・デリダは、ヘーゲルが「アリストテレスを敷衍しながら」カントを導入している事実について、ハイデガーは一言も言わないし、「このヘーゲルの概念［非感性的なる感性的なもの］をこれに対応するカントの概念と関係づけることもしない」★44 と注釈している。

ヘーゲルの時間分析は唯一の〈今〉と差し向けられるわけではない。時間は「そのなかで」生成が生起するところのものとして現われているわけではない。「時間のなかであらゆるものが生起し消滅するのではなく、時間そのものがこの生成である」とヘーゲルは明言しているのだ。デリダは次のように注解を加える。

> ヘーゲルはこの種の慎重さを積み重ねた。この慎重さを、時間のなかへの「落下」を語るあらゆる比喩表現に対比させるならば、内時間性（**Innerzeitlichkeit**）に対するヘーゲルの批判を余す所なく提示することができるだろう。★45

同様の結論はアリストテレスが参照されている箇所から導き出すこともできる。確かに、ヘーゲルは「点《スティグメー》」というアリストテレスの問題設定を反復し、『自然学』第四巻で論述された第一の難問《アポリア》（「時間は〈今〉から構成される」）を基にして時間を定義づけている。しかし、ヘーゲルはまた、明言していないにしろ、第二の難問（「時間は〈今〉から構成されていない」）も反復しているのだ。デリダはまさしくこの点に注意を促す。この第二の難問においてアリストテレスが議論の俎上に載せているのは、時間の諸部分が共存することの不可能性である。つまり、「現在の〈今〉と未来の〈今〉のように、〈今〉というものはもうひとつの〈今〉と共存することができない」のである。

デリダは次のように結論づける。

〔アリストテレスにとって〕共存不可能性は、何らかの共存、非同時性の同時性に基づいてはじめて提起されることができる。それは、今というものの他性と同一性が或る同じものの異なった要素のなかで一緒に維持されるような共存である。（……）この不可能なこと（二つの〈今〉の共存）はある総合のうちにしか（……）、現在の複数の〈今〉——周知のとおり、その一方が過去で、他方が未来である——を一緒に維持する、ある共犯性ないしは相互的な内包状態のなかにしか現われないのである。★46

デリダは小さな言葉hamaに注意を促す。この言葉は〔アリストテレスの『自然学』〕218aのなかに五回登場し、「一緒に」「全く同時に」「二つ一緒に」「同時的に」を意味する。この表現は「そもそも、空間的でも時間的でもない」。ここで、simul〔「一緒に」「同時に」を意味するラテン語〕は、

時間〔諸々の〈今〉の共存という総合的可能性〕と空間〔諸々の点の共存という総合的可能性〕の共犯性や共通の根源を、存在がすべて現われる条件としての共出現〔com-paraître〕を言い表わしている。★47

かくして、『自然学』第四巻の論述からは、どのようにしてアリストテレスが時間を〈今〉の連続として、また同時に、総合的審級として理解しているのかが窺えるのである。

時間と空間の関係の分析においてヘーゲルは、〔アリストテレスによる〕総合の理解を自ら反復していることを指摘している。空間に関して、彼は次のように書いている。

空間上の点を空間の肯定的な要素であるかのように言うのは、適当ではない。というのは、空間は〔区別をもたないから、〕ばらばらの状態（否定的な相互外存在）のただ可能性だけで、その措定された在り方ではないからである。★48

このように空間は、それが総合である以上、分離が作用するための根源的可能性である。時間に関しても事情は同様で、その総合的統一性はヘーゲルによって「否定的統一」★49と言い表わされている。『精神現象学』において、「感覚

的確信」の弁証法は、一方で点的な現われとして理解された〈ことと今〉と、他方で「数多くの〈今〉であるところの〈今〉」が表象する総合との区別を明らかにしている。

この、自己区別化をおこなう時間の能力はまさしく、時間の可塑性のしるしである。この区別化には二重の理解が必要である。一方で、それは共時的区別化である——ヘーゲルの時間概念は単一の意味に還元されない。他方で、それは通時的区別化である——時間は常に、それがそうであるところのものであるとは限らないということはまた、時間そのものは時間的に自らを区別化させる、換言すれば、時間はひとつの歴史をもつということも意味するのである。

B）時系列的《クロノロジー》区別化

『エンチュクロペディー』の数節における、アリストテレスとカントへの暗黙裡の参照から、ヘーゲルの思惟の根本的特徴が明らかになる。「予見＝不測」、すなわち、主体的な予期の構造、〔到来するものとの〕対面の根源的可能性はその歴史の諸瞬間を通じておしなべて同じものではなく、同じ手法で先を見越すことも、同じ未来をもつこともない。主体性は二つの根本的契機、つまりギリシア的契機と近代的契機においてそれ自身に出来する。両者はその論理的統一とその時系列的《クロノロジー》連続性において、主体を実体として、実体を主体として明らかにする。ヘーゲル哲学は、**οὐσία-ὑποκείμενον**（ギリシア的な実体－主体）、**subjectum-substantia**（近代的な実体－主体）という二つの支持体の相互関係を総合するのである。

ヘーゲルはキリスト教の到来のうちに、「それを軸に世界史が転回する蝶番[★50]」、つまりギリシアの主体性概念を弁証法的に止揚する、近代の主体性概念の発現をみる。主体は時系列的《クロノロジー》かつ論理的に自ずから区別化するのである。実体－主体はまず実体－主体として、次に実体－主体として自己展開する。こうした強調記号の尊重が重要であるのは、ブルジョワの言葉を用いて、次のように主張できるからである。

実体主義的な異教の思想［「実体は主体である」］の優位から、主体主義的なキリスト教の思想［「主体は実体である」］の優位への置き換え。[★51]

私たちはこれから、「予見＝不測」という二つのプロセスをめぐる論理的かつ時系列《クロノロジー》的区別化の解明に取り組むことになる。これらのプロセスはヘーゲル哲学のなかで、主体性が自己へと出来する二つの重要な契機、アリストテレスとカントによってそれぞれの時代を範例的に付与された契機として現われているのである。

ヘーゲルの思惟の威力は、「予見＝不測」の二つの様態が織り成す歴史的連続性を、哲学的な対面状態へと変形させる点にある。一方は、可能態と現実態に即した目的論的展開がもつ根源的に総合的な統一性、もう一方は、表象（***Vorstellung***）を基礎づける統覚の根源的に総合的な統一性とでも名づけうるものに由来する。その証拠に、思弁的内容の展開を律動させる「即自」と「対自」という表現は二重の含意をもっている。つまり、両者はそれぞれ、「可能的」、「現実的」[★52]、また、「確信に基づいて（真理の主観的契機）」、「真理に基づいて（真理の客観的契機）」と解されるのである。

ヘーゲルは、その哲学の中核において、目的論的循環性と表象的線状性との思弁的関係を編成する。この思弁は、そのギリシアの過去を表象へと召喚し、その表象的未来をギリシアの思惟に対してア・ポステリオリに予告する。その代わりに、ギリシアの思惟が表象の未来として、表象がギリシアの思惟の未来として現われるのである。こうした二重の「予見＝不測」の作用によって、ヘーゲルの読解は他のいかなる哲学者の読解よりも過酷なものとなる。ヘーゲルの読解は、二つの時間のなかに同時に身を置くこと、過去想起的かつ未来予測的な実現過程の流れに従うことに等しいからである。読書という現在時のなかで、読者は二重の先取り、すなわち、（表象的線状性に基づいた）連続を期待すること、（目的論的展開に基づいて）連続が既に生じたことを前提とすることという先取りをおこなうよううながされるのである。

主体性に関するこの二つの重要な契機は、それらが約束するもの（〈体系〉に内在する時間化作用）を開示する探求の対象にはこれまで一度もならなかった。二つの契機は同じ時間に属さないのだが、ヘーゲルの思惟は二つの観点を組み立てることで、ある新たな時間の出来を告知するのだ。ここから私たちの作業全体を下支えする問題設定が生じる――自分自身の豊穣さを総合する、論理的でも時系列的《クロノロジー》でもあるこの時間はいかなる性質をもつのだろうか。

C）思弁的論述と超越論的論述

『自然哲学』は既に時間を自然の外へと放逐し、時間概念がその直接的な定義を超過していることを明らかにしている。だが、この超過は〈体系〉のただなかでそれ自身に対して論述されてはいない。思弁的論述におけるいかなる契機も突出した位置を占めることはできない、つまり思弁的な「始原的契機〔archimoment〕」など存在しない。「予見＝不測」はいかなる超越論的ステータスをも享有していない。あらゆる超越論的審級は必ずや、自分が組織するものに対して外在的な立場にある。可能性の条件はそもそも、条件が可能にするものとは別のものなのだ。ところで、ヘーゲルの体系概念はまさに〈体系〉の外部の不在を含意している。弁証法的哲学は体系的で非‐超越論的である。それゆえ、ヘーゲルにおいて、時間概念をその可塑性において論述するいかなる分析法も見出されることはないのである。

かくして、私たちの論証手続き自体は主題的なものというよりも戦略的なものにならざるをえない。「可塑性」と「予見＝不測」という概念を形成することがこの戦略の動力である★53☆4。これらの概念によって、感覚的発現のエコノミーの感覚的発現〔*traduction sensible*〕、つまりは直観的表示〔hypotypose〕がおこなわれる。感覚的発現ないし直観的表示は、その体系的性質を通じて、超越論的演繹のなかに自らを固定しないのである。

『精神現象学』において、ヘーゲルは「個別性とはその概念から外的実在性へと移行することであり、ひとつの純粋な図式（das reine Schema）である」★54と明言している。存在はそれ自身で自らを図式化し、このために、概念と経験的実存の統一は体系外の論述の対象となることがありえない。〔ヘーゲルにおける〕可塑性概念の使用頻度の少なさが物語るのは、まさしく根源的総合たる現前の様態である。つまり、可塑性は現前と不在の狭間にあるのだ。可塑性は、体系的論述から突出したりこれを上方から規定したりせず、この論述の胴体部分を辛抱強く攻撃するようなものとして、精神的なものの体内化、つまり受肉を解釈するという点で真価を発揮するのである。

IV 『精神哲学』の読解

今や、〔ヘーゲル〕読解の戦略をめぐって、さまざまな力線を結集させることができる。「予見＝不測」はヘーゲル哲学における時間化をなす総合作用を指し示す。すなわち、それは主体性が自分自身を前方に投企し、自己規定のプロセスに参与するための手段である予期の構造である。可塑性はと言えば、「予見＝不測」の中核で機能しつつその可能性の条件として現われるような、区別化をおこなうエネルギーを確保する。

「予見＝不測」は二重に区別化されている。まず、論理的な区別化である。それは、ヘーゲルの時間概念がもつさまざまな意味、つまり、諸契機（過去、現在、未来）の総体と関係、総合的構造（自己規定）、概念の感覚的発現といった意味を結集させる。次に、時系列的《クロノロジー》な区別化である。「予見＝不測」は、〈歴史〉に還元されることなくそのなかで展開されるような歴史をもつ。実体－主体は、ギリシアと近代という二つの契機において、自らの「到来を予見しつつこれに驚く」。この二つの重要な契機はそれぞれ、時間からの諸々の脱自の関係についての思念、総合あるいは自己規定の思念、直観的表示の思念を有している。それに加えて、「絶対的形式の無限の弾力性（unendliche Elaztizität der absolute Form）」[55]——ここから実体-主体プロセスの時間化が生じる——は、実体-主体の各契機に対して、ひとつの「形式（Form）」、つまり、「自己意識が真理の内容に対してもつ関係（Verhältnis）」[56]を規定するのである。

この仕組みの各時代ごとの機能について論及するために、私たちはその時間的発展——まさにそこでは時間が不在であるかのようなのだが——に寄り添いながら、「精神の前方への歩み」のなかに、『エンチュクロペディー　精神哲学』へと足を踏み入れる。読解はその最終版（一八三〇年）に基づいて進められることになる。第三八七節の注釈において、ヘーゲルは精神の先取作用の過程を叙述している。

> 〔精神が〕自己を現わす際にとるところの各々の規定性は発展の契機であって、精神は規定が進行するにしたがって、自分の即自を実現し自覚するという自分の目標（*seinem Ziele*）に向かって前進して行く（*Vorwärtsgehen*）。各段階（*jede Stufe*）はそれ自身のうちでもこの過程であり、各段階の成果は、その段階の始まりにおいては精神の即自、あるいはそのことによって単にわれわれに対する存在に過ぎなかったものが、その精神によって（……）自覚されるということである。（……）精神そのものの哲学的見解においては、精神自身が自分の概念にしたがって自己を形成し教育するものとして考察される。そして、精神の諸々の発現（seine Äußerungen）は、精神が自己を自己自身へ仕上げ（seines Sich-zu-sich-selbst-Hervorbringens）、自己自身と連結する（seines Zusammenschließens mit sich）諸契機として考察される。そして、精神はこの活動によって初めて現実的精神となるのである。[57]

〔私たちの〕読解はとりわけ『精神哲学』の構造に、つまり、「精神の睡眠（*Schlaf* des Geistes）」——アリストテレスの受動的ヌース（*der passive Nus* des Aristoteles）[58]」から、『エンチュクロペディー』を締め括るアリストテレス『形而上学』の引用[59]にある「それ自身を思惟する思惟《ヌース》」へと至るその構造に着意したものとなるだろう。

『精神哲学』は一方で、ヌースとヌースの間で展開される。だが他方で、可能態と現実態の間で目的論的展開からは生じないような時間が進展する。それは表象の時間であり、その時間は、

> 絶対的精神の内容の諸契機に自立性を与えて、そしてこれらの契機を相互に前提にし合うもの、相互に継起し合う諸現象（***aufeinanderfolgenden*** **Erscheinungen**）にする。★60

ギリシアと近代という二つの観点からなるきわめて特殊な構造は、後に私たちの分析の中心に据えられることになるだろう。

受動的ヌースに関するヘーゲルの論述は「人間学」のなかに、表象的な時間性の論述は「啓示された宗教」のなかに見出される。そして、『形而上学』の引用が〔『エンチュクロペディー』の末尾で〕「哲学」の発展を成就させる。〔私たちの〕主要な作業は『精神哲学』の三つの契機、すなわち主観的精神という第一の契機、絶対精神の直前そして最後の契機の読解によって構成される。読解されるこの三つの時間はそれぞれ、「ヘーゲルの人間」、「ヘーゲルの神」、「ヘーゲルの哲学者」という題名を掲げることになる。

「人間、神、哲学者」という三幅対の選択は明らかに、ハイデガーが発見した「存在‐神学」の分節化を参照したものである。重要なことは、ヘーゲルの人間や神、哲学者を固定した実体的全体としてではなく、数々の時間の交錯に対する開かれた眼差しとして提示するような丹念な読解を行ない、そこで待ち構えているあらゆる驚きを発見することで、この三つ巴の解釈を誘発することなのである。

それは一体どういうことなのだろうか。人間、神、哲学者は、ヘーゲルの表現に従えば、実体‐主体の発展の諸「段階」（Stufe）とみなされるにちがいない。「諸段階」とは強度の漸進的プロセスおよび継起した諸行程を意味しており、あたかも、人間、神、哲学がひとつの完成形態――その概念は歴史のなかに顕現するにもかかわらず、自分の時間を作る必要がないという意味で歴史を欠いているような完成形態――に律動を加味しているかのようだ、と理解

する向きもあることだろう。

だが実際には、人間、神、哲学は、既に構成された諸主体であるどころか、主体性が自分を構成するところの場、ギリシアと近代、絶対知という自己規定の三つの重要な契機が自らに契機という形式を与える、すなわち、それらの特殊な時間性を創造するところの可塑的審級として姿を現わすのである。したがって、「段階」という概念は物事を評価づけるという機能を失い、結果的に、時間の自己形成作用を通じた輪郭の切り取り――〔諸々の〕輪郭の切り取り作用――しか意味しないのである。

こうした輪郭の切り取りから出発することによって、論述は、論理的発生と時系列的《クロノロジー》発生の統一性を叙述することに甘んじるのではなく、思弁的展開のただなかに、両者に共通な根源の空間を位置づけようとするものになる。数々の時間が交錯するところのこの論述は、それが記述しようと試みるもの、つまり、熱情でも受動性でもない、可塑性という思弁的弾力性の本源に当たるのである。

〔私たちの〕主要な作業において、三つの契機ごとに、実体の自己規定と否定の二重化という根源的様態を検討する必要がある。そうすることで、私たちは、ヘーゲルによって日の目を見た人間学的、神学的、哲学的内容を厄介払いしたと信じ込んでいる諸説に、これらの内容の新しさを対立させることになる。出来事の思考という観点、最終的には、ヘーゲル哲学がその全体を出来事として刻みつける可能性が明らかになる。

これから読解を進めるなかで、可塑性の実践を通じて、ヘーゲルの思惟が完成させた『エンテュクロペディー』という表現が、その成熟がはらむ全幅の愛情を顕わにすることだろう。

第一部　ヘーゲルの人間、第二の自然の加工方法[☆1]

序言

I　「人間学」の薄明

〔『エンチュクロペディー　精神哲学』の第一編A〕「人間学」が秘めた奇妙な美しさに敏感な注釈者はほとんどいない。[★1]しかしながら、〈体系〉における最初の人間が「人間学」において目を覚まし、起き上がり、歩行し、言葉を発するのだから、「人間学」はやはり『精神哲学』の発展において重要な一契機をなしている。「人間学」はMensch〔人間〕と名づけられた生き物の誕生をしるしづけており、そのため、エンチュクロペディーの発展のなかで人間の最初の現われを構成している。

　この『精神哲学』の最初の契機に対する注釈者たちの無関心はおそらく、一読すれば感じられる失望感によって説明がつく。二五の節がこの契機の発展過程を構成していて、読者はその長く険しい道程を辿ることになるのだが、見たところ、それはきわめて貧弱な、独創性に乏しい定義に落ち着くのだ。「人間における真なるものの認識」[★2]は、人間の属性を一見きわめて限定されたものにしてしまっている。人間とは、「直立の姿勢一般、絶対的な道具としての手の〔……〕形成、口の形成、笑うこと、泣くこと」、そして最後に「言語」[★3]といった属性を備えた存在であるというように。〔人間の〕実に豊かな発達過程はこの程度の結論によって立証されるものだろうか。実のところ、人間とは動物と神のあいだに位置づけられた理性的動物であるというこの上なく伝統的な考えがここには認められないだろうか。

第三九六節の補遺はこうした人間の立場の限界を決定的なものにする。ヘーゲルが言うことには、動物は「類を自分のなかで真に実現する威力をもっていない」[★4]。動物の直接的かつ抽象的な個別性は、要するに類的普遍性とつねに矛盾したままである。この普遍性はヘーゲルによって、まさしく「神的理性」、「いつの時代にも成就されたもの」[★5]と特徴づけられている。「人間の固有性」は動物の無能力さと神の完成態のあいだに位置するものであり、だからこそ、人間は「類を十全に表現すること」[★6]が可能なのである。

「類を十全に表現する」とは何を意味するのだろうか。ヘーゲルがこの問いに与えた回答を検討すると、例の失望感が生じる第二の理由に気がつく。この回答は「諸々の年齢の自然的経過」を叙述する第三九六節で主に展開されるのだが、人間の一生を紹介するヘーゲルのどうしようもない迅速さに驚かされるのである。誕生という曙から永遠の闇夜に至るまで、すなわち、子供は計画と理想に満ちあふれた若者となり、若者はついに、希望を失った大人に取って代わられ、大人は、社会的責務との関係を断った後、最後に、同じことばかり反芻する衰残した老人に至るのだ。[★7]

子供時代とは個別性および類の直接的、自然的な統一である。ヘーゲルは次のように言う。

> 個人とその類および世界一般との（……）この直接的な、それゆえ非精神的な統一は止揚されなければならない。個人は（……）普遍に面と向かって対立するところまで進展しなければならない。[★8]

この普遍との対面状態が青年時代を規定する。若者は自分のなかで「類が活気づき満足を求め始める」のを感じる。しかし、若者はこうした満足が類の変化そのものや何らかの理想の実現に結びつくものだと取り違える。ただ大人だけが「既に現存している成就された世界の（……）必然性」[★9]を承認することができるのだ。大人は活動し労働しながら、「客観的関係に耽溺し、これらの関係および自分の仕事に関する習慣のなかで生活する」[★10]。こうして大人は自らを「普遍に適応」させるのだが、この方法によってこそ、彼は「類を十全に表現する」ことができるのである。しかし、それと引きかえに生命力は衰え、大人は老人になる。

「ここには入る者はいかなる希望も失うべし」——こんな秘密の銘文がヘーゲルの「人間学」の表口を飾っているのではないだろうか。理想に暇乞いが与えられるとは言わぬまでも、若さが終息してしまうとはどういうことなのだろうか。自分の人生を生きることは結局、現実的なもののなかに未聞のもの、新奇なものを導入することを事の成り行き上、諦めるということになるのだろう。大人は「既にそこに存在する当のもの」[★11]だけを作り出すかぎりにおいて、未来の不在を検証するという刑に処せられている。年齢が経過すると、未来は遥か地平線上にある薄明のなかに消えてしまうというわけである。[★12]

II　習慣のステータス

しかしながら、「人間学」を丹念に読めば、習慣のプロセスが死の力としてだけでなく、生の力として作用していることが読み取れる。実際に、習慣が抵抗力や活力を徐々に失わせるような生の減退作用であるとしても、それは同時に、主体性の生命力と恒常性をその発展を通じて確保するのである。ヘーゲルは次のように述べる。

> 習慣は記憶と同じように精神の組織におけるひとつの難点である。記憶が知性の機構《メカニズム》であるように、習慣は自己感情の機構《メカニズム》である。[★13]

この哲学者は続けて、「習慣という形式は精神の活動のあらゆる種類および段階を包括する」[★14]と書いている。習慣が叙述される契機[★15]は、この〔「人間学」〕セクションの構成においてひとつの決定的な転回を示している。この転回点に注意を向けることで、「人間学」の結論がもつ外見上の貧しさを消し去り、その読解にまったく異なる息吹を与えることができるのだ。

習慣という転回が決定的であるのは主に三つの理由による。まず第一に、習慣は、個別的主体の弁証法的構成と主体概念そのものの進展という二重の意味で、主体性の歴史に対する根源的な視点《パースペクティヴ》を開示する。ヘーゲルの人間学は、あらゆる「実用主義的人間学《プラグマティズム》」とは逆に、実体-主体のギリシア的契機に通じているのだ。[★16] 第二に、習慣は「自己感情の機構《メカニズム》」という人間の根本的な規定として重要である。この機構《メカニズム》の編成は否定的なものの二重化という特殊様態を前提とするのである。第三に、習慣は人間を「魂の芸術作品」[★17]として加工するのだが、これは可塑性へと通じる変形作用に他ならないのである。

A）実体-主体のギリシア的契機

どのようにして、ヘーゲルの「人間学」が〔古代ギリシアから〕その元の概念を汲み取っていると言えるのだろうか。まず第一に、ヘーゲルが自分の分析を経験的心理学および合理的心理学[★18]の埒外に位置づけ、アリストテレスの『霊魂論』を「精神の具体的な認識」の手引書とみなしたという明白な意図からである。

> 魂についてのアリストテレスの諸巻は、魂の特殊な諸側面や諸状態に関する彼の諸論文とともに、依然として、この対象に関する著作のうちで思弁的意義をもっている最も優れたあるいは唯一の著作である。精神哲学の本質的な目的は、もっぱら、精神の認識のなかへ再び概念を導入し、そのことによってまた、アリストテレスのこれら諸巻の意味を再び解明することであるといわれよう。[★19]

魂についての分析は〔「人間学」という〕セクションの展開全体を束ね上げている。ヘーゲルにとって魂は精神の自然なあり方であるが、その「具体的な諸規定」をアリストテレスは既に明らかにしている。さらに、ヘーゲルが練成した習慣概念は、アリストテレスによる習慣《ヘクシス》（存在様態あるいは永続的な性向）の定義をその本質的規定として含んでいる。

第二に、人間を最終的に「魂の芸術作品」として定義づけることは、古代ギリシアの彫刻を神人同形論のための特権的な場とみなすヘーゲルの考えと関連する。

B）習慣、否定的なものの二重化の特殊様態

習慣の重要性は『自然哲学』から『精神哲学』に至る弁証法的プロセスの最中で現われる。この一方から他方への移行は核心的な問題を提起する。というのも、ヘーゲル哲学のなかでは同じひとつの項が結果と開始の価値をもつために、ただひとつの契機が重要となるからである。『自然哲学』は魂とその諸機能の研究で終わり、『精神哲学』は魂とその諸機能の研究で始まるのである。ベルナール・ブルジョワはこの困難さをきわめて的確に明らかにしている。

いかにしてヘーゲルは、絶対者が実現する途中にある本質的に異なる縁、つまり、自然の最後の限界と精神の最初の限界を同じ名称でもって接近させることができたのだろうか。[★20]

本書で提起される回答は、自然から精神への移行は止揚ではなく、二重化、すなわち精神が第二の自然のうちで構成されるプロセスとして生み出されるというものになるだろう。この反射的な二重化はいわば精神の「鏡像段階」であり、精神の自己同一性の最初の形式がここで構成される。人間は動物の対立物ではなく、その裏側として現われる。それゆえ、習慣の同義語である「第二の自然」という概念によって、「人間学」の大いなる独創性が解明されるのである。

C） 可塑性

ヘーゲルはいかなる二元論にも逆らって分析を行ないながら、有機的な生物の原理および「可能態において生命がもつ自然的物体の形相」[★21]というアリストテレスによる魂の規定を持ち出す。人間学における「自己」は魂と身体の相互的な加工作業、まさに習慣の営みという作業の結果である。魂−肉体の諸現象が相互に発現し合うプロセスである習慣は真に可塑的なものである。それは人間という存在を、直観的表示の力をそなえた精神的なものの肉体化〔in-corporation〕（Verleiblichung）さらには受肉〔*incarnation*〕として加工するのである。[★22] 習慣によって彫塑された人間という「範例的個体性」は、ギリシア彫刻のような本質と偶有性の統一についての理解を助けてくれる。「可塑的個体性」という概念を通じて、個別と普遍の「形を共有した適合〔conformité〕」を純然たる従属関係とはまったく異なる角度から検討することができるのである。

III 道程

私たちは「人間学」の運動全体を叙述した後、ヘーゲルのアリストテレス読解を紹介する。「人間学」は、『霊魂論』で示された習慣（ἕξις）、人間（ἄνθρωπος）、精神（νοῦς）という諸範疇《カテゴリー》を結ぶ微妙な絆についての驚くほど力強い解釈である。この解釈は受動的ヌースと能動的ヌース、πάσχειν（作用を受けること）とἐνέργειν（生み出すこと）の関係についての独特の理解から展開される。[☆2] こうしたヌースの可塑性はそのギリシア的契機における自己規定についてのヘーゲルの考えにもとづくものだ。感性的媒体（人間）に対する自己規定の関係を検討すること、いかなる点において習慣づけられた人間の魂が精神の誕生をしるしづけるのかを理解することが重要となるだろう。ヌースの可塑性とこの概念において習慣が果たす役割を分析することで、「人間の固有性」の問い、そして、動物および神とのいかなる限界によって人間は自分の場所を割り当てられているのかという問いに新たな光を当てることができるだろう。

第一章　「人間学」通釈

「人間学」の論述の展開全体において解き明かされているのは、元素的実体が自然から抜け出て徐々に自己区別化し、ついに個別的主体となるという過程である。この運動は論述を構造化する三つの契機、つまり自己との同等、分裂、統一への回帰を通じて進展する。この区別の流れは魂の個別化の過程にそって配置される。出発点において「自然の非物質性」、「自然の単純な観念的生命」たる「普遍的」な魂は、次第に自らを個別化し、「個別的な自己」にまで至るのだ。「精神の睡眠」[★1]から「魂の芸術作品」[★2]に至って個体性の生成過程は成就される。個体性は「人間」の諸特徴を備えて、最終的には一個の彫刻さながらに立ち上がるのである。

人間学の発展は漸進的な天啓として呈示されるのだが、蒙昧さへの突然の回帰、暗中模索の状態、精神錯乱といったものが度々姿を現わす。覚醒した精神は夢遊症の発作と偏狂的妄想症を幾度も患い、星辰の動きや催眠術師に答えを求めたり、亡き者たちのために際限なく嘆き、これを諦めきれないこともある。精神は自分自身の奥底、自分自身の闇夜に付きまとい、個体化——それは精神にとっての決定的な突破口となるのだが——するよう真に決断するに至らない。

個体化のプロセスを展開することは、主体性を創設する審級たる「自己（Selbst）」を構成することをいう。もっとも、このプロセスは平坦な行程を辿るわけではない。自然と精神のあいだで、「自己」以前の時間——それゆえこれは人間に先立つ――に独特の仕方で対応する精神の潜伏期間や催眠状態が口を開けているのである。あたかもヘーゲルは個別的主体性が構成される確固たる運動とその病理学が孕む無秩序さを結び合わせているかのようなのである。こうした結び合わせの意味が明かされるのは、ただ、この先天的な沈鬱症《ヒポコンデリー》に対する論理的な治療法を考慮に入れるとき、つまり習慣を考慮に入れるときのみである。

三つの時間が魂の自己区別化の運動を構造化する。まず第一に、魂は「自然的な魂（natürliche Seele）」[★3]である。この魂は三つの契機、つまり「自然的質（natürliche Qualitäten）」[★4]、「自然的変化（natürliche Veränderungen）」[★5]、そして「感覚（Empfindung）」[★6]において自らを展開する。第二の時間は「感じる魂（fühlende Seele）」[★7]の時間であるが、これは三つの契機に分割される。「感じる魂の直接態」[★8]、「自己感情」[★9]、そして「習慣（Gewohnheit）」[★10]である。最後の時間は「現実的な魂（wirkliche Seele）」と題されたきわめて短い分量のもので、最後の二節[★11]がこれを対象とする。

この三拍子の律動は、『エンチュクロペディー』の「小論理学」で叙述される、普遍性・特殊性・個別性の三つの契機を含む概念のそれに他ならない[★12]。（同時に全体であり、それ自身の契機である）概念は、今度は概念、判断（根源的分割、特殊と普遍の分裂）、推論（分裂した諸項の弁証法的和解と統一、真の個別性の出現）の内で自らを発展させる。「人間学」を通釈するにあたって、そのような形式の形成作用を尊重するかぎり、主体性の豊かな発展――それは道を踏み外させるほど私たちの意表を突く発展なのだが――のなかで道に迷うことはないだろう。

I 「自然的な魂」、元素的な同等性という概念の契機

A)「普遍的な魂」

「人間学」の第一の時間[13]――諸々の「質」と「変化」をともなう「普遍的な魂」――は、自分の根本的な普遍性には無関心なまま、自らの内に三つの契機（普遍・特殊・個別）を直接的に含むような概念に相応する。「自然的な魂」は「自然の普遍的非物質性、（……）自然の単純な観念的生命」として、「単に存在するだけの」魂である。[14]

ただし、ここでヘーゲルはアリストテレスの「世界霊魂」という概念を繰り返すことはしない。

普遍的魂は世界霊魂として、いわばひとつの主体として固定されてはならない。なぜなら、普遍的魂は単に普遍的実体にすぎないからである。普遍的実体は個別性、主体性としてはじめて自分の現実的真理をもつのである。[15]

「普遍的な魂」というヘーゲルの概念が指し示すのは、特殊的な形態へといまだ分割していない単純で元素的な生命、根源的な生命力である。この段階で普遍性は、この語の全幅の意味を考えると、魂の元素的なもの＝元素精（四大に住みつき生体に影響を及ぼす精霊）であるが、それは「個別性としてはじめて自分の現実的真理」に到達する。普遍性はさしあたり「精神の睡眠」、「可能性の方からみてすべてのものである、アリストテレスの受動的ヌース（*passive Nus*）」[16]である。

この魂の実体性は空虚で形式的な同一性ではない。魂は既にそれ自身の内で反省された自然であり、それゆえ既に潜在的に区別化している。したがって、普遍的な魂は即自的に特殊性の契機を含んでいるのである。

B）「自然的質」の特殊性

魂がもつ諸々の規定性はまず第一に、その最初の「定在」を構成する「自然的質」である。「小論理学」によれば、「定在」とは「直接的、あるいは存在的な規定性、すなわち質としてあるような規定性をもつ存在[★17]」である。「人間学」においてこの「質」とは何だろうか。

質は特殊化の度合いに応じて段階的《ヒエラルキー》に三つの型に分割される。最初の型は、「普遍的な惑星の生活」と密接に関係する「気候の区別、季節の交替、時刻の交替など」の質を含む。精神は「それらと調和しながら〔en y étant accordé〕[★18]」生活を送る。この表現はドイツ語の動詞 **mitleben** を翻訳したものだが、これは文字通りには「〜と共に生きること[★19]」であり、この場合、自然との直接的で原初的な調和、「共感」を意味する。これら最初の自然的質は「運勢〔influences〕」の総称のもとに分類することができる。この場合、「運勢」には、天空や星辰に由来し、人間や動物、諸事物に作用すると古代の物理学が仮定していた物質的な流れという原初的な意味がある。「自然的質」は魂の「宇宙的・星辰的・地球的生活」との関係を規定するのだ。これらの質は「精神錯乱をも含めた諸々の疾病状態」、また、迷信じみた行動や予知の実践、「予見[★20]」において特に顕著である。

「自然的質」の第二の型は「人種の多様性」をつかさどる「諸々の特殊な自然精神（Naturgeister）」の型をひとつに束ねる[★21]。

「質」の第三の型は「地方精神（Lokalgeister）[★22]」から構成される。それらは、

諸民族の外面的な生活様式（Lebensart）、職業（Beschäftigung）、肉体的形成および性向（körperlicher Bildung und Disposition）にも現われるが、しかし、諸民族の知的および人倫的生活における内的傾向や能力（Befähigung）のなかにさらに多く現われるのである[★23]。

C）個体的主体の個別性

この段階でヘーゲルは「魂は個体的主体へと個別化される」と述べている。しかし、この主体性はここではただ自然的規定性の個別化として考察されるだけである。この主体性は諸家族あるいは単一の諸個人がもつさまざまな気質・才能・性格・骨相、およびその他の諸性向・諸性癖の様態として存在する。[★24]

この分析によれば、個別性は本質――自然の単純な観念的生命、あらゆる個体化の実体的基礎――と実存――諸々の自然的質が区別化した支持体としての定在――との直接的統一である。その抽象的な形式において、個別は「即自的にのみ、すなわち直接的にのみ本質と実存との統一であるにすぎない」。[★25] ある意味で、それは未だ可能態において存在しているのだ。個別は「作用因として何かを産出することができる」ものの、そうすることができるだけにすぎない。それは未だ「結果として自分自身を産出し」ないのだ。[★26]「人間学」において、この結果なき個別性は「性癖」、つまり各個体がさまざまな普遍的要因ないしは原理の影響を自分固有の仕方で感じる直接的な性向として現われる。

D）「直接的判断」あるいは「自然的変化」

個別化の運動は引き続き、「身体的かつ精神的区別」である「自然的変化」をともなう。この変化にも三つの種類がある。最初の「変化」は「諸々の年齢の自然的経過」に属する。第二のそれは「性関係（Geschlechtsverhältnis）」[★27]に結びついている。第三のそれは「覚醒と睡眠との区別化」[★28]によるものである。

「自然的変化」は個別化の過程における上位の段階を表わす。この変化において、同一性と他性の区別は既に明らかになっていて、変化は時間性の最初の試練として現われている。ただし、それらの変化は自然的であるにすぎないので、自らの現実性を未だに獲得していない。自己の現実性から長い間荒々しく引き離されているので、さまざまな影響を受けることが、精神的なものの特徴たる自由な実存と対立するようになる。この対立によって主体性にその危機の契機がもたらされるのである。

II 「感覚」、「感情」、「自己感情」——判断の契機あるいは個別性の危機的試練

個体性を形成することはひとつの危機である。「危機」という言葉は判断という語の原義（断絶と決断）[29]を確かに意味している。「人間学」における自己の危機＝判断は長く複雑な過程である。[30]というのも、「自己」は自分自身を構成する運動を遂行すればするほど、ますます自分自身を喪失し、狂気に達するからである。精神は精神異常という疎外状態に陥ることによって、やっと催眠状態、つまり原初の睡眠状態から抜け出すかのようなのである。「人間学」における第一の契機の最後に、「魂は個体的主体へと個別化される」[31]。この個別化は、〈私〉の誕生に律動を刻む三つのプロセス（「感覚」、「感じる魂」、「自己感情」）を通じてはじめて現実的なものとなる。ヘーゲルが第四〇三節で分析している観念性はもはや「自然の単純な観念的生命」ではなく、個体性が自己反省する可能性である。個体性はこうして、さまざまな規定の内で自己との同等として自らを感じるのである。「自己」の発現は他性を内面化するプロセスと結びついている。感覚とともに、同一性と区別の統一としての自己関係の可能性が現われるのである。「感じる」かぎりにおいて、「魂はもはや単に自然的ではなく、内面的な個体性であり」、個人は「対自的に、自分自身を意のままにする威力となる」ことができる。最後に、「自己感情」において個体性は「感じる全体性」とな

るのである。

しかし、「私」の漸進的構成は逆説的にも、「精神自体における精神の衰弱と破綻」[★32]をもたらす流動性の欠如をともなう。危機の原因は、主体が自由な自己関係として自らを構成すると同時に、「ひとつの他者」、つまり主体を「振動(durchzittern)させる」[★33]ものとして自らを感じる点にある。

A) 感覚

そもそも単純で未分化な元素的生命であった実体は、個体的主体性の支持体へと生成する。つまり、自然の魂が魂の自然となるのだ。感覚はこの生成の第一段階を画する。外在的な諸対象との遭遇から生じる諸々の感情が、魂の自覚を呼び覚ますのである。

私たちは覚醒していることによって、自分たちがまずは外界一般からまったく不明確に区別されているのを見い出す。私たちが感覚し始めるときにはじめて、この区別は明確な区別になるのである。[★34]感じるものとしての魂は、外部から到来する諸規定を自分自身に関係させ、自分の所有物として迎え入れる。他性とはこうした反省的関係を分節化する媒介なのである。

私たちはこの探究において[感覚する行為である区別において]、もはや直接にではなく、間接的に他者に関係する。こうして例えば接触は私と他者のあいだの媒介である。なぜなら、接触は対立したこれら両側面とは異なっているものの、同時に両側面を結合するからである。(……)この魂による自分自身との連結は、覚醒において自己を分割する魂が、自ら感覚へと移行することによっておこなう進歩である。[★35]

ここで提起されている、魂が自分の肉体性と結ぶ関係は、他性一般との根源的関係として現われる。

感覚する魂が自分のなかに見い出すものは、一方では、魂のなかで観念化されて魂自身のものにされたものとしての、自然的で直接的なものである。他方では、逆に、根源的には〔魂の〕対自存在——これはさらに自己内に沈潜することによって意識をもった〈私〉になり、自由な精神になる——に所属するものが、自然的肉体性（*Leiblichkeit*）において規定され、そうして感じられる。[★36]

肉体と魂は連動した二つの下部組織からなるひとつの「組織《システム》」を形成する。一方は五感が形成する組織であり、他方は、内部から肉体的に発現した諸規定の規則正しい機能を働かせる組織（「内的感覚の組織」）[★38]である。ヘーゲルはこれら二つのエコノミーの根本的な統一を証明することで、ひとつの科学を作り出す必要性を説く。肉体的なものと魂的なものの相互関係を対象とするその科学は、「精神生理学」[★39]とでも名づけられるべきものである。

魂と肉体の関係の組織化は「反省された全体性（**reflektierte Totalität**）」の構成へと至る。次のセクション「感じる魂」はこの構成を対象とする。[★40]

Verleiblichung〔肉体化〕、すなわち「肉体的発現」ないしは受肉が思弁的な仕方ではじめて現われる。肉体と魂の反省的関係はその循環性において分析される。つまり、外部から生じる諸規定が魂によって内面化され、魂から生じる諸規定が肉体的に発現する（**verleiblicht**）のである。[★37]

B）「感じる魂」

感じる魂とはもはや単に自然的な個体性ではなく、内面的な個体性である。「単に実体的な全体性において未だ形式的であるところの魂のこの対自存在は独立化され解放されるべきである」[★41]。

元素的実体と直接的個体性の関係は、個体性がそれ自身の〈自己〉に対してもつ関係として措定される。魂はこれ以降、それ自身に対して、実体でありかつ主体である。ヘーゲルはこうした結果を力説する。

> 魂は個体的なものとしては一般に排他的であり、区別を自己のなかに措定するものである。（……）魂はこの判断（＝根源的分割）においては主体（主語）一般である。魂の客体はその実体であり、そして魂の実体は同時にその述語である。★42

かくして魂はこれ以後、危機＝判断をともなう審級、すなわち自律した個体性である。主体性の起源とは自分に懇願する可能性、自分に自分で呼びかける可能性のことをいう。「自己」とは同一者と他者の関係の統一を保証する審級なのである。

だが、他ならぬこの同一者と他者の弁証法的構造は、自らを構成するかぎりにおいて解体されてしまう。ヘーゲルの分析が威力を発揮するかどうかは、この、総合そのものの現前と不在を総合する手法にかかっている。何しろ、この分析の契機においては、（同一性と区別の）共存の可能性（構成された自己としての魂）と共存の不可能性（同一性と区別のあいだの還元不可能な緊張に結びついた精神の諸々の疾病状態）とが共存しているのだ。総合と非‐総合の奇妙な総合は「自己」の単なる総合よりもいっそう根源的なものとして現われるが、それは「私」以前に遡るものなのである。

病気と健康の根源的構成は思惟の幼年期をなしている。幼年期に立ち返ることからくる衝撃は魂の同一性を動揺させ、魂はその構成そのものを内省するよう促される。「魂の発展」が既に「その上位の規定において意識や悟性に達している」かぎりにおいてのみ、それは「再び沈潜することができる（wieder herab versinken kann）」★43のである。思惟をその根源に引き戻すことによって二重の動きが引き起こされる。第一に、危機＝判断の深刻化であり、第二に、後に総合を可能とするであろう、解放をもたらす審級（すなわち習慣）の兆しである。

深刻化には三つの段階、つまり「魔術的関係」、「磁気的夢遊病およびそれに近似した諸状態」、「透視、予言」がある。これら三つの契機が叙述するのは、未だ自分自身を支えることができない「自己」である。実体と主体は二つの異なった個体として現われているが、この共存状態はやがて二種類の疾病状態をもたらすことになる。一方で、それは同質性《トートロジー》にまつわる諸々の病（白痴の諸形態）であり、これは魂が自分自身としか関係をもたず、未だ自己を区別していないことに起因する。他方で、それは異質性《ヘテロロジー》にまつわる諸々の病（精神異常という疎外の諸形態）であり、これは、魂が確固たる同一性をもって、自分自身に関係することの不可能性に結びついている。二つの状態はいずれも、根本的に、「魂の魔術的関係」、すなわち幻想化された他性に対して魂がもつ幻覚的な関係によるものである。

この立場は感じる魂の魔術的関係と呼ばれることができる。というのも、この表現によって、内的なものが外的なものまたは他者一般に対してもっている、媒介を欠いた関係が言い表わされているからである。魔術的な力とは、その作用が連関にしたがって、すなわち客観的諸関係がもっている諸条件および諸媒介にしたがって規定されていないような力である。★44

「魔術的関係」とは弁証法的に止揚された感化力〔＝運勢〕の規定である。ただし、肉体が距離をおいて他の肉体に作用を加えるのではなく、今度は、精神が他の精神を誘引し、その思考と行為の流れを規定する。個体は、自分を規定し自分の自由を奪う他の個体に関係するように、自分自身に関係するのだ。この他の個体は順次、子供と関係する母親★45、「個体の守護霊★46」、夢遊病の幻想★47、そして予言する魂の幻視★48として現われることになる。

主体性は同一性と区別の根源的総合を前提とする。この働きがなければ諸々の区別を取り集めることなどおそらくできないからだ。この種の総合は、まさに自分の形姿をもって現存する。つまり、「自己」は体格をもって構成されているのだ。しかし、この形姿には「自己」自身の内容が欠けている。魂は未だ、他性を受け入れる根源的な性向として自らを措定するには至っていない。ヘーゲルは今や、他者と自己の分裂状態がもたらす数々の結果をその極限にまで推し進めるのである。

C）直接性における「自己感情」――精神錯乱

危機＝判断は悪化する。「自己感情」の発生★49は確かに個体性の構成への明白な進展を示すものだが、しかしヘーゲルは時を移さずして、この感情に最初から宿っている錯乱を明らかにする。★50

主体は確かに自分自身を所有し、主体性は現実的に自己‐区別化の場となる。

感じる魂の全体性は個体性として、本質的に、自らを自分自身のなかで区別し、自己のなかで判断〔＝根源的分割〕に目覚めていくものである。感じる全体性はこの判断〔＝根源的分割〕にしたがって特殊な諸感情をもち、そして自分がもっているこれらの規定に対する関係においては主体〔＝主語〕として存在する。主体そのものはこれらの特殊な感情を自分の感情として自分のなかに措定する。主体そのものは諸感覚のこの特殊性のなかに沈潜しており、そして同時に、特殊的なものの観念性によって、特殊的なもののなかで主体的な一者としての自己と連結している。主体はこのような仕方で自己感情である。★51

しかしながら、肉体性と精神性が区別されないかぎり、自己感情は依然として直接的である。主体は、たとえ悟性的意識にまで発達していても、なお自分の自己感情の特殊性に固執していて、この特殊性を観念性へ加工しかつ克服することができないという病気にかかるおそれがある。★52

自己感情はそれだけでひとつの特殊な感情となる。感情の諸々の内容を取り集める可能性が、それ自体、客観的な内容となる。〔「自分を感じる」という〕形式は、この形式がさらにその形式である〔＝「自分を感じること」を感じる〕ような内容であることを必要とするのだ。主体性は自らに宿るのではなく、（自らに）憑依する。魂は自己を所有することによって所有される〔＝取り憑かれる〕のである。

主体は（……）、自分の意識のなかで組織化されたその全体性と、この全体性のなかで流動的でもなく、かつ配属されても従属されてもいない特殊な規定性のあいだの矛盾のなかにある。これが精神錯乱（***Verrücktheit***）である。★53

ここでヘーゲルが分析している個別性は自分自身を総合しない。「特殊な規定性のなかに捕らわれた［自己］」は、「自分の個別的な立場と外界との連関にしたがって」自らを秩序づけることも、維持することもできない。これが白痴、つまり、個別性に対して特殊性が過剰な状態である。「白痴」は自己内への閉塞状態として特徴づけることができる。「白痴」の態度は、一言も話さず、「前方を見つめながら静かに腰掛けた」ままでいるというものである。★54 だが、白痴は精神異常〔＝疎外〕の反転した形態にすぎず、厳密な意味での狂気が生まれるのは次のような時である。

自然的精神が自己内に閉塞した状態は（……）規定された内容を獲得する。そして、自分自身をまだ完全に支配していない精神は、ちょうど白痴の場合に自己自身へ、自己の無規定性の深淵へ沈潜しているのとまったく同じように、この規定された内容に沈潜する。このことによって、この規定された内容は固定した表象になる。★55

精神病は肉体に関する病気と同じ原因から発生しているがゆえに、これと同じ仕方で分析される。その原因とは有機的な生命力がたったひとつの規定のために停止することであり、これが全体の流れに脅威をもたらしているのだ。確かに、〔『エンチュクロペディー』の〕『自然哲学』において、ヘーゲルは次のように書いている。

有機組織が病気の状態におかれるのは、その組織体制あるいは器官のひとつが、非有機的な力との闘争のなかで刺激され、そのため、自分をあくまでも単独のものとして堅持し、自己自身の特殊な活動に固執して全体の活動に敵対するかぎりでである。というのも、全体の流動性、あらゆる契機を貫通している過程が、そのために抑止されているからである。★56

したがって、狂気の治癒は、有機体に関する病気の治癒と同様に、生命のエネルギーを再び循環させることである。★57 しかし、どのようにして精神の解放を的確に検討することができるのだろうか。

Ⅲ　習慣と「自己」の推論

習慣とはこうした治癒の動因である。アランは『精神哲学』の注釈において、この点を強く指摘している。

> 解放の契機は習慣である。〔……〕〔習慣を身につけると〕肉体はもはや私に反抗する敵対者ではなくなる。肉体は魂に浸透されて、その道具となる。しかし同時に、肉体はそれ自身として考えられる。肉体は流動体のようになっていて、思考はそこに表現され、肉体のはたらきに意識や省察を行為を拘束されることがない。[★58]

魂と肉体の関係に対する新たな規定は、精神を狂気から解放する習慣とともに姿を現わす。「習慣」という語の語源にはラテン語 habere〔持つこと〕が見い出される。習慣とは所有すること〔avoir〕であり、この意味で、ある所有の形式である。動詞 ἔχειν から派生したギリシア語 ἕξις にも同じ作用が見られる。これは所有することを意味し、副詞を伴なう場合、それはまた、何らかの仕方で存在すること〔*être*〕をも意味する。それゆえ、ἕξις とは存在様態へと生成したある種の所有様態なのである。[☆1] ヘーゲルは〔習慣を論じた節で〕ある機構に属する所有の形式を強調しているが、習慣とは「自己感情の機構（**Mechanismus des Selbstgefühls**）[★59]」なのである。

習慣は前述した二つの錯乱の形式――自分自身に対する同一性の過剰である白痴と、特殊な規定性への帰属である精神異常〔＝疎外〕――を免れる可能性を魂に与える。習慣は、魂を空虚な観念性から、また、全体から孤立した規定性への沈潜から解放するプロセスとして現われるのである。

> 魂が〔……〕自己を抽象的で普遍的な存在にし、そして、諸感情（また意識）における特殊的なものを、魂自身に即して（**an ihr**）、ただ存在するにすぎない規定に還元すること、これが習慣である。魂はこのような仕方で内容を占有（***in Besitz***）する。魂はこのような諸規定のなかで感覚するものとして存在するのではなく、また諸規定から自己を区別してこれらと関係しているのでもなく、それからまた諸規定に沈潜している（**in sie versenkt**）のでもない。そうではなくて、

魂は諸規定を感覚的でも意識的でもない形で自己に即してもち（**an ihr hat**）、そして諸規定のなかで動いている。魂はこういう意味で内容を自己に即して含んでいるのである。[★60]

習慣は主語〔＝主体〕と述語の再び見い出された統一であり、推論の一審級として、判断〔＝根源的分割〕という人間の契機を弁証法的に止揚する。[☆2] 推論は普遍性（概念）と特殊性（判断）の総合であり、その帰結はもはや直接的な個別性ではなく、現実的な個別性である。[★61] 魂は特殊性（「諸感情における特殊的なもの」）と普遍性（精神の活動を可能にする「諸形式」となったこれら同じ特殊性）が分節化する場なのだ。習慣によって特殊性を「単に存在するにすぎない規定」へと単純化することで、魂は特殊性を、前述した普遍に対する狂気じみた思い込みなどとは解さなくなる。同様に、普遍はまったく抽象的な世界であることを止め、客観的で現実的なものとなる。推論の分節化は、魂が諸規定から自己を区別するのでも、これらと自己を混同するのでもなく、抽象と固定性のあいだの場所を占めることによって可能となる。

習慣の特性は、二重化によって、自然的な直接性を魂の「措定された」直接性に置換する点にある。この二重化された直接性は「第二の自然」の名に値する。その働きはまさしく、

感情の規定性そのものと、肉体化されたもの（**als verleiblichten**）としての表象と意志の規定性とに帰属する肉体性を鋳造し陶冶すること（**eine Ein- und Durchbildung der Leiblichkeit**）である。[★62]

諸規定の肉体的境位《エレメント》を形成することは諸規定の「反復（***Wiederholung***）」の所産であり、「習慣の産出」は「習練」の所産である。[★63] 習慣とは肉体を道具へと加工する可塑的操作なのである。

このような仕方で、肉体性は〔魂に〕貫通されるもの（**durchgängig**）となり、〔魂の〕道具にされる（**zum Instrument gemacht**）。[★64]

この魂的なものと肉体的なものの相互浸透性は、ただちに、時間的なひとつの帰結をもたらす。自然から第二の自

然への移行は同時に、自然の時間――諸々の瞬間がそれらが継起する単純な線状性において互いに連鎖しているような、純粋に外在的な諸瞬間――が内面化され、まったく別の相貌を帯びることを含意する。これ以後、主体性は自分のなかに区別を受容することができるようになり、ありのままの姿で現われる。つまり、諸々の規定が連結すること、また同時に、継起することを可能とする根源的に総合的な統一として現われるのである。肉体性を観念化することで、魂には「単純な観念的統一」において自らを措定する能力、すなわちこの統一と一体化する能力が与えられる。ヘーゲルが言うところでは、この「基盤」は「未だ一個の〈私〉ではなく」、〈私〉の可能性である。この基盤は精神と自然の総合として、発展、形成、陶冶といったものへの展望を主体に開くのだ。自然はなおかなりの影響力をもっているが、この基盤のおかげで、自然の桎梏と制限から主体は解放される。「まったく純粋な直観[★65]」とともに、主体に「予見＝不測」の可能性が開示されるのである。

いわば自分の未来へと拘束され、自らの肉体と魂のなかで習慣によって加工された人間は、「人間学」の終部において、自らのありのままの姿を、精神的なものを受肉した姿を現わすのである。

第二章　ヌースの可塑性について――ヘーゲルによる『霊魂論』読解

「人間学」において、精神をその範例的な受肉、つまり人間と結びつける諸々の絆は、どのように織り成されているのだろうか。こうした問いに答えるには、人間の展開を総体的に支持する『霊魂論』の〔ヘーゲルの〕解釈を明らかにすることが必要である。そのためには、ヘーゲルがアリストテレスの分析において何を擁護したのか、何を変形したのかに関する目録を作成するだけでは不十分である。その種の比較作業は、それがどんなに有益なものであっても、単なる叙述のレベルにとどまることだろう。重要なことは、いかなる点でこの著作のおかげで、（ヘーゲル的な）精神が自分にとって本質的な何かを魂の鏡のなかに見るようになるのか、いかなる点でこの光景に人間の出現が必然的に含まれているのかを理解することである。ヘーゲルはアリストテレスが解明した異なる魂を弁証法的にそれぞれ階層化し、ヌースとしての魂という人間の精神と同一視した上で、理性的動物《ゾーン・ロギコン》を精神哲学の最終目的として提示することに甘んじたと断言するのは性急過ぎるだろう。そのような返答が不十分で、さらには一貫性を欠いたものであることはすぐさま分かるのだが、それは少なくとも二つの主たる理由によるものである。

第一の理由は、『霊魂論』は人間学ではないというものである。この著作で人間《アントローポス》は一度も特別な扱いをされていない。人間は『霊魂論』の主題ではない。ヌースとしての魂がそれ自体で、明白かつ決定的に人間と結びついているわけではないのである。なるほどこうした結びつきを導き出せるかもしれないが、しかし、それは明示的なものではない。[★1]〔両者の結びつきは明白だと〕主張するためには、逆に、テクストを著しく曲解するしかないだろう。だがしかし、ヘーゲルは『哲学史講義』で『霊魂論』に触れながら一度も人間について語らず、この著作を人間学の出発点ともしないのだから、彼に〔『霊魂論』を人間学化するという〕意図の責任を押しつけることはできないのである。[★2]

第二の理由は、ヘーゲルが「人間学」の展開のうちでヌースを冒頭部分に位置づけたということから導き出せる。実際に、「受動的ヌース」はこの発展における真の出発点をなしている。「精神のあらゆる特殊化および個別化の絶対的基礎」[★3]たる受動的ヌースはいかなる個体化にも先立って存在し、人間よりも前に現われている。したがって、ヌースとしての魂と人間は同じ外延をもたないのである。

それではなぜ、『霊魂論』を「人間学」の主要な参照項とするのだろうか。「人間学」で受動的ヌースが占める場所に注意を集中させることで、その返答を試みることができる。はたして、この場所は驚くべき場所ではないだろうか。アリストテレスの分析における到達点――受動的ヌースは〔『霊魂論』〕第三巻に登場する――は、ヘーゲルにおいて出発点となっているのではないだろうか。ヘーゲル的な端初と帰結の円環というものを認めたとしても、このような〔始まりと終わりの〕逆転はやはり一考に価するものである。こうした場所でこそヘーゲルは解釈を施し、意味を「再び開示する」のだから、これをさらに解釈することは必要不可欠なのである。[★4]

I　ヘーゲルによるヌース理解

A）知性とその「存在様態」

受動的ヌースとは〔ヘーゲルによれば、〕「可能性の方からみてすべてのものであるところのもの」、「精神の睡眠」[★5]である。この文は『霊魂論』の次の断章をほぼ字義通りに翻訳したものである。

実際、一方では、ヌースはすべてのものになること〔ヘーゲルが翻訳したのはこの件である〕において質料のようなもの（τοιοῦτος）であり、他方では、ヌースはすべてのものに作用し生み出すことにおいて原因のようなものである。後者は例えば光のような、ある種の状態である。というのも、ある意味では光もまた、可能態にある色に作用して、これを現実態にある色にするからである。[★6]

アリストテレスのこの件に対するヘーゲルの参照を説明することによって、彼が本当のところ、『霊魂論』をどのように理解していたのかを解き明かすことができる。

まず第一に、この件はヌースの根源的可塑性とでも呼べるものを明らかにしている。というのも、πάντα γίνεσθαι、πάντα ποιεῖν はそれぞれ、「すべて（のものに）加工される」（形相〔εἶδος〕を受け取る）適性、「すべてのものを加工する」（形相を与える）適性と読み取れるからである。アリストテレスにとって重要なことは、思惟されるものと思惟するものの同一性を仮定する「思惟の思惟（νόησις νοήσεως）」を最終的に解明することである。[★7]確かに「ヌース自体が思惟するものであり」、「それは他ならぬ自分の力で思惟する」のだが、その場合、ヌースが、ある意味で、またヘーゲルが後に言うように、それ自身の主体と客体であること、ヌースが自分自身の行為を被ることを示さなければならない。ちなみに、πάσχειν（作用を受けること）と ἐνέργεῖν（生み出すこと）は、ヌースに関してアリストテレスが何度も使用している動詞である。

生み出すことと作用を受けること、加工することと加工されることという魂の適性はアリストテレスによってヘクシス〔ἕξις〕と特徴づけられる。フランス語訳の「光のような、ある種の状態である」はギリシア語で ὡς ἕξις τις, οἷον τὸ φῶς. と表わされているが、ここから導き出せる重要な命題は、ヌースは可能態においてヘクシスと類似している、というものである。ヘクシスは「状態」と貧弱に訳すよりも、「習慣づけられた存在様態」という含意を仄めかしながら「存在様態」と訳すのが相応しい。動詞 ἔχειν は副詞を伴なうと「持つこと」ではなく「ある種の加工方法によって存在すること」を意味する。★8 それゆえ、ヌースの存在はその「持つこと」、すなわちその可塑的な習慣＝所有態《ヘクシス》として、また、これを起点として明らかになるのである。こうした二重の意味（加工される－加工する）での存在様態は『霊魂論』において絶えず問われている。可塑性と習慣を結ぶ絆を確かにヘーゲルは見逃すことはなかった。彼が「精神の睡眠」と解釈するもの、精神が眠る時に精神のなかで眠っているものはまさしく、アリストテレスが『霊魂論』で習慣＝所有態《ヘクシス》とみなした可能態（δύναμις）という様態なのである。★9

人間《アントローポス》が姿を現わすのはこの地点においてである。習慣を身につけるという比類なき能力をもつ存在として人間を提示する場合に限って、アリストテレスは二度、特権的な範例〔＝人間〕を引き合いに出している。作用を受けること《パスケイン》と生み出すこと《エネルゲイン》との根源的統一を理解しうるものとするために、アリストテレスは、学識という習慣《ハビトゥス》を身につける人間の例を挙げるのだ。原初的な無知の状態を脱することで、人間は学識習得の影響を受ける状態におかれる。そして、一度学識が所有されると（習慣《ヘクシス》はまさに所有を定義づける）、この「受動《パッシオン》」は現実化の可能性、すなわち行動の可能性となる。つまり、人間は自分の知識を意のままに行使することができるようになるのである。

「人間学」においてヘーゲルは、『霊魂論』でそのままの形では主題化されていないことを明らかにする。つまり、習慣《ヘクシス》は人間《アントローポス》の特権と特殊性を結論づけることを可能にする唯一の理論的な場所であるということが明らかになるのである。ただし、後に見るように、これは、人間が習慣《ヘクシス》を身につけることが可能な唯一の存在であるということを意味するわけではない。当面のところは、精神の根源的可塑性という問題の核心で姿を現わす、人間《アントローポス》と習慣《ヘクシス》、範例のあいだの関連性に注意を集中させる必要がある。

こうした読解は、ヌースを扱ったアリストテレスとヘーゲルの論述展開の意味を歪曲していると反論する向きもあるだろう。この点に関して、私たちはただちに次のように返答する。ヌースをめぐるあらゆる主題は作用を受けること《パスケイン》と生み出すこと《エネルゲイン》の微妙な問題に関係しているので、そのいずれもがひとつの解釈であることは必至である。その理由は、伝統的に受け継がれてきた「受動的ヌース」（あるいは受動知性）と「能動的ヌース」（あるいは能動知性）の区別は、実はアリストテレスの区別とは異なるからである。[★10]これまで注釈者たちはヌースが形作るある総合的全体性を分割してきた。だがそれは、ヌースが作用を受けることと生み出すことという二つの加工方法で表現されうるかぎりでしかない。つまり、彼らがこのテクストを紹介する手法がテクストに先立っているのだ。解釈がテクストを二重化し、各章にそれぞれ題名がつけられてしまうがゆえに、手法がテクストに先行しているのである。〔しかし、〕「受動的ヌース」と「能動的ヌース」は還元不可能なまでに結びついている以上、前者を語ることは既に後者を語ることであるはずだ。ヘーゲル自身がヌースの全体について提起する解釈を検討することは複雑微妙な試みであり、それゆえ、ヌースをめぐる私たちの探究は、ヘーゲルによるアリストテレス読解の最も論争を招く要点に触れているのである。[★11]

B）ヘーゲルの「誤解」

a）ヌースの受動《パッシオン》

『霊魂論』第三巻はヌースとしての魂、つまり「魂がそれによって認識し思慮するところの魂の部分」[★12]を扱っている。

問題となっているのは、ヌースとしての魂が分割された存在であるのかどうかを知ることである。論証をおこなうなかで第一の類比が現われる。感覚の論理的な働きとの類比によってこそヌースの構成が明らかになるからである。

> ところで思惟することがちょうど感覚することのようであるなら、思惟することは思惟されるものによって何か作用を受けることであるだろう、あるいは、何か別のそのようなことでもあるだろう。それゆえ、（……）ヌースの思惟されるものに対する関係は、感覚能力の感覚されるものに対する関係と同様でなけれ（ἔχειν）ばならない。★13

感覚することと思惟することは、例えば支持体の上に形を製作する、あるいは刻印するというような通常の加工方法のひとつとして数えられることはできない。にもかかわらず、こうした方法との類比（この類比は第二の類比の参照項をなす）を通じて、アリストテレスは、感覚作用と知性作用の機構《メカニズム》に内在する作用を受けること《パスケイン》と生み出すこと《エネルゲイン》の意義を明らかにしようとする。こうして、蠟による指輪の刻印のイメージと書板のイメージはそれぞれ、これら二つのプロセスを説明する範例として役に立つことになるだろう。この類比自体は第三の類比、つまり運動（κίνησις）に対して作用を受けること《パスケイン》と生み出すこと《エネルゲイン》を類比させることから生じる。実際、アリストテレスは第二巻、第五章、**417a** でこう言っている。

> まず、作用を受けることや動かされること、現実に活動することとが同一であるとして話をすることにしよう。なぜなら、運動は一種の現実態であるからだ――もっとも他の箇所で述べられたように、不完全なものではあるが。しかし、すべてのものが作用を受けたり、動かされたりするのは、作用することができて現実態においてあるものによってである。★14

これらの類比からヌースの可塑性を本当に導き出すことができるのだろうか。アポリアをもちいた論法にすぎないものを主題化したという暴挙のせいで、アリストテレスの慎重な論証が台無しにされかねないのではないだろうか。ヌースに言及した議論は、こうした問いに答えることをきわめて困難にする。アリストテレスは次のように言う。

> ヌースは無感動（ἀπαθὲς）でありながら、形相を受け取る（δεκτικὸν（……）τοῦ εἴδους）ことのできるものであり、また、

その形相そのものではないにせよ、可能態においてはその形相に似たようなものである。[★15]
ヌースの作用がヌースの対象の作用を受けるものとして検討されなければならないこと、またそれと同時に、この「作用を受けること《パスケイン》」がヌースの根本的な無感動性、その原則的な不壊性を問いに付さないことを、どのように考えればよいのだろうか。

ここで問われている作用を受けること《パスケイン》の様態を理解しうるものとするために、アリストテレスはある種の変化（ἀλλοίωσις）を説き明かすという務めを自らに課す。それは消滅（φθορά）をともなわない変化であり、主体の本性を破壊せず、これを成就させるものである。ところで、習慣《ヘクシス》は消滅をともなわない変化の定義に非常にうまく答えてくれる。例えば、学識の取得は人間を無知という原初状態から知識のある状態に移行させるが、これは変化を表わしている。この取得は確かに何かを喪失する傾向ではなく、より良い状態への変化である。こうした理由で、アリストテレスはヌースについて「可能態において習慣《ヘクシス》と類似している」と言うことができるのである。知識を身につける人間の例によって、習慣《ヘクシス》とヌースの所有態《エケイン》に付与されるべき意味を解明することができる。習慣《ヘクシス》は可能態《デュナミス》の一段階として規定されるのである。この場合、作用を受けること《パスケイン》は可能態における存在様態、すなわち現実的に思惟することができないヌースの様態として理解されなければならないのである。

しかし、習慣《ヘクシス》に関してこのように的確な論述を行なっても、難解さに拍車がかかるばかりである。ヌースが自分の行為から受ける変化が消滅をともなう性質変化《アロイオーシス》ではないことが分かったとしても、ヌースが作用を受けることは確実なのではないだろうか。アリストテレスは「「作用を受けること」と「変化すること」を適切な言葉として使用しなければならない」[★16]と述べているが、一見したところ、事はさほど単純ではなさそうである。他方で、あらゆる性質変化《アロイオーシス》は運動と転化（μεταβολή）を前提とするのだが、アリストテレスは運動について、「まだ完成していないとはいえ一種の現実態」であると言っている。[☆1]だとすれば、ヌースのただなかに運動と変化があることを、類比的な方法とは別の仕方で、誤解なく認めるには一体どうすればよいのだろうか。

b）ヘーゲルの読解

誤解といったのは、まさしく、大部分のアリストテレス注釈者たちがヘーゲルは過ちを犯したと非難しているためである。ヘーゲルがおこなう『霊魂論』読解は明らかに、アリストテレス哲学、とりわけ『形而上学』の総体的解釈と連関している。『エンチュクロペディー』の発展全体を締め括る『形而上学』の一節は「思惟の対象を把握しながら自分自身を思惟する」ヌースに割り当てられていて、「神」を「この現実態そのもの」として定義づけているのだ。『哲学史講義』を注釈しながら、ピエール・オバンクは、ヘーゲルが「思惟と思惟されるものの統一」を「活動（**Tätigkeit**）」いわば「運動、反発」として解釈したことを想起し、次のように述べる。

> 驚かれるひともいるだろうが、ヘーゲルは *ἐνέργεια* を **Tätigkeit** と翻訳し、現実活動を運動と同一視することで、アリストテレスのいくつかのテクスト、例えば、運動を「未完成な現実態」と規定している諸テクスト（だから純粋な〈現実態〉と任意の運動とのいかなる同一視も禁じられる）、彼が神の現実態を不動の現実態（*ἐνέργεια ἀκινησίας*）と明確化しているテクストを読み誤っている。ヘーゲルが神の現実態と運動の同一性を措定することは許されると考えているのは、彼が、アリストテレスによって明らかに〈第一動者〉[★17]のものとされた不動性を自己運動（**Selbstbewegung**）ないしは円環運動（**Kreisbewegung**）として解釈するからである。

確かに『哲学史講義』のなかでヘーゲルは純粋な現実態を「それ自身の内で動くもの」とし、これを「自己回帰する理性の円環[★18]」と解釈している。「不動の動者」というアリストテレスの概念が表わす「偉大な規定」について、ヘーゲルは「自己同一的な理念は、自己自身との関係にいて動かしながらじっとしている[★19]」と述べている。そして、この自己関係は「自己自身と関係する否定性」、すなわち「自己区別化の原理[★20]」として定義づけられる。こうした解釈は次のような場合には誤っていることになる。
アリストテレスは決して、神が「自己に関係する活動」であるとは言わない。なぜなら、関係というものは、仮にそれが自己に対する関係であっても二元性を前提とし、そうして、神の現実態がもつ純粋性とは両立しないような潜在的可能性の境位《エレメント》を当然予想させるからである。[★21]

ヘーゲルは、アリストテレスが純粋な現実態とひとつの生命体を同一視したことを文字通りに解釈した点で間違っていたのだろう。確かに、
アリストテレスお気に入りの生物学的隠喩《メタファー》を近似的な表現とみなしてはならないことはあまり理解されていない。[★22]

こうした主張に照らし合わせて、また先の問いに答えて次のように議論されるかもしれない。作用を受けること《パスケイン》と生み出すこと《エネルゲイン》との論究は思惟の思惟《ノエーシス・ノエーセオース》の過程の理解を目指すものだが、この考究に割かれた『霊魂論』の展開はすべて、例証の試み、「必然的に不適切な」[★23]隠喩にすぎない。それゆえ、私たちがこの展開に与えようとする重要性は度を越したもの、さらには不当なものであるにちがいない、と。オバンクが注記するところでは、可能態と運動はただ地上の存在者にのみ備わっていて、だから、「いかなる可能態からも自由な」純粋な〈現実態〉は、「この世に生きる存在者がおこなう艱難辛苦をともなう弛みない活動」[★24]——ましてや、これらの存在者は習慣を身につける素質をもっているのだから——とは何の関係もない。したがって、ヌースの可塑性を扱うにあたって習慣《ヘクシス》と人間《アントローポス》を論拠とするのは常軌を逸したことに他ならない、というわけである。

ヌースと「ヌースの現実態」の分析を「思惟においては、動かされるものと動くものは同じものである」と結論づけ、運動と不動性の同一性を思考することで、ヘーゲルは「生命の地上的な経験を神学化する」[★25]ばかりで、「第一天と不動の動者を混同することでアリストテレスの宇宙の第二、第三の位階を重ね合わせている」[★26]、ということになるのである。

なるほど確かに、ヘーゲルの解釈に対するこれらの批判を是認する必要はある。しかしながら、テクストを字義通りに解釈しさえすれば、それらはその論拠に関してほとんど説得力をもたないようにみえる。実のところ、アリストテレスが神を生命として特徴づける際に使用した生物学的「隠喩」は「近似的な表現」にすぎないと、どのように断言することができるのだろうか。隠喩によってただ遠方からしか影響を受けることのないような本来の意味が存在するのだろうか。さらには、ヘーゲルが隠喩によって「翻弄されて」いたかどうかははっきりしないのであって、そうなると、ヘーゲルの立場をアリストテレスに対する「きわめて流動主義的な解釈」としたドミニク・ジャニコーの判断[★27]もまた、議論の対象に加えられる。

誤解を「真の」意味に対立させる代わりに、ある誠実さを別の誠実さに対立させることはできないだろうか。神の現実態を「自己に関係する否定性」とするヘーゲルの解釈のなかに、不当な弁証法的体系化以外のものを見ることはできないだろうか。というのも、神の本質の内に潜在性の要素を導入することによって、神そのものの内に潜在的なものの刻印を刻み込むということが問われているからだ。私たちの論証手続きはこれから、魂の可塑性という概念を提起しながら、まさしくこうした道を進み始めるのである。

受動的ヌースを『精神哲学』の展開の縁に位置づけ、すなわち、それを一方の極に位置づけ、他方の極（終極）である『形而上学』の引用に関係づけることで、ヘーゲルは両者を鏡に映ったように配置し、ついには互いを呼応させる。純粋な現実態ないしは「絶対的な実体」に否定性を導入することで、作用を受ける《パスケイン》ことと生み出す《エネルゲイン》ことの作用のなかで自己規定の過程が作動するようになる。まさにこうした作用にこそ可塑性という名を付与するに相応しい。「人間学」はこれから可塑性に最初の具体的な進展を与えることになるだろう。この進展によって可塑性の存在論的意味が人間の内実と関係づけられ、さらには、とりわけ『霊魂論』におけるアリストテレスの例証の流れにヘーゲルがいかなる処置を施しているのかが問われることになるのである。

アリストテレスにとって、習慣《ヘクシス》を身につけるという人間の素質は〈消滅をともなわない変化〉の型を明らかにするのに役立つということを想起しておきたい。そして、ヘーゲルにおいては、人間の習慣への関係に基づいてこそ、〈形を与える〉-〈形を受け取る〉という真に精神的な運動が解明されている。一般に理解されている超越性の問題機制がヘーゲルには存在しないために、魂の可塑性は精神の具体的な諸規定、すなわち目下のところは、人間を通じて考察されるしかない。この超越性の拒否は論理的に、超越的なものと経験的なものを分割することの拒否をもたらす。絶対者はいかなる分離された実存をももたないし、突出した立場にあるわけでもないからである。したがって、可塑性の概念は、経験的なものと魂的なもののあいだの形の相互贈与作用——これこそが可塑性の第二の意味である——として理解されなければならないのである。

II 『霊魂論』第二巻——感覚

A） 論証手続きの呈示

さて、『霊魂論』のテクストに立ち返り、「感覚能力」と題された第二巻、第五章を辿ってみなければならない。問題の概要は、「感覚は動かされることと作用を受けることから生じる（……）、なぜなら、感覚は一種の質的変化（ἀλλοίωσίς τις）であると思われるからである」★28 というものである。まずアリストテレスが説明するのは、感覚の一般的機制を理解する際に、百歩譲って「あたかも」という表現を用いるとしても、受動-能動の対関係に頼らないでいることがどうして不可能なのか、ということである。しかし、明確にすべき論点は性質変化《アロイオーシス》である。感覚行為一般がどのような種類の変化を生み出すのかを綿密に特徴づけることが肝要なのである。

アリストテレスは手始めにある困難さを述べている。

しかし、ここに問題がある。なぜ、それらの感覚器官そのものの感覚も生じないのだろうか。つまり、なぜ、感覚器官は外的な対象がなければ感覚を生み出さないのか。★29

感官は自分自身を感じることはない。視覚が自分を見ることはないし、聴覚が自分を聞くことはない。だから、「ある人々」が言うように、「似たものは似たものによって作用を受ける」と単純に断言することはできない。視覚は必ず視覚自身とは別のものによって見られる。それゆえ、この触発の現象——触発はまた、感覚するものと感覚されるものの同一化を可能とする——を説明するにあたっては、作用を受ける《パスケイン》ことと生み出す《エネルゲイン》ことのプロセスに頼らなければならない。アリストテレスが少し後で言うように、「可燃物はそれを燃やすことのできるものがなければそれだけでは燃えない」★30のと同じく、感覚は、感覚対象（感覚されるもの）の行為を被る感覚器官（感覚するもの）の受動としてしか説明されえないのである。

作用を受ける《パスケイン》ことと生み出す《エネルゲイン》ことの運動は形の受け取りと贈与という二重のプロセスと関係している。

すべての感覚について、一般的に次のことを理解しなければならない。すなわち、感覚とは感覚される形相を質料を伴わずに受け入れるものであり、それは例えば、蠟が指輪の印形を〔その素材である〕鉄や金を伴わずに受け入れるようなものである。その場合に、蠟は金製の、あるいは銅製の印形を受け入れるのだが、それは〔印形を与えるものが〕金や銅であるかぎりにおいてではない。しかし、それぞれのものの感覚も同様に、色や匂い、音をもつものから作用を受けるが、しかしそれは、それらの対象のそれぞれがそれぞれの事物として言われているかぎりにおいてではなく、むしろこれこれの性質のものであるかぎりにおいてである。★31

感覚は必ず異質なものから生じる。したがって、感じられるものが感じられるものであるのは、それがまさに感じるものが変質した状態にあるからだ。同じものが同じものから影響を受けることはできない。それゆえ、感じるものが自分とは異なるものから作用を受けるという根源的受容性、受動性を認める必要があるのである。だが、この他性は根本的な他性とはなりえない。感じるものと感じられるもののあいだに何らかの共通性（κοινόν τι）がなければ、感覚が生じることもありえないだろう。それゆえ、感覚器官の受動性は、蠟の受動性のように、自分が受け取る形相の本性と性質には無関心であるような純粋で単純な受動性ではありえないのである。これはヘーゲルが次のように『哲学史講義』で指摘していることである。

蠟は実際に形を受け取る（aufnimmt）わけではない。この刻印は外面的な形態（äußerliche Gestaltung）にとどまっていて、蠟の本質をなす形ではない。この形が本質の形となるならば、蠟は蠟ではなくなる（keine Form seines Wesen）にちがいない。魂の場合には、魂はこの形そのものを自分の実体をなすものとして受け取り、これと同化（assimiliert）し、かくして、魂そのものがいわば感じられるものすべてになってしまう。★32

感じるものと感じられるものが互いに絶対的に異質なものであるならば、いかなる感性的な受容もありえないだろう。これら二つの審級のあいだの「場」の探求はアリストテレスの論証手続き全体を先導しており、ここで問われている「能動者」と「受動者」について、両者が完全に類似していることも、完全に類似していないこともありえないという結論をもたらすのである。★33 アリストテレスはこう断言している。

だから、（……）似たものは似たものから作用を受け、またある意味では、似ていないものから作用を受ける。なぜなら、作用を受けるのは似ていないものなのだが、しかし作用を受けてしまえば、それは似たものであるからである。★34

ここからヘーゲルは、「受け取ることは魂の活動（Aktivität der Seele）でもある。感じるものは作用を被ると受動性を破棄し、受動性から自由になる★35」と結論づけている。

感じられるものは感じるものの変化であると、確かに言い表わすことができる。ただし、この変化はひとつの成就として理解されなければならない。見かけだけの逆説に従うならば、もっぱらこの変質のおかげで感官はその可能態を現実化し、その完全現実態《エンテレケイア》への見通しが立つようになる。こうした結論づけで使われている言葉から、その次に来る分析について予測することができる。「可能態にある感覚と現実態にある感覚がある」★36 以上、アリストテレスはこれ以降、可能態《デュナミス》－現実態《エネルゲイア》の対関係の検討に専念しようとするのである。しかしながら、この区別は十分なものではないので、さらに明確にされなければならない。★37 感覚が現実態《エネルゲイア》と存在論的に結びついているのだから、重要なことは、感覚がある特殊な変質であることを論証することである。そのかぎりで、可能態《デュナミス》と現実態《エネルゲイア》がもつさまざまな段階を区別する必要がある。そこで今度は〔人間という〕範例が介入することになる。

B）範例——習慣《ヘクシス》と人間《アントローポス》

あるものが知識ある者である［ἐπιστῆμόν τι、文字通りにとれば、「何かが知識をもっている」］というのは、ちょうどある人間が知識ある者、すなわち知識をもっているものの一員であるという理由で私たちがその人を知識ある者と言う場合と、他方では、既に文字の知識をもっている人間をすぐさま知識ある者と言う場合である。ただし、両者は同じ仕方で可能的なものであるのではない。★38

人間《アントローポス》が姿を現わすのは、可能態と現実態の異なった段階を指摘すること、そして、欠如をともなわない性質変化《アロイオーシス》を特徴づけることが問題となるちょうどその時である。さて、他ならぬ習慣《ヘクシス》こそがこうした規定に応答するのであって、探究されるべき特殊な変質の型とは習慣《ヘクシス》である。この件の冒頭から、いかにして人間《アントローポス》が中性的な表現「あるものが知識ある者である《エピステーモン・ティ》」を特徴づけ、これを特殊化したのかがきわめて明瞭に理解できる。人間の「所有する」仕方は、形を受け取る感官ないしは知性の能力を理解するための範例として役に立つのである。

を自己固有化するための特殊な方法をもつという理由で範例的である。何しろ、人間は「知識をもつ能力」があり、知識は人間にとって習慣《ヘクシス》となることができるからである。

どのようにして人間が可能態において知識ある者であると言われるのか、そのさまざまな意味を検討することは、まさに習慣《ヘクシス》の問いを検討することであり、それゆえ可能態と現実態のさまざまな漸進的段階を分析することである。自分の類ゆえに「可能態において」学識のある人間の事例における「可能態において」の意味と、「文字の知識をもっている」人間の事例における「可能態において」の意味とを、明確に区別する必要があるのである。

前者はその類や素材がそのような性格をもっているから可能的なものであり、後者は、外的な障害によって妨げられないかぎり、自分が望めば（βουληθείς）知識を行使すること（δυνατός θεωρεῖν）ができるという意味で可能的なものである。さらに、既に知識を行使している者、すなわち完全現実態にある者は知識ある者である。★39

第一の事例から第二のそれへの転化（μεταβολή）は、第二の事例から第三のそれへの転化とはまったく異なるものである。学ぶことによって無知なる状態を脱した人間は「学習によって質的変化（ἀλλοίωσις）を被り、多くの場合（πολλάκις）、反対の状態から［その反対の状態へと］転化する」。この変質は、それによって習慣《ヘクシス》が現実化し、厳密な意味での完全現実態《エンテレケイア》の原因となるところの質的変化とは同じ性質のものではない。というのも、第二の事例において、知ってしまった者は、「感覚や文字の知識をもってはいるが現実に活動させてはいない状態（μὴ ἐνεργεῖν）から、現実に活動させる状態へと」★40 転化することによって自分の可能態を現実化するからである。そこでアリストテレスは次のように判断する。

しかしまた、「作用を受ける」ということも単純なことではない。ある場合は、反対のものによるある種の消滅（φθορά）であり、他の場合はむしろ、完全現実態にあるものによって、可能態にありかつ可能態が完全現実態に対してもつような関係を似たものが受ける保存（σωτηρία）である。★41

あるものは他のものから作用を受けるが、それは性質変化《アロイオーシス》概念に含まれる二つの方法によるものである。この「作用を受けること」は一方では消滅や破壊として、他方では保存や完成態として理解される。アリストテレスは「質的変化には二つの仕方、つまり欠如した状態への転化（στερητικὰς διαθέσεις）と、所有態《ヘクシス》（ἕξις）や自然本性《ピュシス》への転化がある」★42と述べている。これを受けてヘーゲルは次のように注釈を加えている。「欠如した状態に向かう転化と、本性や持続的な活動状態（力や習慣、ἕξις）に向かう転化がある」★43。

この完成態によって、それ自身の内に退去しながらも潜在的に存在しているような、ある現前が確認される。この退去した現前は所有されたものの現前であり、あたかも所有することが存在の退去した状態となるかのようなのである。この退去した状態こそが習慣《ヘクシス》の別名である★44。

盲目な状態とつねに見ている状態のあいだに一種の「見ないこと」があり、それが見ることの能力（視覚）となっているのと同様に、無知とつねに行使される知識のあいだに、知識の単なる所有状態によって表わされる中間項がある。感官は感じられる以前に可能態においてあると述べながら、アリストテレスは感官をいかなる瞬間にも自らを成就させる可能性として明確に規定する。このような可能性がなければ、視覚は視覚ではありえないだろう。見るという行為とただ単に同一視されるような視覚は盲目の状態であろう。目を閉じる能力こそが眼差すことを可能とするのだ。その結果、感覚そのものに内在する感覚の退去状態は感覚対象と感覚行為の恒常性を逆説的にも確証し、それがなければいかなる区別も、それゆえいかなる同一性も発現しないであろう空間を開いたままにするのである。

第一の転化《メタボレー》（無知から知への移行）と第二のそれ（所有態から現実化への移行）との違いを明らかにするために、アリストテレスは可能態の諸段階と人間の幼年期や壮年期との比較に訴える。

今のところは、次のことが規定されたとしよう。すなわち、「可能態にあるもの」と言われるものは単純なものではなく、それが一方では、子供が将軍であることができるという場合の意味であり、他方では、大人は将軍であることができるという意味であるように[★45]。

ヘーゲルの「人間学」の場合と同様に、「諸々の年齢の自然的経過」こそが論理的過程の直観的表示、すなわちその感覚的発現という機能を担う。人間は年老いることができるために、可能態の諸段階が時間的に発現するように、それらを体現する。明らかに、アリストテレスが可能態《デュナミス》と現実態《エネルゲイア》を意味づける最中に説き明かす諸々の区別は、範例〔人間〕によって明瞭になる時間化の過程を把握することに実際に対応するのである。

この場合、人間は感受性を備えた参照項《レフェランス》と範例《パラディグム》として役に立つ。何かを感受する状態《パテーティコス》にあるのは、それに対して何かが到来することのできるような存在である。それゆえ、習慣《ヘクシス》に守られ、抑制された存在は未来を留保した状態として現われる。すなわち、論理的には（完全現実態《エンテレケイア》としての）現前が未来に先行しているとしても、未来がこの現前に先行する可能性として現われるのである。人間は習慣《ヘクシス》を身につけるがゆえに、エネルギーを保留しておくことができる。人間という範例によって、アリストテレスは休止と運動の二重のエコノミーに、休止でも運動でもなく、両者の中間媒介である状態、受動性と能動性の媒介項を、いわば存在論的な弱音器を加えることができるのである。

習慣《ヘクシス》を身につける能力によって、人間《アントローポス》は、厳密な意味で感覚の中間域、すなわち可能態《デュナミス》と現実態《エネルゲイア》を根源的に総合する受肉となる。このときただちに次のような問題が生じてくる。「諸々の年齢の自然的経過」は可能態と現実態の本質の思弁的分析にあまりにも密接に連関しているので、可能態《デュナミス》そのものの幼年期と壮年期を語ることは可能であり、同時に、不可能である――まさにここに、先に定義づけられたような可塑性のしるしがある。どの程度、そしてどのようにして時間性は可能態の存在論的構造に影響を及ぼすのだろうか、そしてさらには、ヌースそのものの構造に影響を及ぼすのだろうか。

III 『霊魂論』第三巻――思惟作用

「受動知性」、「受動的ヌース」と「能動知性」、「能動的ヌース」との区別――それは同時に非‐区別なのだが――へと立ち返る必要がある。感覚のプロセスと思惟作用のプロセスの違いは次のことに起因する。

感覚の場合には、感覚に作用してその現実態を作り出すものは外的なものである。それは例えば、見えるものや聞かれるものであり、その他の感覚されるものも同様である。〔それに対して知識の場合は、〕〔知識の対象となる〕普遍的なものは、ある仕方で魂そのものの内にある。こういうわけで、思惟することは欲するときに自分だけでできるが、感覚することは自分の力だけではできない。なぜなら、感覚されるものが現存しなければならないからである。★46

ヌースが自分自身を思惟するというこの内的プロセスは、後に第三巻で論究され、類比的推論と関係づけられることになる。

いかにしてヌースは作用を受けることなく自分自身を思惟することができるのだろうか。この難点は、変質の二つの形式と結びついた受動作用の二つの相互関係の区別に訴えることで解決されることになる。この区別自体は可能態と現実態の区別によって可能となる。すなわち、「ヌースは可能態においてはある意味で思惟されるものであるが、しかし現実態においては思惟する以前には何ものでもないこと」を認めなければならないのである。よく知られる書板の例をもちいて基材と刻印の比喩が再び導入され、「それは完全現実態においてはそのなかに何ひとつ書かれていない書板のようなものである」★47と述べられる。ヘーゲルはこの比較に関してしばしばなされる誤解に反駁する。すなわち、精神を「外的な諸事物の行為によってはじめてそこに何かが書かれるタブラ・ラサ」として理解することに反対するのである。彼は次のように述べている。

アリストテレスは正反対のことを言っている。（……）知性は書板のような受動性はもたない（それはすべての概念を忘れた状態である）。それは活動状態そのものなのである〔……〕。この比較が適用されるのは、現実に思惟がおこなわれるときはじめて魂は内容をもつ、という点に限られる。魂が書かれざる書物だというのは、魂は即自的には（an sich）すべてであるが、自分自身において（in sich selbst）このような全体であるのではない、ということである。一冊の書物は書かれる以前には、可能性としてすべてを含んでいるが、現実的には何も含まれていない、というように。★48

アリストテレスは消滅をともなわない性質変化《アロイオーシス》の論理——それは今回はヌースのただなかで検討されている——を新たに展開することなく、可能態として知識をもつ者と現実態として知識をもつ者の事例に省略的で簡潔なやり方で二度にわたって訴え、習慣《ヘクシス》の問題系を今一度動員する。その最初の事例は〔第三巻、第四章〕429bにある。

> 知識のある者が現実態において知識があると言われるのと同じ意味で、ヌースが思惟される対象それぞれとなるとき（このことが成立するのは、ヌースが自分自身の力で現実に活動することができる場合であるが）、ヌースはある意味ではなおも可能態においてあるのだが、しかし学んだり発見したりする前と同じ意味で可能態にあるのではない。そのとき、ヌースは自分自身を思惟することができるのである。★49

第二の事例はヌースと「一種の光のような状態《ヘクシス》（ἕξις）」のあいだの類比であり、それは注釈者たちが「能動知性」と題した章で展開されている。光のごとく、ヌースは自己の内で可能態において思惟された《ノエータ》内容を現実化することによって、これらを「回心させる」のだ。まさしくここでアリストテレスは、個人における「可能態における学識」と「現実態における学識」の比較に頼るのである。★50

ここで再び認められるのは、思惟するものと思惟されるものの区別、すなわち、諸形相の現われを可能とするこの区別の中間域を思考するという配慮である。この中間域はまさしく形相（εἶδος）が形作られる場であって、これに先行するいかなる単純性も、いかなる境位もありえない。作用を受ける《パスケイン》ことが生み出す《エネルゲイン》ことに先立つわけでも、作用を受ける《パスケイン》ことが生み出す《エネルゲイン》ことに先立つわけでもないのである。

A）ヌースと否定性

ヘーゲルはこの根源的な総合的審級をどのように解釈するのだろうか。彼はヌースを区別化した統一として措定することで問題に決着をつける。つまり、ヌースとは「自分のなかでの自分との区別（ein Verschiedenes von ihm in ihm）であると同時に、純粋で混じり気がない（rein und unvermischt）」のである[51]。そうなるとヘーゲルからすれば、自分で自己区別化する行為を規定するヌースの可塑性がヌースの本質を構成していることになる。このことは、受動的ヌースの検討を結ぶ次のような分析から、明確に引き出すことができる。

〔思惟の〕活動における区別とこの区別の廃棄の対立（Gegensatz）を、アリストテレスは、ヌースは思惟や思惟対象を受け入れること（Aufnehmen）によって自分自身を思惟すると表現する。ヌースは思惟されうるものを受け入れることによって自分自身を思惟するのだが、この思惟されるものは何かに触れ（berührend）、何かを思惟するものとしてはじめて現われ、何かに触れてはじめて生み出される、——つまり、思惟されうるものは思惟において、思惟の活動においてはじめて存在するのである[52]。

この件は、アリストテレス注釈者たちが「間違っている」と判断した注釈の骨組みを集約している。それら基本要素は『形而上学』第五巻の読解においても顕著である。〈第一動者〉について、ヘーゲルは次のように述べている。

神とは純粋な活動（reine Tätigkeit）である（……）。神はその可能性がそのまま現実性であるような実体、その本質（potentia）が活動そのものであり、可能性と現実性が不可分であるような実体である。そこでは、可能性と現実の形式（Form）は区別されず、実体は自分自身の内容、自分自身の規定を自分で作り出す（produziert）[53]。

こうした読解は二つの本質的な批判の対象の的となる。第一に、私たちが既に言及したように、アリストテレスが区別した諸々の存在論的レベルが尊重されていない。第二に、これはアナクロニズムに毒された解釈である。

オバンクによる第一の批判は次の通りである。ἐντελέχεια〔完全現実態〕をTätigkeit〔活動〕とみなすヘーゲルの理解は一連の誤解に立脚している。ヘーゲルは「神のヌース」を「自らは静止しながら絶対的な活動である」絶対者として特徴づけることによって、アリストテレスのいう現実態を「力動化する」。「外化であると同時に自己回帰であるような生命の脈動を神的なもの」に認め、「純粋な現実態の完成を、自己を構成する無限運動であるような活動の無限定過去《アオリスト》に」取って代えた点で彼は「間違っている」[★54]。第二の批判はドミニク・ジャニコーによって、「思弁的観念論の形而上学的地平は（……）アリストテレスのテクストに二重写しの状態で自らを押しつける」[★55]と定式化される。

次の二つのうちのいずれかを選ばなければならない。ヘーゲルは実際に「体系化」の欲望によって「駆り立てられるがままに」なっているのだから、主体性という「観念論的な」考えを、実体−主体や自己規定といった諸概念とは何の関係もない哲学に教条主義《ドグマ》的、アナクロニズム的に投影することを批判しても仕方がないとするのか。それとも、逆に、アリストテレスのテクスト解釈は、それがヘーゲル哲学全体を基礎づける原理——主体自身の存在論的歴史の支持体、つまり主体の時間的な自己区別化の支持体としての主体性の思想——であるだけにさらに練成された立場に基づいているとするのか。後者の立場にしたがえば、ある時代の思想を別の時代のそれに「二重写しにする」可能性は、思想そのものとは無関係な偏見の結果であるというよりも、逆にその神髄の核心部に刻まれていることになるだろう。さもなければ、いかにして主体性がそのままの姿にとどまりながらも意味を変え、いかにしてこの進化が哲学史という概念自体を基礎づけるのかをヘーゲルに則して理解することは不可能になるだろう。

ヌースのただなかにヘーゲルが導入した「潜在的可能性の境位《エレメント》」は、時間的に自分自身を区別化し、同時に、アリストテレスの哲学素を思弁的観念論の言語へと翻訳することを可能とする主体の能力として理解されなければならない。ヘーゲルはアリストテレスの思惟のなかで作動している諸々の存在論的レベルの分離を尊重していないかもしれないが、しかし、注釈による「力の一撃」によって、彼は、絶対的な実体はその自己区別化の外では自らを概念把握しえないと確言するのである。あるいは同じことだが、アリストテレスによって考えられていたような実体は自らの内に、既にアリストテレスのものではない概念的諸規定によって解釈される可能性――実体の運命、つまりは実体の未来――を内包しているのである。ヌースのただなかにある作用を受けること《パスケイン》と生み出すこと《エネルゲイン》の作用は、ヘーゲルの観点からすれば、実体が自らの「到来を予見しつつもこれに驚く」可能性として解釈されなければならないのである。

ヘーゲルが実体のただなかに運動を導入するのは、おそらくその論敵たちが疑っているように、彼が（弁証法の偏執狂であり、）運動というものに「夢中になって」いるからでは少しもない。そうではなくて、自己区別化の原理が、主体が時間的にその概念を展開させる原理と一体となっているからである。こうした命題は、魂の純粋な習慣あるいは根源的な習慣《ヘクシス》――それによって実体が自分自身を自分自身に対して作り出すところのもの、すなわち可塑性という操作――の問題をさらに仔細に検討するように私たちを導く。この点に関しては、習慣《ヘクシス》をヌースのただなかに位置づけているヘーゲルの文章を引用しなければならない。

> 本質《ウーシア》を受け入れるものがヌースであり、ヌースは本質《ウーシア》を受け入れることで思惟となる。本質を受け入れるヌースの活動は、受け入れられるべき本質を生み出すので、ヌースは〔本質を〕持つかぎりにおいて（***so fern er hat***）生成するのである。★56

ヘーゲルが把握しているような実体の自己区別化の過程が可能であるのは、実体の内に潜在性の境位を認めるかぎりである。すなわち、実体はそれ自身の内にその来たるべき現実化作用を所有しているのだ。実体の現実化作用の論理的・時系列的《クロノロジー》連続には、内的区別化の原理が即自的に含まれている。この原理がなければ「精神の発展」という概念は理解できないものになってしまうだろう。ヘーゲルは、魂の習慣、つまり純粋な習慣《ヘクシス》があることで、実体‐主体のなかにその歴史の可能性そのものが刻印されるのだと考える。

彼は『哲学史講義』で、実体のただなかで作用する否定性は純粋で単純な無ではないと主張する。

プラトンにおいてはイデアという肯定的原理が、たんに抽象的な自己同一的なものとして力をふるうが、アリストテレスにおいて[★57]は否定性の契機が加えられていて、しかもそれが変化や無ではなく、区別の働きとして (aber nicht als Veränderung, auch nicht als Nichts, sondern als Unterscheiden) 加えられているのである。[★58]

この否定性は潜在性として顕現する。所有態であり留保した状態である習慣《ヘクシス》は、ヘーゲルが言う「抽象的否定性」の位階に属するのではなく、自分が否定するものを保存するような否定（消滅をともなわない性質変化《アロイオーシス》）として現われる。したがって、この否定は、ギリシア人が絶対的な無を意味する οὐκ ὄν とは区別して μὴ ὄν（問題を孕んだ存在とされる非‐存在者）と呼ぶものの様態として現われる。μὴ は、事実を否定する οὐκ とは異なって、懐疑をともなった否定を特徴づける。[★59] 廃棄される「にもかかわらず消失しなかった」存在、「存在と無のあいだの中間状態」[★60] の原理をなすヘーゲル的否定性は、μὴ ὄν という様態――その本質的な意義のひとつが潜在性である――を必要とする。止揚《アウフヘーブンク》の論理的過程において作動している保存様式――この様式をヘーゲルはラテン語の副詞 virtualiter〔潜在的に〕を用いて何度か特徴づけている――という考えがアリストテレスの習慣《ヘクシス》の意味づけを含んでいることは明白である。後者の意味づけは、実体の未来の現実化が、実体の内で「所有」という資格で「現前して」いる方法を特徴づけているのである。

アリストテレス注釈者たちがスキャンダラスだと、いや少なくとも不当だと判断するのは、〈何事にも動じないもの〔=神〕〉の核心部分への否定性の導入である。この操作によって非受動的なものはいわば受動的になるからである。しかし今や、この「受動性」を根源的受動性、つまりは時間性として解釈することが可能であるかのようにみえる。というのも、過去に属する存在そのものとしてのこの受動性はあらゆる時間の過去なのである。それは同時に、〈自己〉の真なる到‐来、〈自己〉が「何かの到来を予見しつつこれに驚くこと」である。実体の自己区別化の過程は主体―客体の分割をつかさどるのだが、この過程は同時に、この分割という概念自体の自己区別化でもある。この概念のなかには「対面状態」についてのギリシア的了解と近代的了解が含まれている。否定性こそが実体をプログラムしているのである。

B）習慣と時間性

ヌースに内在する可塑性と時間化を解明することができるのは、人間が身につけるような習慣《ヘクシス》の過程の時間的次元を考慮することによってである。アリストテレスは時間の規定を何度も利用することで、別の状況との比較において習慣《ヘクシス》の特殊性を明らかにしている。『形而上学』第五巻、第一九・二〇章において彼が表明するところでは、習慣《ヘクシス》とは学や徳がそうであるように、ある「存在様態、習慣的状態」であり、束の間の状況（健康、病気、熱さ、冷却）である配置状況《ディアテシス》、や、ほどなくして消失する表面的な様態にすぎない受動的《パトス》様態と区別される。★61

習慣とは今という現在には還元できない現前の一様式であり、これこそが習慣の時間的特殊性である。私は現実的に使用してはいないけれども、云々の知識、云々の素質を現在所有していると言うことができる。しかし、このように私のなかに取り集められたもの、いかなる瞬間にも再び生じうるこうした過去は、今および瞬間による切断から逃れ去る。習慣に関しては、その日付を言い表わすことはできないのである。習慣とはひとつの記憶であり、あらゆる記憶と同じく、それは自分の根源の記憶を喪失している。いつ習慣が始まるのか、また、正確にいつそれが終わるのか、決して知ることはできない。習慣が消え去ったことを確認するとき、それまで習慣としていた行為をおこなうことができなくなるとき、ある習慣的行為をおこなう素質がもはやなくなったとき、そんな日が来る前に、習慣は過ぎ去ってしまっていることだろう。

習慣《ヘクシス》概念はいわば時間のなかの時間を定義づけるものである。あたかも、単なる受動的様態《パトス》として理解されている移行から習慣《ヘクシス》のプロセスにある特殊な転化《メタボレー》へと、時間《クロノス》が奇妙な二重化の能力を啓示することができるかのようなのだ。習慣《ヘクシス》は第二の自然として、自然に帰属することのない、時間の第二の自然の端緒になる。習慣《ヘクシス》は変形されているという点で二重化された自然であるが、それは第二の威力において時間を措定するような威力である。ヘーゲルが習慣を「人間学」における決定的な契機とするのは、まさしく習慣によって、単なる移行にはもはや属さない時間性がパースペクティヴとして啓示され開示され、自然から精神への移行が成就されるからである。

「現在」をどこかに存在するようなものとして理解しなければならないとすれば、習慣《ヘクシス》の資格で所有されているもの（例えば学識）は現在的なものではない。習慣とは潜在性なのである。ところで、潜在的なものは確かに、決してここに存在しているわけではない。そうなると、いかなる場所で、いかなる時間において、現実化を期待し続けることできるのだろうか。例えば、学識が実行されずに留保状態を保っているときに、それが占める場所を指し示すことができると自負することなど、いかに的確な狙いでもってしても不可能である。

動詞 θεωρεῖν はこの文脈では、「観照すること」と「訓練すること」を同時に意味するのだが、この θεωρεῖν の過程は潜在性と現実化を互いに結ぶ、時間の奇妙な作用を明らかにする。θεωρεῖν とはひとつの円環なのだ。生徒は教師を観照することによって何かを学ぶ。しかし、この観照は既にそれ自体、ひとつの訓練である。というのも、訓練することによってのみ生徒は熟練した存在となるからである。それゆえ、習慣《ヘクシス》は訓練の結果であり条件であることが十分理解されよう。習慣《ヘクシス》が現実化に権利上先行しており、現実化と比較して過去のものとして現れるとしても、習慣《ヘクシス》はまた過去のものの営みでもある。というのも、習慣《ヘクシス》が継続されるためには、訓練を積み、それゆえ既に素質を現実化していなければならないからである。見習いの生徒は自らのなかで受容性に属するものと自発性に属するものの区別をつけることができない。だが、この不可能性によって時間の第二の自然、すなわち時系列《クロノロジー》を宙吊りにする時間の論理《クロノロジー》が感じられるようになる。習慣《ヘクシス》という潜在性は、どれを優先するでもなく同時に、時間の三つの脱自に参与する。つまり、（いわゆる現実性にも先行する）過去、（それ自体が現前の様態である）現在、（遂行するべき務め、生成の方向づけをおこなう期待という形式をもつ）未来という三つの時間に関わるのである。★62

Ⅳ 結論

魂の時間から習慣を身につけた人間の時間へ、ヘーゲルはギリシア的主体性の円環を遍歴する。〔ヘーゲルによる〕『霊魂論』読解を考究することで、「人間学」全体がその発展を通じて、魂の過程とその範例《パラディグム》構造の関係を調整する弁証法的運動によって統御されていることが示された。習慣を身につけることのできる人間は精神的受肉の範例そのものなのである。

ヘーゲルは、神の知性のただなかで否定性と潜在的可能性を思考することで、アリストテレスが用いる諸々の「生物学的隠喩《メタファー》」を字義通りに解釈しているわけではないことを私たちは理解した。しかしながら、ヘーゲルが『霊魂論』の結論に施す先鋭化が、実体を人間化する読解にいかなる点で関わっているのか、いかなる点で関わっていないのかを審問する必要がある。換言すれば、これからさらに〔人間という〕範例をその限界において思考しなければならないのである。

第三章　習慣と有機的な生物

『法哲学要綱』において、ヘーゲルは、人間は「自分の第一の自然を第二の精神的な自然に変え、こうしてこの精神的なものが人間の内で習慣になる」[★1]と主張している。人間が自分の自然を二重化する可能性はそれゆえ、人間の特殊な性質として現われる。これはつまり、習慣を身につけるという能力が、ただそれだけで、生物のなかで「人間の固有性」の限界を画定するということなのだろうか。

ヘーゲルが『霊魂論』の分析を取り上げるとき、そこには、習慣というものの人間中心主義的な見方が含まれているのだろうか。『自然哲学』で展開される「有機的な生物」の概念を考察すればこうした見解はただちに無効になる。その発展過程が示すところでは、ヘーゲルにとって、自然はつねに第二の自然なのだ。そうなると、前掲の問いは逆転し、ヘーゲルの思想のなかで、自然の二重化という特権的な場を規定することが困難になる。習慣づけられた動物しか存在しないのであれば、いかにして人間という範例的な生物の限界を明瞭にすることができるのだろうか。

I　習慣づけられた生命のさまざまな場

アリストテレスとその後継者たちが規定したものであれ、ヘーゲルが見事に再考したものであれ、習慣の働きに関する詳細な研究はこの働きが人間だけに認められるものではないことを示している。古代ギリシアの定義によれば、習慣とは一般的かつ永続的な存在様態で、またさらには、ラヴェッソンが『習慣論』で明確にしたように、「その諸要素の総体において、あるいは、その諸時期の継起をつうじてみられた一存在者の状態[★2]」である。こうして、生存の概念は厳密に人間的な習慣の理解をはみ出してしまう。人間以外のいかなる生物に対して、この概念を適用することができるのだろうか。

アリストテレスによれば、習慣は変化に対する適性と、こうした変化に内在する諸々の変様を保存する可能性を意味する。『エウデモス倫理学』が要説しているように[★3]、ひとが石を同じ方向に何度も上に投げる場合、石は場所を変えた軌跡を少しも残さないし、「数百回運動を加えた後でも、［物体は］この運動に関しては以前と同じ状態にとどまる」。ラヴェッソンはこの件に注釈して次のように述べる。

> 習慣は、変化することなく持続する何ものかにおける可変性を意味するだけではない。習慣は、そのなかで変化が起こるが自らは変化しないものの内的な性向、潜勢力、能力における変化を前提とするのである[★4]。

『哲学史講義』において、ヘーゲルはアリストテレスが浮き彫りにした変化と保存の二重の原理を強調している。

変化するものは感性的なもの、感覚的なものに限られ、形態や形姿、（美徳や悪徳といった）習慣は変化しない。「形態その他はひとつの事物のもとで生成したり消滅したりするが、生成消滅する当のものは変化しない[★5]」。

ヘーゲルによれば、このように、アリストテレスは、変化を単なる消滅や無への移行としてではなく、内的区別化の原理として現われさせるような「変化の純粋な観念性」を考えた[★6]。

自分で自己区別化することができない非有機的な物体は、こうした理由で習慣《ヘクシス》を身につける能力をもたない。逆に、あらゆる有機的な生物、すなわち「その目的が自分自身であり[★7]」、「自己の統一を自分のなかに維持し[★8]」なければならない生物は、つねに既に習慣づけられているのである。

自己区別化は、生物の始源と終末のあいだにある測定可能な時間、すなわち、「最初のものと最後のものの中間に介在する作用[★9]」を前提とする。有機的な生物を特徴づけるのは、有機体とその環境との区別、有機体を構成する互いに異質な要素のあいだの区別といった諸々の区別を総合することによって自分自身の統一を維持しようとする努力である。この努力こそが生物のなかで作用している習慣に他ならない。生物は生涯を通じて自分の内的な威力を展開し、そうして自分の諸能力の内的な発展を現働化させるのである。

この発展と現動化の名は適応〔*adaptation*〕である。したがって、習慣がなぜ次のように定義づけられるのかが理解できるだろう。

> ある生物が一度何らかの変化を被ったあとで、この変化を、こうした動作が反復されあるいは継続されても、もはや最初のときと同じようにはこの生物を変化させないようなものとして保存する、そのような生物学的、さらには物理的な一般的な適応現象[★10]。

ヘーゲルからすれば、適応と自己区別化は植物界において既に認められる[★11]。植物の属性である同化の機構《メカニズム》は適応のプロセスと切り離すことができないのだ。「自然的であろうと、精神的であろうと、すべての生命過程において重要なことは同化である」。同化とは「実体的な変化、すなわち、ある外面的ないしは特殊的な素材を別の素材へ直接的に転化させること[★12]」である。ヘーゲルが「植物の推論」（分裂、成長、再生産）と命名するもののなかには、「植物が自分自身に関係する内的なプロセス」がある。このプロセスは次のように二つの作用に分かれる。

一方で、それは実体的な過程、すなわち、直接的な転化である。それはまず、補給された栄養を、植物という種類に特有の本性に転化する。つぎには、内的に作りなおされた液（生命の汁）をさまざまな形成物（Gebilde）へ転化する。他方では、この過程は自分自身との媒介である。★13

このように、ヘーゲルからすれば、植物の習慣を語ることは可能である。ただし、明示的な形で習慣が展開されるのは動物の事例においてである。『自然哲学』においてヘーゲルは、「あらゆるものは動物的生命における習慣によって変化する」★14と述べたビシャを参照している。★15 動物的有機体を構成する自己区別化の運動と習慣との絆は、習慣概念を構成する四つの基本的な規定によって解明される。この四つの規定とは、収縮、内的性向、変化の保存、エネルギーの反転可能性である。

II　収縮とハビトゥス

第一の規定は有機的な生物が非有機的なものともつ関係に関わる。非有機的なものの素材そのものは一度直接的に収縮され、それをもとに有機体がつくられる。有機的な生物はそれ自体、その環境が含む諸元素（水、空気、窒素分子、炭素分子……）の還元と凝縮である。この類の収縮の結果から形成されるのが他ならぬハビトゥス、つまり有機体の内的性向とその全的組成である。

ヘーゲルの『自然哲学』全体はこの収縮の論理によって組織されている。ヘーゲルは、有機的な生物がどのようにしてその発生源（不活性な物質、諸元素、化学的プロセス、といった『自然哲学』を弁証法的に構成する、相互に連関した諸契機）を自分のなかで短縮するのかを説示しているのである。★16

非有機的な諸要素を既に総合している植物以上に、動物はその発生源を収縮させる。一八〇五―〇六年の「自然哲学」でヘーゲルは、「動物の一般的有機体とは物理的な諸要素をただひとつの個別体へと再構成することである[★17]」と書いている。この再構成を通じて有機体は、諸器官の内的性向という意味でのハビトゥスとなるのだ。キュヴィエを再び取り上げながら、ヘーゲルは動物のハビトゥスを「あらゆる部分の構成を規定する連関（**Zusammenhang**）[★18]」と定義づけている。

収縮とハビトゥスの形成は密接に結びついている。動物にとって、この結びつきは主体性の基本的形式なのである[★19]。「動物的な有機組織は、相互に分離した非有機的な自然を主体性の無限な統一へと還元する[★20]」。ドイツ語には収縮の概念と同義の用法がないため[★21]、ヘーゲルにおいては、「観念化」というさらに力強い概念が使用されている。

> 有機的な個体性は主体性として現存する。ただしそれは、形態の固有の外面性が分肢へと観念化され（***idealisiert ist***）、有機体が、外へ向かうその過程において、自己としての統一を自分のうちに獲得するかぎりにおいてである[★22]。

観念化が保存－廃棄のプロセスを指し示している以上、この概念は同時に凝縮と総合の過程として、つまり抽象化－収縮化の過程として現われるのである。

III　収縮と「理論」

ヘーゲルは、環境が含む非有機的な構成要素を有機的なそれと結びつける弁証法的運動を「テオリア」のプロセスとして形容する。生物がおこなう適応のあらゆる機構《メカニズム》はそれ自体既に、テオレインのある種の様式、すなわち、アリストテレスが浮き彫りにした二重の意味（観想することと実行すること）でテオレインである[☆1]。生物は無生物的な自分の発生地や環境と同じものであると同時に他なるものである。同じことと他なることのこの関係によって習慣は二重の意味で適応の条件となる。すなわち、環境の受け入れ、所与への受動的な参与といった観照と、環境の形成と変形、非有機的機能によって与えられた状況との調和といった実行という二重の意味での適応である。

ジル・ドゥルーズが『差異と反復』で展開した分析をもとにして、観想と収縮の関係を的確に考えることができる。

> 魂を心臓に、筋肉に、神経に、細胞に帰さなければならない。しかし、この場合の魂とは、その役割がひたすら習慣をつける《コントラクテ》ことにあるような観照的な魂である。そこには、野蛮な、あるいは神秘的な仮説はまったくない。それどころか反対に、習慣が、そこで自らのまったき一般性を顕示するのであって、その一般性は単に、私たちが（心理的に）有している感覚運動的な習慣に関わっているだけでなく、むしろまっさきに、私たちがそれであるような原初的習慣に、すなわち、私たちを有機的に構成している幾多の受動的総合に関わっているのである。〔反復する事例を〕縮約させる《コントラクテ》ことによってこそ私たちは習慣であるのだが、しかしまた、それと同時に、観想することによってこそ私たちは〔習慣を〕つける《コントラクテ》のである。★23

収縮することについて観想するという先行性を、少なくとも「しかしまた」〔という接続表現〕が想定する関係をどのように理解すればいいのだろうか。この場合、先行すること〔*précéder*〕を生じること〔*procéder*〕に置き換えてみる必要がある。「私たちは自分自身を観想するのではないが、しかし私たちは、自分たちが生まれてくる当のもの〔習慣〕をつける《コントラクテ》ことによってしか、存在しないのである」★24という確言がそうするように促しているように。ドゥルーズの分析には出発点となる「状況」があって、これを彼は、「私たちは、水、土、光、空気を再認し、表象する前に、しかも、それらを感覚する前にさえ、縮約された《コントラクテ》水であり、土であり、光であり、空気である」★25と定式化している。それは、縮約を通じて非有機的なものや四大元素のなかにある、あるいはそれらを起点とする出発点である。生物は複雑になるにつれて、その縮約の数や総量、性質を互いに連係させながら、受動的かつ能動的な構造化、永続的な習得の性向、増加する還元作用という三重の意味で増加させる。

例えば、ある種の動物は、光によって散在し拡散した刺激を自分の身体のある特権的な表面上で再生するよう仕向けることによって、視覚のハビトゥスを形づくる。眼は「光と結びつくのであり、眼それ自身が結びつけられた光である」[★26]。この結びつくべき区別を対象とする能動性（この場合、光の知覚という能動性）は二重になっている。一方で、それは観想であって、単に見ることによって、それゆえ感覚対象の作用を被ることによって視覚が成立する。しかし他方で、作用を被ることによって逆説的にも、眼が自らを形成し、自らを行使するのだから、それ自身が作用でもあるのだ。眼はいわば、観想の影響を受けて自分が縮約し備給する当のものによって生み出されるのである。

縮約と集約は生命の可塑性がおこなう営みである。それはまず、生命の諸形態の根本的な贈与という意味で、そして、それぞれの形態が集約されたエネルギーを有しているために引き起こす爆発という意味で可塑的なのである。ベルクソンは同様の観点から動物について次のように述べるだろう。

［動物の］努力は、自分の自由になしうる既存のエネルギーを、ただ、できるだけうまく利用することを目指しているかのようである。この努力が成功する手段はひとつしかない。それは、あらかじめ物質から潜在エネルギーの蓄積を獲得しておいて、いざという瞬間に、引き金をひいて、自分が活動するために必要な労力を得る、というものである[★27]。

動物は蓄積されたエネルギーを見い出す。初めはこのエネルギーに対して受動的な動物は、生命の機能を行使することによってこれを解放する。

［動物が］摂取する物質は（……）［エネルギーの］貯蔵所である。それらの物質はきわめて複雑な分子から成っており、しかもそれらの分子は相当量の化学的エネルギーを潜在的に含んでいる。それらの物質は一種の爆発物をなしており、そこに蓄積された力を解き放つために、ただ一閃の火花を待つばかりになっている[★28]。

縮約のプロセスと関連した、こうした生命の爆発は、同時に連続と断絶の指標である。生物が複雑であるほど、その組織体はますます数多くの要素を縮約しており、この意味で、次第に増加する縮約はさまざまな生物の序列化された連続性を示し、進化の線を描き出す。例えば、植物と動物のあいだには移行はなく、隔たりがある。ヘーゲルはこのことを力説している。

化学的な漸次性のなかであれ、機械的な漸次性のなかであれ、媒介の追求が中断され、不可能となる一点が生じてくる。こういう一点はいたるところに貫通している。★29

連続（「こういう一点はいたるところに貫通している」）と停止（断絶）である縮約とは、まさに媒介であると同時に爆発に他ならないのである。

Ⅳ　変化の保存とエネルギーの反転可能性

媒介と爆発は必然的に変化と変化の保存を含んでいる。変化の反復はこれを感じる主体のなかに区別を生み出すのだが、そうすると、有機体の外部から来る変化はその内部から来る変化へと変わる。この変化の法則こそが、エネルギーの可逆性の法則、つまり受動性から能動性への相互的な変形作用の法則である。

動物は、それが同時に自己と、自分の他者としての他者とに自らを関係づけるという意味で、真の個体である。動物を構成する推論のプロセスは、その有機体の能動性と受動性の関係を規定する。

動物的な有機体は、生ける普遍性として概念である。概念は、推論として、三つの規定を通じて展開する。（……）〔有機体は次のように考察される。〕a）個体的な理念として、すなわち、その過程において自己自身とのみ関わり、自己自身の内部において自己を自己と推論的に連結する個体的な理念として考察される——これが形態（*Gestalt*）である——のであり、次に、b）自分の他者（*ihrem Anderen*）と、すなわち、自分の非有機的な自然と関わり、この自然を観念的に自己自身のうちに措定する理念として考察される——これが同化である。c）有機体はまた、理念、ただしそれ自身生ける

個体である他者と関わり、したがって、他者のなかで自己自身と関わる理念である——これが類の過程である。★30

有機体概念を「展開させる規定」は動物だけがもつ特徴や特性をなすのだが、ヘーゲルによれば、それは全部で三つ（感受性、被刺激性、再生産）である。これら三つの規定はその実在性を神経系、血液系、消化系という三つの系のなかにもっている。★31 それらは相互に浸透し合って、環境の圧力に対して有機体がおこなう作用と反作用の一般的プロセスを練成する。それらはヘーゲルが「有機的な弾性」と呼ぶものを形づくり、「そのなかで個体が自分自身をつき放すような」★32 活動を構成する。この活動自体は、外部から来る刺激に対する受容性と、これとは逆に、刺激に対する反作用という二重の傾向をもつのである。★33

反復される連続的な変化は、これを受け入れる生物の性向を変容させ、その本性を変形する。これこそが被刺激性に内属する作用と反作用の法則なのだが、この法則は受容性の減退と自発性の増大を引き起こす。幾度も反復された作用はますます高い度合の適応を獲得し、生物は状況に慣れ親しんでくる——ヘーゲルによれば、「感覚的な存在に暴力を連続的に行使し、これを危険で脅かすような」外的な偶然性の場に慣れ親しんでくるのである。

ヘーゲルが主張するところによれば、印象は再生産されるにつれてその力を失う。習慣の影響を受けて、「直接的な感覚は無関心「として」措定される」★34。その結果、「外面的諸感覚に対する無感覚」が生じる。欲望や衝動は「それらを満足させる習慣によって鈍らされる」。

最初は作用を受けていたものが、反復の作用によって運動の主導権を握るものになる。感覚の低下は相関的に判断や識別の能力の向上をもたらす。例えば、動物は成長し丈夫になるにつれて、水が豊富にある場所をますます見つけ出せるようになる。ところで、動物が水源を感じる目印は、その喉の渇いた有機体が欲求を感じる要素とは似ていない。喉の渇きがもたらす苦しみを感じることに慣れた動物は前触れをなす目印、すなわち、自分の環境を予期することを動物に可能にする予兆を解釈できるようになっている。こうして動物は創意工夫が可能となるのである。★35

V　動物的習慣と蓋然性なきその限界

動物は、適応プロセスの最中でその有機体の発達を通じて付与される能動的な力によって自分の環境を形成することができるのだから、自然環境の囚われの身などではまったくない。動物は解釈するという基本的能力、感じ取れないほどの兆候に対する感性、エネルギーを爆発させる能力を発揮する。こうした適性がなければ、エネルギーはその貯蔵所である不活性な諸元素に永久に繋ぎとめられたままだろう。

動物に関して、ヘーゲルは **Bildungstrieb**、さらには **Kunstrieb** について語っている。逐語的にはこれらの表現は「形成衝動」、「芸術衝動」を意味する。★36『自然哲学』の翻訳者アウグスト・ヴェラは **Bildungstrieb** を逐語的には訳さず——ただし彼の翻訳に重要性も正当性もないとは言えない——、「可塑的本能〔instinct plastique〕」と訳した。どういうことだろうか。例えば、

> 動物は自分に必要なものを消費し、自然の材料を利用して自分の巣や隠れ処をこしらえるのであって、不必要な素材を使用することなく、世界を破壊せずにそのまま残しておく。★37

動物が自分の周囲の環境をそのまま存続させる仕方によって、この環境は既にひとつの世界、すなわちひとつの統一体、整序された空間となっている。それゆえ、動物の習慣は既にひとつの住まうための方法であり、したがって時間性に対する独特の関係をもつのである。

習慣は生物に自分の実存が連続しているという感情、すなわち、ヘーゲルが述べるような「自己感情」を与える。習慣によって、突然生じる変化を保持し、その回帰を期待することができる。過去と未来を喚起させることによって

習慣は生成を活気づけ、それとひきかえに、個体は自分自身の実存の重みから影響を被る。動物は既にこの種の機構《メカニズム》をもつ主体である。それゆえ、動物のなかにはまちがいなく「予見＝不測」の基本形態が認められる。実際に、欲求、欲望、保持と期待の総和は、動物がその生命の永続化に関係しているということを物語っているのである。

さて、前章で解明された、習慣を身につける人間に関する諸規定、すなわち、観想と実行の関係、エネルギーを保存する可能性、自然の時間とは異なる時間の開けといった諸規定は、それぞれの原理からいって、厳密に人間的な諸規定ではないということが理解される。習慣というものは人間固有のものではないのだ。だが、習慣が「人間学」の展開において決定的な役割を果たし、人間と動物のあいだの隔たりをしるしづけていることは疑いの余地のないことだ。それでは、どのようにしてこうした隔たりが開かれるのだろうか。

この隔たりはその効果によって評価される。動物は、ヘーゲルが言うところによれば、自分自身の「欠落（Mangel）」★38の「感情」、つまり、自分を繁殖させるように駆り立てる感情を感じる。この感情は「動物の個別的な現実性がもっている不適合性（Unangemessenheit）」と〔動物という〕類とのあいだの緊張（Spannung）に由来する。この緊張は次のような衝動として現われる。

〔それは個体が〕自分と同じ類に属する他者のなかで自己感情に達し、他者との合一によって自己を統合し（integrieren）、この媒介によって自己と類を連結し（zusammenschließen）、類を現存へもたらそうとする衝動である。――これが性交（*Begattung*）である。★39

繁殖はそれでも、悪無限のプロセスに到達するばかりである。動物はその個別性を普遍へと昇格させ、両項の不均衡を解消することができないがゆえに、動物は「類を十全に表現すること」ができないのである。

類はただ個体の没落によってのみ自分を維持する。個体は、性交過程のなかでその規定を果たす。さらに上位の規定をもたないかぎり、性交とともに、個体は死へと向かう。★40

動物はいかなる媒介の欠如に屈しているのだろうか。そしてこの欠如は、いかにして人間の思弁的な誕生を可能にするのだろうか。

第四章　問われる人間の固有性――可塑的個体

前掲の問いに対して、すぐさま、ひとつの答えが与えられるように思える。動物の死と人間の誕生のあいだを言語が寸断しているのだろう、という答えである。人間が「類を十全に表現する」素質をもっているのは、人間が言葉を話すからではないだろうか。「人間学」におけるいくつかの件をみればこの結論は十分に保証され、始まったばかりのこの調査にも終止符が打たれることだろう。

> 動物にとっては、人間の形姿は精神が動物に対して現われることができる最高のものである。しかし、精神にとっては、人間の形姿は単に精神の最初の現象にすぎず、言語は反対に精神の完全な表現（sein vollkommener Ausdruck）である。★1

「表現」という概念には注意を要する。というのも、「人間学」の最後で、人間は「人相学および骨相学的表現」をもつ、魂の「自由な形姿」として登場するからだ。★2 表現という概念をどのように理解すればよいのだろうか。表現を単に外部への発現と考えるならば、「類を十全に表現する」という定式は、人間が話すとき、精神が人間のうちで話すということになり、それゆえ、人間の個体性とは単なる思弁的な放出の場である、ということになろう。類はこのように、それぞれの個体の言葉と骨相の透明さのなかで成就されるというわけだ。

だが、ヘーゲルにおいて、人間の主体性が屈折なしに光を反射する水晶のようなものとして提示されているのならば、根源的な錯乱、狂気、蒙昧といったものをどのように説明すればよいのだろうか。人間の発展は言語に端を発するのではなく、言語に到達するのだが、この発展は何ゆえかくも長いものなのだろうか。そして、習慣はそこでどのような役割を果たすことができるのだろうか。

即席の読解に抗して、人間のハビトゥスに対する関係を辛抱強く検討することによって、人間の表現にはあらかじめ構成されたいかなる表出されたもの〔*exprimé*〕も対応しないことが示されるはずである。「人間学」の末尾で現われる記号のエコノミーは、人間がまず最初に従属するエコノミーから弁証法的に離脱する。あるエコノミーから別のエコノミーへの移行――「可塑的個体性」の形成を開始させる移行――の末にはじめて、言語の真の役割が明らかになるのである。

I 「内的なもの」と「外的なもの」――記号の自然的エコノミー

人間の「本性＝自然」はヘーゲルからすれば、つねに根本的な仕方で第二の自然である。

習慣という形式は精神の活動のあらゆる種類および段階を包括する。直立するという個体のもっとも外面的な規定、すなわち空間的な規定は個体の意志によって習慣にされる。この規定はつねに個体の持続的な事象に止まっているところのひとつの直接的で没意識的な態度である。人間はただ自分が立とうと欲するからこそ立ち、そしてただ自分が立とうと欲するかぎりにおいてのみ立つ。また、人間はただ自分が没意識的に立とうと欲している間だけ立つ。同様に、見ること等々も具体的な習慣である。そしてこのような習慣は感覚・意識・直観・悟性等々の多くの規定を、直接に、ひとつの単純な行為において結合する。★3

しかしながら、習慣をつける能力が人間特有の特徴をなすには不十分であることは前章の分析が示していた。第二の自然が有機的な自然のただなかにつねに現存するのであれば、人間の習慣はいかなる意味をもつのだろうか。

動物の習慣と人間の習慣のあいだにある真の隔たりを特徴づけるのは、自らを習慣で隠い隠すという後者の自然な衝動である。この衝動は人間のハビトゥスそのものから生まれる。動物の場合、外部から到来する数々の規定は直接的に反省される。★4 人間の場合は逆に、こうした反省が与えられることはないし、肉体と魂が、自己感情の条件であるこの「理念的で単純な統一」を一度に構成することもない。

こういうわけで、個体は「外的なもの」（その身体）と「内的なもの」（その内的性向）――これをヘーゲルは『精神現象学』で「それ自体で一定の根源的性格」★5と名づけている――とに直接的に分裂したものとみなされる。同書で「観察する理性」★6という表題のもとで展開される分析が示すところでは、人間は根源的な自然が自分には不在であることに対して盲目である。ギリシア語 ὄργανον がもつ二重の意味（器官と道具）が例証していることだが、人体とはそのなかで自然的なものと道具的なものを分割することができないものである。問題は人間がそれを知らないことである。「手の単純な相、声の響きと音量」といった人相学上の特徴は、実際にはその個体のいかなる特性にも対応しないにもかかわらず、即座に、内面的な同一性を表現する記号のように思われるのである。

この段階では、「外的なもの（das Äußere）はただ単に内的なもの（des Innern）の表現（*Ausdruck*）にすぎない」★7。表現のエコノミーによって「外的なものはただ器官として内的なものを見えるようにする、もしくは一般的に言えば、内的なものを対他存在にする」のだが、このエコノミーは意味作用の自然状態、したがって、第二の自然の自然状態をなす。というのも、直接的には器官であるところの記号は魂の自然で物理的な表現として現われるからである。個体はまず初めに、この自然状態に囚われた者として自らを構成することになる。この状態におかれた個体は、自分の「外的なもの」がその「内的なもの」を明かすことで、すべては見られ、何かを意味し、解釈されるのだと考えるようになる。諸器官による最初の「合図＝記号形成〔faire-signe〕」によって、主体は他者の眼差しに翻弄されるがままになる。人間は見るものかつ見られるものとして自らを見る。人間は自らを二重化すると同時に、自分に対して視点《パースペクティヴ》を増加させるのである。

この絶対的な透明さは、逆説的にも不透明さの幻想から派生する。直接的な「記号形成」の論理にしたがえば、内的なものは「目に見えない」審級、つまり、器官によってどんなに表現されても、それが現存しない以上、言い表わされることなくただ狙いを定められるばかりの審級となる。不透明さの幻想は内的なものが指示対象《レフェラン》とみなされることから生じるのだ。この、指示対象《レフェラン》という幻想から表現が生まれるという考えは、まさしくヘーゲルが言語の否定的なものとして分析した考えに他ならない――言うなれば、この否定的なものは言語以前に登場しているのだ。確かに、「言語の個別的規定性」[8]、すなわち身体の直接的な表現性は言語に先立つのだが、それはあたかも帰結がその前提に先行するかのようなのである。

個体は自身のうちで、自身から発して「二重の対立した意味（doppelte, entgegengesetzte Bedeutung）」に根本的に直面する。それは「内的な個体性であってその表現ではないもの」であると同時に、「内的なものから解放された現実」、つまり「内的なものとはまったく別の何か」[9]である。こうした矛盾はヘーゲルが引用するリヒテンベルクの皮肉な調子で紹介されている。「おまえは正直者のように振る舞っているが、無理にそうしているだけで心のなかではごろつきだってことがおまえの顔つきからわかる」[10]。この引用が例示しているのは、指示対象《レフェラン》がそもそもまったく想像的なものとして措定されたものにすぎないという事実ゆえに生じた意味するもの《シニフィアン》と意味されるもの《シニフィエ》の不一致である。私たちが関係する記号は「本当は何も意味していない（in Wahrheit nichts bezeichnet）」、そしてヘーゲルが結論づけるに、「この記号は個別性にとっては自分の顔であり、また外すことのできる仮面でもある」[11]。

自然な表現性は、かつて当てがわれていた役割をそれ自身の作用を通じて失うということが明らかになる。

しかし、同時に個人は自らが作り出したものに他ならないのだから、その肉体は個人によって生み出された個人自身の表現でもある。同時に肉体は、直接的な物（Sache）にはとどまらず、個人が自分の本源的性質を実現するという意味で、個人が現に在るものを認識させるための記号（*Zeichen*）である。★12

人間のハビトゥスは、ハビトゥスが何も意味しないということを意味する（自らに告げる）。ヘーゲルが言うように、「この外化は内的なものを表現しすぎているとも言えるし、表現しなさすぎるとも言える」★13からである。直接的な「合図」は「人間の現実はその顔である（……）という憶測による学」★14しか生み出すことができない。この学はラーヴァーターが練り上げた人相学のことだが、それは存在しないもの、つまり人間がもつ自然的なものを現象させることをその課題とする。こうした試みに抗して、

> 精神の存在は少なくとも絶対に動かないもの、動かしえないものとは考えられない。人間は自由である。人間の本源的な存在は素質にすぎないので、それを超えて人間は多くのことをなしうるし、またそれを展開させるのに都合のいい環境も必要である、ということは認められる。言いかえれば、精神の本源的な存在は存在ではあるが、また存在として現存してはいないようなものである、とも言われるべきである。★15

人間は、表現の非-指示参照性《レフェランシアリテ》、すなわち意味作用の不可能な自然状態を経験するべく定められた存在として現われる。それによって、意味作用の外に位置するであろう、存在論的なあらゆる保証が欠如しているように感じられる。この不在はまず、直接的な「合図」に内在する〔内部と外部の純然たる〕反射性の構造を不安にさせるのだが、この不安こそが「人間学」において提示される精神の病理的状態の原因である。精神はその表現において表現されたものではないのであって、これこそが精神を根本的に狂わせるものである。したがって、個体による類の表現は、何かを指し示す顕現という次元に属しているのではなく、逆に、自己-指示参照性のエコノミーに関与しているのである。

ある意味作用から別のそれへの移行は習慣のそれ自身に対する弁証法的働きから生じる。思弁的人間学はこのことを示している、すなわち、人間によってその自然が二重化されることは、実は、二重化の二重化に相当するのであり、

人間の習慣は第二の自然から第二の第二の自然への移行として現われるのである。

II 「魂の芸術作品」と意味のモンタージュ

人間のハビトゥスは根本的に（無）意味の過剰として特徴づけられる。自然状態における意味の意味の不在が思弁的な意味づけに先行するのだ。この意味づけが現われるのは、「個体性がいくつかの特徴のうちに表現されているところの、自己に帰ったその存在を捨てて、自らの本質を仕事（Werk）のなかにおく[★16]」ときである。人間は自分が（自らに対して）作り出すところのものであるにすぎず、自分が形成するものだけを表現するのである。

「人間学」の最後で、人間は「魂の芸術作品」として定義づけられるが、ここで直接の参照項とされているのはギリシアの彫像術である。習慣が可能にする形成と陶冶の作業は、彫刻家の身振りに似たものとして提示される。彫刻家の務めは、仕事を通じて「精神性が（……）いかに肉体性に同化してそこに実現され形態（Gestalt）化されるのかを研究すること[★17]」だからである。

一見したところ、この議論は矛盾を孕んでいる。なぜなら、彫像は「身振りの模倣《ミミック》」をしないし、いかなる個別的な身体表現も演じるはずがないからである[★18]。しかしながら、芸術作品の概念と「人間の人相学的・骨相学的表現」という概念を互いに対立させることで、ヘーゲルは一貫性を欠くどころか、伝統的人間学の内容がもつ真の意味を浮き彫りにする。つまり、人間の特徴はひとつの所与としてではなく、芸術をそのモデルとするような形成プロセスの結果として現象するのである。

彫刻の役目は、人体が行なうような直接的な「合図」に属するありとあらゆるものを、石材や大理石において消し去る点にある。そうすることで彫刻は精神的なものと肉体的なものの相互の発現を実現する。彫像の肉体は――「人間学」の最後で現われる人間とまったく同じように――「魂の記号★19」と化す。この可塑的な状態はヘーゲルによって体型〔habitus〕と理想との出会いとして特徴づけられる。「このような運動や態度は、その体型〔Habitus〕と表出によって、理想が表現されるところの状況を示す――理想は抽象的な意味に解されたものではありえず、個々の状況でとらえられるものなのである★20」。

彫刻家は作品のなかで有機的なものと理念の統一を実現し、「各々の器官は、純粋に物理的なその特性と機能、精神的な表現という二重の観点から（……）検討されなければならない」ことを知る。これら二つの観点こそが人間の習慣を特徴づけているのだが、それは、習慣がそれ自体を二重化しながら、魂と肉体のそれぞれの規定の可逆性を人間のなかで組織するからである。魂の諸規定は自らを肉体化することで、別個の世界として、神秘的な「内的なもの」としての価値をもたなくなる。同様に、肉体は道具として加工されることで、その自然なありさまである「直接的な外部」や「限界」であることをやめる★21。

> 肉体は当初、魂に対して従順でないものとして（……）現われ、運動に対して何の確実さも与えず、一定の目的を実現するためにある時にはあまりに強く、ある時にはあまりに弱い力を運動に与える★22。

反復と習練の結果である魂と肉体の相互浸透によってのみ、人間は適正な力加減の度合を見つけることができる。習慣の機構《メカニズム》は魂に「自然には」備わっていない自然を魂に施すのである。

> 習慣とは自己感情に属するかぎりの、感情および知性、意志等々がもっている規定性が、自然的に存在するもの、機械的なものとされたものである★23。

反復と習練によってこの機械的なものの調子は高まり、こうして、人間は指示参照性に対するあらゆる幻想的な関係から解放される。魂と肉体が習慣の作用を受けて互いに発現し合うかぎり、それらは非結合的な統一、紐帯を欠いた〔＝絶－対的な〕統一を構成する。この統一は自己－指示参照的なものである以上、思弁的な意味の構造をなすのである。内容とその入れ物の可逆的な関係は外的なものと内的なものの分割を廃するのだが、この関係は魂——これ以後は「自己」のうちで構成される——が世界、つまりあの真正なる外部に対してもつ関係を可能とし、かくして意識の出現をもたらす。現実的な魂は「感覚作用の習慣と自分の具体的感情の習慣のなかに」あって、「外的な世界」と関係をもち始め、「自らをこれと関係させ、その結果、この世界のなかで直接的に自己内に反省している——これが意識である」[★24]。

A）習慣と思考

習慣は外部から受け取ったさまざまな印象の鮮烈さを鈍化させることで、魂をある種の眠りに落とす。しかし、この受動性の増加こそが内的な能動性が漸進的に発展する条件である。非－意識が意識の出現を可能とするのだ。このとき、魂は外的な諸規定の特殊性のなかに沈潜していることをやめ、「感覚および精神一般の意識におけるいっそう進んだ活動や仕事に対して開かれて」[★25]いる。第四一〇節の補遺の最後で、ヘーゲルは意識を可能にする機構《メカニズム》をさらに印象深い言葉で詳述している。

私たちはしたがって、習慣においては私たちの意識が同時に、事象のなかに現前しており、事象に対して関心をもっており、かつしかも逆に事象に対して不在であり、無関心であるということを見る。私たちはまた、私たちの自己が事象を自分自身のものにするのとまったく同様に、反対に事象から引き下がるということを見る。そしてさらに私たちは、魂は一面では自分の諸々の表現のなかに全体的に入っていき、そして他面では自分の諸々の表現を放棄し、そのことによってこれらの表現にある機械的なものの形態、ある単なる自然作用の形態を与えるということを見る[★26]。

ここで描出されている機構によって、記号を産出する知性の活動[27]はその可能性の条件を与えられる。現前－不在の構造が知性のなかに再び見い出されるのだ。知性は（「そのなかで具体的直観へと完結されたものを存在者として規定すること」で）事象の内実を外的直観の内容に付与し、この内実を記号へと、すなわちこの内実に対して無関係な素材へと変形するが、そうすることで、知性自身は自らを「存在にし、事象にする」。[28]意識が意味作用（記号のなかへの直観の発現）の具体的な運動から引き下がるということが、意味作用それ自体の可能性を解放するのだ。

習慣によって魂は、内容のなかに沈潜することも、しかしまたそれに対して無関心であることもなく、内容を自分のものにすることが可能となる。魂は内容のなかにあるのでも、外にあるのでもない。内部と外部のあいだ、「内的なもの」と「外的なもの」のあいだで魂はその「理性的解放」を組織するのである。[29]

完全に自由な思惟は（……）習慣と習熟（**Geläufigkeit**）を必要とする。これら直接性の形式によって、思惟は個別的自己がもっているところの、何ものにも妨げられない（……）所有となる。[30]

B）習慣と意志

反省を欠いた自発性が意志に対して及ぼす効果は決定的なものである。魂と肉体の可塑的な作用は実践面できわめて重要である。というのも、次第に魂との透過性を獲得していく器官のなかでこそ、観念を実現させる諸々の傾向が縮約されるからである。外部から到来する変化は、それが反復される場合、主体の内的傾向となる。それゆえ変化は性向へと変貌し、受け取るという受動性はひとつの能動性となるのである。こうして習慣は、人間が外部から到来するものをついには欲するようになるプロセスとして現われる。したがって、個別的な意志は外的世界の現実性とはもはや対立せず、存在するものを欲することを徐々に学んでいく。理想は存在しなければならない何か、存在することのできる何か、未だ存在していない何かとは思われなくなる。終わり＝目的が運動とひとつになるにつれて、理想が成就されるのである。

「諸々の年齢の自然的経過」で展開されるヘーゲルの肯定、すなわち、人間は自分が世界のただなかで遂行する諸々の務めを習慣づけ、自分の理想を習慣づけることによって自ら解放されるという肯定は今や全幅の意義を獲得する。習慣は、目的の表象とその現実化を最初から切り離す「途方もなく多種多様な媒介」を消去すると同時に、これら対立項そのものを廃棄する。習慣が構成する潜在性は対立の媒介項として現われ、反対物のあいだの距離を短くするのである。★31

習慣によって加工された魂と肉体は精神の媒体を形成する。魂と肉体の現われが相互に発現するプロセスは個体を個別性、つまり、精神の諸規定という形式的普遍性と肉体の情動という特殊性との現実的な統一として成就させる。個体性はこのとき以来、「可塑的個体性」となるのである。

III　偶有性の本質的生成

A）可塑的個体性

魂と肉体の統一はいかなる指示対象《レフェラン》によっても裏づけられない自己解釈から生じる――これこそが「可塑的個体性」が示すものである。「可塑的」という形容詞は普遍的であると同時に個体的であるものの特徴を指し示す。精神性そのものがヘーゲルによって「可塑的」だと言われるのは、まさしく、精神性が「実体的な、しかも、普遍的であると同時に（ebenso）個体的である」★32かぎりにおいてである。こうした総合は彫刻作品によって目に見えるものとなる。

> 〔彫刻作品は〕人間の身体における永続的なもの（das Bleibende）、普遍的なもの、法則的なものだけを表現するべきである。この普遍的なものを同時に個体化して（individualisieren）、抽象的な法則だけでなく、これと緊密に融合した個性的形式が眼前に呈示される（vor Augen stellen）ことも、必要な条件であるけれども。★33

習慣づけられた人間は魂の芸術作品として呈示されているが、それは、彫像と同様に、その存在がある個別的な形態において具現化されるときにはじめて普遍的であるような実体性を表現するかぎりにおいてである。肉体化された精神は、直接的な「記号形成」とこれに伴なう指示参照の幻想という論理に逆らって、「内的なもの」と「外的なもの」の絶対的な一致を前提とするのだ。ヘーゲルが『美学』で名づけている「実体的個体性（die substantielle Individualität）」とは、「内的なものと外的なものの完全な合致（ein vollständiges Zusammenstimmen des Inneren und Äußeren）★34」を顕現させるような個体性である。この合致は「可塑的個体性」においてその全幅の力強さをともなって現われるが、ヘーゲルにとって、それはまず古代ギリシアにおける偉人たちを指し示す。

> ギリシアの美しい時代には行動する人物も、詩作し思索する人物と同様に、可塑的な、普遍的でしかも個体的である（allgemeinen und doch individuellen）、内外両面の一致した性格をもっている。★35

こうした人たちの模範的特徴は、彼らが特殊性と類との総合を受肉する方法から導き出される。そのような個人は、「彼ら固有の実体的特殊性という基盤の上で成長した」かぎりにおいて、「自由である」と言われる。つまり、彼らは還帰してくる類を形成することによってのみ、これを表出するのだ。これこそが、「偉大で自由な彼らは、つねに自らを生み出し（sich aus sich erzeugend）、自分が望む姿になろうと絶えず目指す」という特殊化が意味するものである。範例的個人の特殊性と結びついた偶有的なものは形成作用の能力を獲得してしまっているので、ヘーゲルがトゥキュディデス、フェイディアス、プラトンに即して述べているように、それらの個人が人間であるのか神々であるのか分からないほどである。

〔彼らは〕自分自身の理想的な芸術家、それぞれが唯一の鋳造物であるような個人、時間的なところや滅びやすいところがまったくない、不死なる神々の像のごとく建立された芸術作品〔となる〕。[★36]

この類の個人は自分に自己告知する。ヘーゲルによれば、自己-指示参照性《レフェランシアリテ》こそが古典芸術の根本的な特徴をなすのである。

> 古典的な美にとってその内面となる実体は自由で自立した（*selbständige*）意味である。それはつまり、何らかの事物の意味ではなく、自分自身を意味し、したがって自分自身を指示するもの（***das sich selbst Bedeutende und damit auch sich selber Deutende***）である。[★37]

ある作品が自分で自分を意味づけるということは、作品の彼方が存在しないということに他ならない。となると、作品は自分自身が自分の指示対象であり、同じひとつの顕現の運動のなかで作品はこの指示対象を解釈すると同時に、自分が解釈するものの見通しを与えるのである。

ギリシア彫刻にならっているが、「可塑的個人」はこれを活気づける精神的な境位の単なる指標ないしは外的な記号ではない。精神は透明性によってではなく、そのスタイルを通じて自らの内部の見通しを与えるようになる。スタイルは個別性が何かを指し示す、あるいは何かを顕示する部分だが、それは普遍を理解させるためのある独特な存在方法ないしは制作方法、共通なものを明るみに出すのに相応しいやり方である。こうした意味で、「可塑的個人」には、そのスタイルの力によって自分が外側に表出する〔*exprimer*〕ものを内側に刻印する〔*imprimer*〕能力がある。思弁的表現〔*expression*〕は、ヘーゲルの考えによれば、内部への刻印〔*impression*〕と必ず表裏一体なのである。個人は普遍を型にはめる〔*typer*〕素質によって可塑的なのだ。精神的なものが形を与えるのは、その代わりに形を施される場合に限られる。かくして「体型《ハビトゥス》と理想との出会い」は、理想が自らを具現化しながらその精神的な形式を個別的な主体に与え、今度はこの主体が理想を彫塑する、という二重の意味をもつのである。

ヘーゲルはこうした個別的な諸解釈が果たす根本的な役割について幾度も力説している。古典的な美は「普遍的な規範（allgemeine Norm）」とはなりえない、と述べた後で、彼は「そのような考えは愚かしいことである。なぜなら、理想の美は本質的に（……）、特殊性を付与された個別体であるということにこそあるのだから[38]」と言葉を継いでいる。

このように、個人と類は相互的な解釈作用を通じて、互いに言葉を交わすのである。

B）習慣の存在論的意義

魂と肉体のあいだの相互加工作用という働きは人間を精神の感性的な媒体として形成するに至るのだが、この働きはそのプロセスのなかで、実体が自己規定をおこなう運動を明らかにする。この運動はヘーゲルによれば精神の肉体化として考えられるべきものである。ヘーゲルは『美学』のなかで、精神が発展するためのさまざまな契機とは「精神に固有な肉体性（Leiblichkeit）[39]」がもつ数多くの形式であると確かに述べている。したがって、実体の自己規定というプロセスは、魂と肉体の相互解釈のなかで、その感覚的発現を見い出すのである。

人間は、実体的な個体性へと生成すべく自分自身を形成するかぎりにおいて、実体が自己規定をおこなう運動の範例である。人間は習慣のおかげでその存在に「可塑的な」性格を付与するに至り、この性格を通じて同時に「普遍的かつ個体的なもの」として現われる。こうした人間の加工方法は、精神的なものの普遍性が諸々の個別的な形式、すなわちさまざまな契機のなかで具現化することで具体性と現実性を獲得する方法にとっての特権的な範例である。

るからなのだ。動物の個体が構成する自然的な偶有性が類の実体性に対応するのは、ただ新たな偶有性を付け加えることによって、つまりもうひとつ別の動物を生むことによってである。

「個体」という概念はヘーゲルにおいて、人間存在ばかりでなく、場合によっては、ある民族、ある芸術の時代、ある哲学、実体‐主体のある契機をも指し示す。主体性はその自己区別化のプロセスに先んじて存在する現実ではないのであり、主体性の諸契機ひとつひとつが主体性そのものの自由な解釈の結果なのである。

ヘーゲルは習慣に関する人間学的な考えをもっていないし、人間を範例として措定することで実体を人間化するという考えももちあわせていない。実のところ、人間の内にある範例的なものとは人間なるものではなく、むしろ、執拗に残り続ける偶有性という人間のステータスなのだ。動物が十全に類を表現することができないのは、類が欠如しているからではなく――なにしろ、類はつねに既にその個別的存在を超過している――、偶有性の肯定が欠如しているからなのだ。動物の個体が構成する自然的な偶有性が類の実体性に対応するのは、ただ新たな偶有性を付け加えることによって、つまりもうひとつ別の動物を生むことによってである。

これとは反対に、「可塑的な個人」は、偶有性にひとつの類の存在論的廉直さと一貫性を授ける能力を所有している。この能力が習慣の能力に他ならない。「可塑的な個人」はそれぞれのスタイルのうちで類がもつ本質と習慣づけられた偶有性を総合するのだ。同じ挙措の反復や習練によって、初めはひとつの偶有性にすぎないものがひとつの厳正な〈形相（εἶδος）〉へと至ることができる。習慣の作用を被ることで、「可塑的個体性」の個別性はア・ポステリオリな本質として現われるのである。

習慣の過程は存在の即興的なあり方をその存在自身に即して規範化するという結果をもたらす。哲学者、政治家そして彫刻家は、人間という類の単純な定義からは予期されない諸規定である。彼らは「人間」という類に潜在的に含まれている、ただし、予測不可能なままであるような運命なのである。これらの規定は自分自身を形成し、自らを反復し習練することによって、ついに習慣的な状態、したがって本質的な状態を構成するのだ。習慣とは偶然性の本質化という運動なのである。人間は、習慣が〔人間という〕類からすれば予期しえないものであるというかぎりで、「類を表現する」ことができる。こうして習慣は未分化な状態にある類の未来として現われるのである。

習慣は、可能的なものを現実化することによって、本質のただなかに刻印された潜在性を顕現させることがなければ、この可塑的な能力などもたないだろう。「型」が彫刻家の即興的技法を予想させるのと同じように、この潜在性は本質の自由な解釈を可能とする。「可塑的個体性」を研究することで、ヘーゲルの実体についての思索のある根本的な要素、すなわちア・ポステリオリなものの本質的なステータスが明らかになる。人間の唯一の地平を超過する「人間学」の思弁的意味は、この意味を支える存在論的原理から汲み取られているのである。

人間は、その形成能力を通じて、偶有性の本質的生成という論理的プロセスに感覚的発現を与える能力をもつという点で範例的である。この生成の能力がなければ、実体－主体の運動、つまり主語と述語の弁証法的同一性を理解することはできない。ヘーゲルの人間がその「固有性」（だがしかし、これは依然として固有性なのだろうか）をもつのは、非人間的なこの生成を自分の原理のなかで自己固有化する方法のためである。その彫像に施されるさまざまな加工方法を通じて、人間は偶有化された実体に何らかの容貌を付与するのである。

結論

ヘーゲルにとって、偶有性の本質的生成は主体性のギリシア的契機を特徴づけるものである。この契機は、思弁的命題の第一の運動を存在論的に強調すること（「実体－主体」）によってしるしづけられている。精神とその範例（＝人間）のあいだで形が相互に贈与されることを意味するこの過程の核心において、人間の役割は確かに決定的ではあるものの、何らかの基礎づけをおこなうようなものではない。ヘーゲルにおいて、実体の人間学的な考えがあるとすれば、それはただ、ヘーゲルが人間そのものに対して実体的で存在論的なステータスを与える場合だけであろう。だが、「人間学」全体はそのようなステータスを破綻させるべく機能するのである。

人間は実体ではない。ヘーゲルの人間は何よりも習慣づけられた主体、すなわち逆説的なことに、消滅していく主体である。習慣概念を深く論究することで、人間の主体性は自己忘却のなかで構成されること、意識と意志は、反復と習練の作用を被りながら、自己を不在化することで現実性を獲得することが示された。人間は別離の仕草によって初めて思弁的展開への第一歩を踏み出すのである。

魂が「芸術作品」として完成されるとき、それは魂であることをやめる。「自分の存在を自分に対置させ、それを止揚し、それを自分自身のものとして規定してしまった魂は、魂という意味、精神の直接性としての意味を失ってしまっている」[★1]。魂はついに自らを精神のなかへと返すのだが、こうして魂が息を引き取るときに、人間もまた、習慣によって可能となったものだけを後に残しながら息を切らし、死んでいく。つまり、理論的な精神と実践的な精神がもつあらゆる形式の基礎となるであろう、自己感情の機構《メカニズム》だけを残しながら。

『精神哲学』の続きを考察してみると、人間はもはや思弁的発展の主体ではなくなっている。これはつまり、主体性は絶対精神としての完成への途上で人間的形象をもたず、厳密に人間的ないかなる根拠からも切り離されているということである。エンチュクロペディーの問題提起が、その本質的なモティーフのひとつとして人間へと回帰するのは、ただ、〈受肉〉の思考が展開される宗教の契機においてである。しかし、「人間学」と「啓示宗教」とのあいだで、主体性は精神の曙に姿を現わした人間の魂を手放すのである。

習慣は人間を殺す。これは習慣が人間を生きさせることと同じくらい確実なことである。習慣が目的とその実現とのあいだの距離を廃棄し、その成就の現実性を可能にするとしても、それはまた、一度目的が達成されると個人を死へと追いやるような死の力でもあるのだ。

人間は習慣によっても死ぬ。すなわち、人間が人生にすっかり慣れきってしまい、精神的にも肉体的にも融通が利かなくなり、主観的意識と精神的活動との対立が消え失せてしまったときがそうである。というのも、人間は、自分がまだひとかどの人物に達しておらず、目的をめざして自らを鍛錬して認められようとするかぎりにおいてのみ、活動的であるからである。目的を達成してしまうと、生き生きとした活動は消え去り、ついで何ごとにも興味をもたない状態になる。この状態が精神的ないしは肉体的な死なのである。★2

習慣は目的論的な成就を可能にし、だがしかし、これを廃れさせる。一度目的が達成されると主体は消え去ってしまうのだ。「死をもたらすものは生の習慣である。あるいはまったく抽象的に言えば、生の習慣は死そのものである」。★3 同じものが成就をもたらし破壊をもたらす。生きることは疲労を重ねることでもある。肉体のなかでも精神のなかでも、諸々の機構《メカニズム》を構成することで疲労が生じる。だからこそ、肉体と精神の運動に習慣という形を与える必要があるのだ。この習慣という形は、生き続けるという運動に余裕を与え、個人が生き続けることを確約する潜在的なエネルギーの蓄積をもたらすことで、力の衰弱や消耗を先に延ばすことを可能にする。だがしかし、習慣は自分が目覚めさせるものを、同時に、眠りにおちるよう脅かしている。

習慣は自己感情の条件そのものであるが、習慣がなければ、〔フランス語の〕字義通り、なんぴとも〔*personne*〕生きることも死ぬこともないだろう。人間とは、存在するために、習慣という思弁的大時計の調子を整えなければならない存在である。この大時計のおかげで、人間は「何かの到来を予見しつつこれに驚くこと」が可能となる、すなわち、終わり＝目的を先に延ばすと同時にその先を越すことができるようになるのだ。「人間学」の最初の諸契機において分析された、未だ習慣づけられていない魂は自分が死ぬことを理解しておらず、自分が有限であることを知らず、こういうわけでこの魂は狂っている。それとは反対に、現実的な魂は自分の死期を読み取る術を心得ているのである。実体－主体は人間の死の内で回帰する。習慣は、アリストテレスから受け継いだヘーゲルの理解によれば、区別を産出する反復として現われ、存在の最深部に触れる。これまで私たちはこうした一連の意味を考慮するだけにとどめ、死をもたらす原理としての習慣の意味については閑却してきた。だが、習慣が人間を殺す能力は、単なる人間のレヴェルを超過した存在論的意味をもっている。

主体性は自らの内に、未来時に自分が現実化する契機を所有態（ἕξις）として内包している。だが、所有態＝習慣《ヘクシス》は潜在性として、潜在性が存在論的意味をもつことをやめる契機を実体のなかに刻印している。これこそが、主体性のギリシア的理解からその近代的理解への移行に対する本質的な規定なのである。私たちは今や、この近代的理解の方を分析しなければならない。

第二部　ヘーゲルの神、二重の本性の転回[☆1]

序言

I　主体および主題とみなされた神

A）歴史哲学的視点

主体性の近代的概念を考究するにあたって、〔『エンチュクロペディー』の〕『精神哲学』の最後から二番目の契機である「啓示宗教」に立脚しなければならないのはなぜだろうか。このような試みは乱暴なものではないだろうか。なにしろ、それはいくつもの世紀や思弁的契機を横切っているのだから。

歴史と哲学との交錯を考えてみると、こうした論証手続きは直ちに正当化される。というのも、ヘーゲルからすれば、近代的な主体性の発現はキリスト教の到来と不可分な関係にあるからだ。『歴史哲学講義』はギリシア世界からローマ世界に至る進展を論述しているが、そうした進展のなかで「精神的内面性」の原理、すなわち私性〔égoïté〕の抽象的基盤が日の目を見る。[★1] この原理とともに、「人間には自由な精神性という即かつ対自的な土台が備わり」、この土台が「神の精神が内側に住まい、現存する（……）はずの場所」[★2]を定める。精神的内面性とは自由の条件であり、他ならぬ〔キリスト教の〕啓示の内実を構成する「高等な原理」である。

ヘーゲルによれば、近代哲学こそが過去に遡って、「主体的な自由の原理」にその概念的完成を与える。実際に、哲学は「宗教という基礎から初めて（……）発展してくる」[★3]。だからこそ哲学は、主体性の絶対性を概念へと高めることによって、キリスト教の思弁的内容を明らかにするという義務を負うのである。主体はデカルトにおいてその形式を措定され、カントにおいてその意義を先鋭化されていたが、いまやそれは思考の自由な原理および絶対的な自律として姿を現わすのである。

エーベルハルト・ユンゲルは著書『世界の神秘たる神』において、近代において主体概念が被った字義上の変遷を分析している[★4]。彼が想起させるところでは、キリスト教における三位一体の教義の定式はアリストテレスの実体概念、「あらゆる他者を前にして独立した存在」として理解された実体概念にまつわる用語のなかで成立した[☆2]。ユンゲルは次のように述べている。

> 実体はそもそも主体の別の名（……）でしかなかった。本質《ウーシア》（οὐσία）と基体《ヒュポケイメノン》（ὑποκείμενον）の同一性は substantia〔主体〕という用語で表現される。substantia と比較して、それ自身の基体ではない存在は essentia〔本質〕として区別される[★5]。

こうした用語に準じてキリスト教の教義が定式化されたのだが、ここではある変化が起きようとしている。三位一体の教義によれば、確かに、神の本質（神がそうであるところのもの、すなわち οὐσία）は他者（神ならざるもの）を前に独立しているのだが、しかし、この独立が現に存在するのは、同等かつ高度に結び合わさっているにもかかわらず区別された三つの存在のあり方においてである。ユンゲルの所述によれば、「これら三つの位格《ヒュポスタシス》は『新約聖書』以降、ペルソナ（父、子、精霊）として表現されるようになったために、この用語の変化は subjectum を一個の私、この語の近代的な意味での「主体」と考える手筈を整えたのである」[★6]。

この変化は神学よりも哲学によって価値づけられた。デカルトは主体を自律的審級として把握し、主体はあらゆる対象の客観性を基礎づける確実さとなった。ヘーゲルが幾度となくデカルト主義の決定的な重要性を賞賛していることを思い出しておこう。なかでも、『哲学史講義』では次のように評価されている。

〈私〉というものが純粋で単純な確実さであるかぎりで、デカルトは〈私〉という視点から出発する（……）。かくしてまったく別の土壌が哲学の活動に与えられたのだ。〈私〉自身のなかで内容を考察することは第一のものではない。ただ〈私〉のみが確実さであり、直接的なものに他ならないのである。[★7]

思考の自由とこれに相関する主体の規定は、ヘーゲルにしたがえば「私＝私」と表現される。

「私は私である」という表現のなかには絶対的理性および自由の原理が言い表わされている。私は私を「私は私である」という形式へ高め、すべてのものを私のもの、〈私〉として認識し、あらゆる対象を私自身であるものの体系における一分肢としてとらえる。このことのうちに自由と理性は存するのである。[★8]

カントはこうした原理を最も高次の思弁的表現へと高める。カントの功績は「私」を純粋概念の形式へと高めた点にあり、こうしてこの形式は思考することの絶対的な自由を成就するのである。ヘーゲルが『大論理学』に書いているところによれば、「概念の本質をなす統一が統覚の根源的‐総合的統一として、すなわち「私は考える」ないしは自己意識の統一として認識されたということは、理性批判のなかに見い出される最も奥深く、最も正当な見解に属する」。[★9]

主体を絶対的な自律として位置づけることは習慣の放棄をともなうが、この時から、習慣はそのアリストテレス的な意味から切り離され、自由に敵対する単なる機構《メカニズム》を指し示すようになる。[★10] 近代哲学の視点からすれば、自由は決して習慣づけられないのである。

B)『エンチュクロペディー』の宗教的契機の特殊性

主体性の意味の変化をその近代的な契機において考察するにあたって、なるほど、歴史哲学的な視点だけで満足しておくことはできる。だがしかし、この視点は、たとえそれが「啓示宗教」の理解に不可欠なものであるとはいえ、『エンチュクロペディー』の視点とは異なる。『エンチュクロペディー』の叙述は、〔キリスト教の〕〈啓示〉の実定的な特徴に関する歴史的関心――つまり、『宗教哲学講義』の関心――や、〈啓示〉の意味に関する哲学的意識の働き――つまり、『精神現象学』が関心を寄せる視点――を通じてなされてはいないのである。

「啓示された宗教」という表題にある形容詞「啓示された（geoffenbarte）」は、その一語で『エンチュクロペディー』の宗教的契機の特殊性を物語っている。『精神現象学』はキリスト教を「啓示宗教（offenbare Religion）」として扱っている。『宗教哲学講義』はキリスト教の分析を「完成されたあるいは啓示（vollendete oder offenbare）宗教、絶対宗教」という表題の下で述べている。さて、「啓示の＝顕な〔offenbare〕」が形容しているのは意識に対する神の現前である。それゆえ、『宗教哲学講義』はもちろん意識の視点を呈示してはいるが、しかしまた、「絶対宗教」は啓示の事実をも含んでいる。概念の内容が、キリスト教の現実の歴史と聖書という具体的なテクスト資料から展開されているのである。[★11]

『エンチュクロペディー』の叙述に関して言えば、それは意識の主観的な一面性と『宗教哲学講義』の客観的な視点をともに前提としているが、しかし、この前提だけに還元されるものではない。形容詞「啓示された」は神自身による神の啓示、絶対的な自己啓示を特徴づけているのだ。

『エンチュクロペディー』が解明するのは、〈体系〉におけるキリスト教をめぐる他のすべての論述に対する前提であり、それはつまり、近代的な主体性概念がその宗教的・哲学的意義をともないながら、神の主体性そのもののなかにその可能性を刻み込んでいるということである。それゆえ、「啓示された宗教」の読解に立脚してこの主体性概念を検討すれば、その特徴が明らかになるだけでなく、これらの特徴がどのようにして神のなかに内包されているのかが示されるのである。こうした状況設定によって、神を論述の主題とするという意味と、神を主体へと構成するという意味の二重の意味において、ヘーゲルが神を主体や主題とみなす方法を問い質すことができるのである。

「啓示された宗教」〔のセクション〕が叙述するのは、その運動のなかで、実体―主体の論理的発展に従う三位一体の概念である。〈父〉は実体的な可能態の契機であり、それが自分で自己規定をおこなうと〈子〉の契機が生じ、そして、〈精霊〉の契機が両者の分裂の和解を成就させる。近代的な主体性概念がもっている哲学的な属性はすべて、この思弁的命題から演繹される。まさしく神のなかで、神自身による、実体の主体への生成、すなわち実体―主体の契機が展開されるのである。

II　思弁的神学の批判

A）束縛された神

こうした生成を考慮するにあたって、カトリックであれルター派であれ、ヘーゲルを読む神学者たちとの衝突は不可避である。彼らからしてみれば、神の実体が主体へと生成するという観点は許し難いものに思われるのだ。神の創造する自由を否定することなく、神が他ならぬ主体概念に隷属していると主張することなど、実際いかにして可能だというのか。すべてが思惟に委ねられた思弁的命題の論理的必然に束縛されないまま、神をある任意の主体とするこ

となどできるのだろうか。★12

これらの批判は、ヘーゲルのアリストテレス読解に対して浴びせられた批判と同じ論拠にもとづいている。つまり、神のなかへの否定性の導入は神学者たちには受け容れ難いものと映るのである。ヘーゲルが〈第一動者〉のただなかに否定性を承認したことはその存在論的意義を歪曲しており、これとまったく同様に、三位一体のただなかに弁証法的論理を作動させることは想像もつかない侵害を神の本質にもたらす、というわけである。

この侵害が顕著なのは、無化〔kénose〕に関する弁証法的考え方の根本にある、神の疎外化に対するヘーゲルの見解である。無化《ケノーシス》は神を〈受肉〉や〈受難〉の内へと引き下げることを意味する。「kénose」という語は放棄、無化、卑下を表わすギリシア語「κένωσις」（この語は「κενός 空虚」から来ている）と、パウロの表現「〔キリストは〕ἑαυτὸν ἐκένωσεν（自分自身を無にしました）」（フィリピの信徒への手紙　第2章2節）に由来する。この表現はラテン語で semetipsum exinanivit と翻訳されたが、「無化《ケノーシス》」の〔ラテン語の〕同義語「exinanition」はここから派生している。ルターは κένωσις を Entäußerung（文字通りにとれば「外化による自己からの分離」）と訳出した。そして、この Entäußerung、すなわち「疎外化」を、ヘーゲルは神の本質の展開を構成する論理的運動とする。なぜなら、神は自分で自己規定をおこないながら、必然的に自分自身の外に出るのであり、こうして神はあらゆる私性として、判断における〔主語と述語の〕分割を実証するからである。

B）未来なき神

このような見解を考慮すると、神学者たちの批判の数々は「ヘーゲルの神には未来がない」という一点に集約される。

確かに、神を概念の必然性に束縛することによって、ヘーゲルは神が出来するという神秘、すなわち、その超越性を神から奪っている。そのあり余る過剰な可能性を切除されると、神は自分を与えることも自分に約束することもできない存在へと還元されてしまう。私たちが期待を寄せることのできない神にとって、未来とは一体、どのようなものなのだろうか。

ヘーゲルは、神が自分自身を生み出し、否定性を二重化する契機がその成就に必然的であるかぎりにおいて、神に固有な真理のステータスを否定性へと委ねる。神学者たちはこの否定的なもののプロセスから、〈父〉の生来の貧しさ——次々に媒介を経て、〈父〉が結局は実定性であることが必ずや明らかになるのだが——という結論を引き出す。彼らは、一見したところ神の惜しみなく与える豊穣《ジェネロジテ》さとは矛盾する、根源的な欠乏のようなものを神のなかに導き入れた廉でヘーゲルを非難するのである。

C）存在‐神学の成就

驚くべきことに、幾人もの現代の神学者たちはヘーゲルの宗教観を解釈する上で、ハイデガーの分析におけるいくつかのモティーフと、意図的にせよ、そうでないにせよ、意見を同じくしている。思弁的な神はそれが現前するということからして未来を欠いている。神を（自己啓示の概念が含意する）絶対的現前と考えようとするために、結局ヘーゲルは神の賜物〔＝現在〕を、すなわち、神が真に贈与をおこなう時間を逸している、という次第なのだ。この論法はハイデガーの見解と響き合う。ハイデガーによれば、神学に対するヘーゲルの考えは臨在〔*parousie*〕としての神という伝統的な考え方、すなわち、形而上学全体の根底をなすこの考え方を成就させるからである。[★13]

ハイデガーは「思弁的神学」を「〈最モ実在的ナ存在〉についての存在論」と同列に置く。[★14] この存在論は、ギリシアで基礎づけられて以来、特権的な現在に支配された時間概念にもとづいて、現前を非時間的なものとして規定してきた。そうした意味において、ヘーゲルの自己啓示の概念はともすれば、現前という十全な光の肯定であるようにみえ、神は、時間が四散させ、離散させる存在者の全体を取り集めまとめ上げる最高存在者であるようにみえるのである。

III　受動性から神の可塑性へ

こうした分析だけで思弁的神学を説明してしまうと、その場合は有無を言わさず、この神学が成し遂げられる可能性は一貫性のなさや思慮の欠如にもとづいているにすぎないということになる。というのも、臨在に対するヘーゲルの考え、つまり神の絶対的な自己現前が支持されるとすれば、それは、神のうちに根源的な受動性を、すなわち、あらゆる主体性が備えている否定性に神が従属する可能性そのものを容認することによってのみなされるからである。それは、かつて「〈父〉自身は非受動的でいるわけではない！」と記したオリゲネスの断定に対する常識外れの先鋭化である。[★15]

そうなると、実体-主体の近代的契機を論究するために、私たちは、現前に未来が欠如するように強いる受動性をそのあらゆる側面で拒絶するはめになるのだろうか。

「啓示された宗教」〔のセクション〕を注意深く読めば、こうした拒絶は回避される。というのも、「疎外化」の概念を辛抱強く検討することによって、神が主体性の形式を受け取るとしても、神が主体に従属するとしても、それと同時に、神は自分が主体性から受け取った形式をこの主体性へと贈与することが示されるからである。自らを疎外化することで、神は外化による特殊な展開の型を主体性に刻み込む。神は自らの発展の形を自らに与えるのだ。こうして疎外化は、神の受容性と自発性という二重の視点から検討されなければならないのである。

明らかに、受動性の概念だけはこの二重の視点を特徴づけることはできない。そこで、形の受容と贈与という二重の意味をもつ可塑性の概念に頼らなければならない。神の主体性とは自分が創造するものに順応するような根源的に総合的な審級であるが、それは可塑性の視点からみると、逆説的にも自分との関係を欠いた絶対的な現前ではなく、時間化の過程の生き生きした源泉として現われるのである。

Ⅳ 道程

こうした過程は実体ー主体の「予見＝不測」にその近代特有の特徴をもたらす。可塑性の三つの規定にしたがって、近代の契機もまたある形式（自己意識が思弁的内容に対してもつ関係）を前提とし、ある種の自己規定（主体の偶有性に対する関係）の概念に対応し、そしてこれに呼応する精神的なものの直観的表示ないしは感覚的発現の様態を規定するのである。

私たちは「啓示された宗教」〔セクション〕の展開の諸段階を辿り直した後、神学者たちの批判を分析することにする。神の否定性の解釈を受動性から可塑性へとずらすことによって、私たちは〈神の死〉が孕む二重の意義から出発して、神の主体性と哲学的主体性の関係の新たな読解を提起するだろう。こうした探究において神と人間という二重の転回が検討され、ついには、神の時間——神の可塑性——が浮き彫りになることだろう。

第一章　「啓示された宗教」通釈

『エンチュクロペディー』の「啓示された宗教」全体の運動は、概念、判断、推理の三要素からなる論理的展開を遵守している。[1] 導入部分の数節[2]は「宗教の概念」を叙述しているが、それらは「自己啓示」[3]の意義を、次いで宗教の表象様式の特殊性[4]を強調し、最後に、表象の三つの「特殊な領域」を詳述する。[5] この三つの領域は、宗教の概念そのものが展開するための三つの論理的な契機に対応している。

「純粋思想の境位、あるいは本質の抽象的境位」にある三位一体は、概念の宗教的契機を特徴づける。[6] 次に、判断の契機は、創造、「ひとり子」の誕生、悪の出現と二重に分岐しながら現われる。[7] その後に来るのは啓示の三つの推理、すなわち、1）〈受肉〉の推理、子の死と復活（キリストの受肉と死という無化《ケノーシス》）、[8] 2）キリストの輝ける死に対する信者の同一化という推理、[9] 3）信仰教団の推理[10]である。この展開の結論部分は思弁的思惟による表象形式の止揚を告知し、かくして、宗教から哲学への弁証法的移行の端緒をなしている。[11]

I　宗教の「概念」

A）自己啓示

宗教の概念にしたがえば、真の宗教とは自己啓示（Selbstoffenbarung）である。ヘーゲルの目からすれば、キリスト教は秘密を残すことなく絶対的に顕現した宗教である。「真の宗教、すなわち、絶対精神を自分の内容としている宗教の概念のなかには、本質的に、宗教は啓示されているということ、そしてもとより神によって啓示されているということが含まれている」[★12]。それゆえ必然的に、「神は留保なしに自らを顕現させる行為であって」、嫉妬を神のものとすることはできない。

古代人による復讐の女神の表象にしたがえば、神的なものと、神的なものが世界のなかでおこなう活動は、未だ抽象的な悟性によって、平等化する威力、高いものと大きなものとを粉砕する威力としてしか把握されていなかった。このような表象に対して、プラトンやアリストテレスは神は嫉妬深くはないという主張を対置している。[★13]人びとは同様に、これと同じ主張を、人間は神を認識することができないという諸々の新しい断言に対置することができる。

こうした啓示の思想が要求する「根本的な思弁（gründliche Spekulation）」には、三つの「命題」が含まれている。神はただ自己自身を知っているかぎりにおいてのみ神である。神が自分を知っているということはさらに、神が人間のなかに自分の自己意識をもっているということであり、神についての人間の知である。そして、神についての人間の知は神のなかでの人間の自知にまで進んで行く。[★14]

B）表象の「諸領域」

ヘーゲルは次節でこの知の「形式」を特徴づけている。

> 形態と知との直接性および感性性が廃棄されると、絶対精神は内容の方からみれば、自然と精神のなかにある即かつ対自的な精神である。しかし、絶対精神は形式の方からみれば（**der Form nach**）、さしあたり表象の主観的知に対して存在する。★15

この件の最初の部分は絶対精神のひとつ前の契機、「芸術」に差し向けられているが、そこでは、精神の内容が、感性的であれ直観的であれ、形像の直接的な形のなかで表現されている。この直接性の弁証法的な廃棄は、心理的に、表象（**Vorstellung**）の誕生をしるしづける。ヘーゲルからすれば表象とは、精神の宗教的契機が直接的に表現されるような境位である。

表象による知は概念の諸契機に「自立性」を与え、そして、

> これらの契機を相互に前提し合うもの、相互に継起し合う現象にし、諸々の有限な反省規定にしたがっている生起（***des Geschehens***）の一連関にする。★16

表象はまず初めに、概念の内容を時間的に形式化するプロセスとして現われる。概念の論理的契機は諸々の時間的契機として現われるのだ。この線状的な時間化は空間化の運動をともなう。というのも、表象は思弁的な諸契機を互いに並置しながらこれらを分離し（**trennt**）、それぞれをひとつの自律した存在へと委ねることで概念の生きた全体を形づくる諸境位を堅固にするからである。ヘーゲルは互いに並置したこれらの契機を「諸領域（**Sphären**）」として特徴づける。

この分離においては、形式が内容から引き離され、そして形式のなかでは概念における諸々の区別された契機が相互から

引き離されて特殊な諸領域または諸境位になる。そして、絶対的内容はこれらの境位のうちの各々のなかで自己を表現する。[★17]

II　純粋思惟の境位にある三位一体

この諸領域の叙述は次なる展開をもたらす。第五六七節では「普遍性の契機」が論述されており、これは「純粋思惟の領域ないしは本質の抽象的境位」である。神はまず初めに「神の概念」なのだ。その概念が自己と同等であるため、神は未だ時間にも空間にも関与していない。神の境位は純粋思惟のそれであり、あらゆる真理とあらゆる現実性の原理である。この最初の契機は〈父〉の契機、つまり、旧約聖書の神の契機である。

だがしかし、神の自己同一性は形式的で空虚なものではない。神は概念的境位において既に区別されており、「自分のなかに閉じ込められた」ままではない。「実体的威力」として、

絶対精神は（……）もっぱら自己自身を自分の子として産み、この区別されたものとの根源的同一性のなかに止まっていると同様に、一般的本質から区別されたものであるというこの規定は永遠に廃棄される。そして、自己を止揚する媒介というこの媒介によって、最初の実体は本質的に具体的個別性および主体性――すなわち、精神＝聖霊として存在する。[★18]

神の自己同一性はそれゆえ、その概念のなかで内的な三位一体をなす区別である。絶対理念は手始めに、ロゴスと神の三位一体をなす永遠性として啓示されるのだ。内的な三位一体をなす区別は神の自己規定に他ならず、これは実体－主体としての神の概念の論理的展開を前提とするのである。

III　被造物の例外的立場　世界と悪

神の主体性はその危機へと陥り、自らを特殊化することで判断という分裂状態を経る。「判断の特殊性の契機において、具体的で永遠な本質は前提されたものであり、この本質の運動は現象の創造である」[19]。現象界の現実的な創造（Erschaffung）によって、現象界はその他性の状態におかれる。本質は分裂の運動のなかで本質自身から派生するが、この運動は「媒介における永遠の契機の分岐（Zerfallen）」へと至る。これがまさに〈子〉の契機であるが、それは最初の推理の終わりに完成することになる。

有限な精神の引き裂かれた内面性は絶対者の分裂の極みとその否定性を顕現させる。神はもうひとつの有限な意識として、有限な意識に対して現前するようになる。つまり、「原初的かつ具体的な自然」が「自然と対向関係にあるものとしての精神」に対立するのだ。有限な精神は「悪の自立性を自らに与える」が、人間は悪の誘惑と永遠者への関係とのあいだで引き裂かれることになる[20]。

IV　和解　〈啓示〉の三つの推論

精神＝精霊の契機、つまり個別性の契機は三つの推理から構成されている[21]。

A）第一の〈啓示〉の推論

第一の推理は、〈受肉〉、〈死〉、〈復活〉として理解された本義におけるキリスト教の論理を含んでいる。その運動は、『エンチュクロペディー』の「小論理学」で論述された「定在の推理（Schluß des Daseins）」の筋立てに対応する。

> 第一の推理は（……）定在の推理ないしは質的推理である。それは個—特—普であり、すなわち個としての主語がひとつの質を通じてある普遍的な規定性と連接されているのである。[★22]

この推理の中間項は直接的な特殊性、「感性的な現実存在」[★23]の特殊性である。小前提（個—特）はキリスト（個）の個別的自己意識が時間的な現実存在（特）がもつ自然性に関与するというものである。それは〈受肉〉のことである。

> 普遍的実体は自分の抽象から抜け出て個別的自己意識として、（……）時間性へと移された（in die Zeitlichkeit versetzt）、永遠な領域におけるあの〈子〉として実現される。[★24]

大前提（特—普）が言い表すのは、この感性的な現実存在（特）が神の本質（普）がもつ普遍性への否定的同一化によって苦痛のなかで引き裂かれていることである。これはキリストの〈死〉である。キリストは「判断（根源的分割）に身を投げ入れ、そして否定性の苦痛のなかで絶命していく（in den Schmerz der *Negativität* ersterbend）」のだ。

これらの前提からすると、結論（個—普）は絶対的な回帰、だが未だ直接的な回帰である。そこでは、個別性と普遍性が、精神がその永遠性において世界に現前しているという理念のなかで和解している。これは〈復活〉、子の「［自分自身への］絶対的な回帰」である。〈復活〉はかくして、「永遠なものではあるが、生きたものであり、かつ世界に現前しているものとしての精神＝聖霊の理念[★25]」を成就させる。世界の現実的な客観性〔＝キリスト〕のなかに神が出現することによって、歴史は贖罪をもたらす和解の場と化すのである。

B）第二の〈啓示〉の推論

第二の推理は〈キリストの変容〉〔キリストが山上で光り輝き、神性を啓き示したという出来事（ルカ伝第9章28—36節）〕に対する信者たちの否定的同一化の推理である。[★26] この運動は『小論理学』で述べられた、普—個—特という形式的な構造をもつ「反省の推理」の筋立てに対応する。

> 概念の媒介的統一は、もはや単に「第一の推論におけるように」抽象的な特殊性としてではなく、個別性と普遍性との発展した統一、すなわち、まず両者の反省された統一として（……）措定されなければならない。こうした中間項が反省の推理（*Reflexions-Schluß*）を与えるのである。[★27]

この推理の中間項は、反省的普遍性を目指す「すべての具体的で（*konkrete*）個別的な主語＝主体」がもつ個別性である。この場合、主語＝主体とは、ヘーゲルが「小論理学」で「全称［Allheit］[★28]」と呼ぶもののなかで結びついている信者たちのことである。小前提（個—普）は信者たちが普遍、つまりは「客観的全体性（普）」と関係を結ぶことである。客観的全体性は「個別的主観＝主体における有限な直接性にとっては（……）他者であり直観されたもの[★29]」である。大前提（個—特）は、精神＝聖霊の証しによって、信を介して、すなわち、「普遍的本質性と個別的本質性との統一があの実例〔＝キリスト〕において即自的に成就されているのだという信仰」を介して、個別的主体（個）は悪しきものと規定された自分の「直接的自然規定性（特）」を廃棄し、キリストの死を「自分の意志」で自己固有化する、というものである。これらの前提から結論（普—特）が導き出される。個別的主体の運動は、かくして自らの特殊性を廃棄し、「否定性の苦痛のなかであの実例——磔刑に処せられ復活したキリスト——と（mit jenem Beispiel）連結し」、そうして「自己を〔永遠な〕本質（普）と結合されたものとして認識する」[★30]のである。

C）第三の〈啓示〉の推論

第三の推理は祭祀共同体の推理であり、これは、特—普—個という形式をもつ「必然性の推理（Schluß der Notwendigkeit）」に対応する。

この推理は（……）、それ自身のうちで本質的に規定されているものとして定立された普遍を媒介項としている。まず、1）定言的推理においては、特殊が媒介規定であって、この特殊は特定の類あるいは種という意味をもっている。2）仮言的推理においては、個別が媒介規定であって、この個別は直接的な存在という意味、媒介するものでもあれば、媒介されるものでもあるという意味をもっている。3）選言的推理においては、媒介の働きをする普遍が、またその特殊化の総体、個々の特殊、排他的な個別性として措定されている。したがって、選言的推理の諸規定のうちには形式だけを異にして同一の普遍が存在している。[★31]

この場合、中間項は教団の実体的絆であり、これがその特殊化の総体を取り集める。小前提（特—普）とは、あらゆる自然的な有限性とあらゆる特殊的な表象（特）を普遍的本質（普）によって否定することである。大前提（普—個）とは普遍的本質（普）がこれ以後、自己意識（個）のなかに住まうということである。

本質はこの媒介によって、自己意識の内に住まわっているもの（als inwohnend）として働き、かつ普遍的精神としての即かつ対自的な精神がもっている現実的現前態になる。[★32]

V　結論　祭祀における信仰から思惟へ

表象の形式は祭祀における沈思や思惟の単純性のなかで弁証法的に廃棄される。すなわち、キリストの死が個別具体的な主体によって自己のうちでとらえ返され、概念的に同化されることによって廃棄される。自己啓示は、一方で表象的な出来事の継起と客観性を、他方で信心の主体的な集中を含んでいるのである。第五六五節は既にこうした結論の契機を、「有限な表象様式がもっているこのような形式は、唯一の精神に対する信仰や祭祀における信心において（in der Andacht des Kultus）弁証法的に廃棄される」と告知していた。信心のうちで自己を受け入れることによって、思弁的思考への移行が非表象的な純粋さにおいて可能となる。これ以来、「真理のこの形態において、真理は哲学の対象なのである」。

第二章　超越性なき神？　ヘーゲルに抗する神学者たち

ヘーゲルを読む神学者たちの眼からすると、『エンチュクロペディー』における精神の宗教的契機に関する論述は、論理的必然性への神の「服従」をこれまでになく顕わにしている。「啓示された宗教」の発展は確かに、無化（ケノーシス）の弁証法的理解だけでなく、さらにその結果として、信と表象の理解の根底をなす「疎外化（Entäußerung）」概念によって律動を与えられている。

無化《ケノーシス》について。ルターから借用したEntäußerungの概念は、ヘーゲルの著作ではつねに神の供犠を意味している[1]。だが、この供犠は真正なる、神の「他者への生成」として解釈される――この概念のフランス語訳「aliénation」[2]はこの点で裏づけられる。『宗教哲学講義』でヘーゲルが示すところでは、疎外化《エントオイセールンク》は、分割が作り出されるなかで〈子〉が〈他者〉そのものの規定を獲得するような操作、彼の〈死〉によって成就する操作を作動させる。〈受肉〉は「神的なものの疎外化（Entäußerung des Göttlichen）」であり、〈死〉は「神的なものの他性化（Anderswerden des Göttlichen）」である[3]。『エンチュクロペディー』でヘーゲルが述べるところでは、世界は、それが創造されたものであるかぎり、「疎外化によって永遠の本質から切り離されている」[4]。神学者たちの眼からすれば、こうした疎外化の弁証法的解釈は神のなかに欠如を導入し、父のかぎりない豊饒さを台なしにしているのである。

信について。『エンチュクロペディー』においてヘーゲルは信を、信者が「自分の直接的自然規定性と自分自身の意志とを疎外化し（entäußert）、そして否定性の苦痛のなかであの実例［キリスト］と連結する」★5ような運動としている。この疎外化を通じて、信者は無化《ケノーシス》の運動を反復するのだ。神学者たちの見解によれば、このように考えられた信仰の態度はもはや神への期待をともなっていない、とされる。

表象について。ヘーゲルにおいて、疎外化《エントオイセールンク》の概念は表象の言語に属するものであり、神との関係を分裂として感じる宗教的意識はこの表象に囚われている。

神の意識は二つの側面を（……）含むが、その一方は神、他方は意識そのものが位置している側である。両側面は、まず初めに有限な条件のなかでの諸々の疎外化（Entäußerungen）である。★6

こうした分裂と表象の形式とをひとまとめにして、哲学はそれを弁証法的に止揚する務めを引き受ける。神学者たちによると、この止揚は神の超越性を思惟という現存する永遠者へと還元してしまうのである。

I 〈父〉の思弁的没落

ヘーゲルによる自己啓示の概念が含意する神の絶対的な現前は、神学者たちには、存在論的な保証（神は絶対的に現にそこに存在する）であるどころか、むしろ神の賜物（＝現在）（贈与）の隠蔽であるようにみえる。自らを余すところなく啓示し、何も隠蔽しないのであれば、実のところ、神は自らを贈与しないし、自らを賜物として現前させることもないだろう。エミリオ・ブリトは『ヘーゲルのキリスト論』において、「［ヘーゲルの］神は残りなく顕現している。それゆえ、神は完全に隠れている」★7と述べている。

嫉妬しない神は豊饒さや無償性、恩寵で充溢している。だが、見たところ、ヘーゲルの神は充足したものとして考えられそうもない。「純粋思想の境位、本質の抽象的境位（……）、実体的威力[8]」という神の本質の規定は、神学者たちからすれば、「啓示とは根源の欠乏の（……）余すところない顕現にすぎず」、「それは、最終的にいかなる観想的な現実をも遠ざけるせわしない自由のダイナミズムから生じる[9]」という認定に通じている。神がその最初の契機において「未規定な直接性」にすぎないのならば、善性や愛によってではなく、まさに必然性に駆られて神は自分自身を剝奪するということになるだろう。

最初は、こうした主張の数々に驚かされるかもしれない。ヘーゲルの神がもつ思弁的な豊穣《ジェネロジテ》さをどうやって疑うことができるのだろうか。神を思惟に対する絶対的な現前として理解することは、論理的には、神の無限なる善性へと帰結するはずであろう。しかしながら、根源的な豊饒さを欠いた寛大さを考えることは不可能であるようにみえる。そうなると、弁証法的必然性は神の威力のなかに欠如を刻みつけて、そうしてあらゆる贈与の可能性を奪っているのではないだろうか。ヘーゲルの神が嫉妬深いのは、神が人間に対する自分の威力を独占しようとするという意味ではなく、神の概念の論理的エコノミーがある欲求のエコノミー――この欲求と無化《ケノーシス》が含む空虚さを同一視することができる――に応じて秩序づけられているという意味においてである。所有欲、つまり嫉妬とは言わないまでも、こうした空虚、こうした渇望は何を意味するのだろうか。ヘーゲルが構想した自己を啓示する神は、思弁的に「妬み深い」わけではないにしろ、とどのつまり、弁証法的に何もかもを貪り食い尽くすものである、ということになるのだろう。

A）無化《ケノーシス》についてのヘーゲル的理解

無化《ケノーシス》とは、キリストにおける神の本質と人間の本質との統一の神秘に関するものである[10]。キリストの自発的な自己放棄はまず〈受肉〉という事実そのものにおいて実現され、次に、この〈救世主〉が〈死〉に至るまで自分を貶め、服従した状態において続けられる。このように下位の本性、奴隷の本性（μορφὴ δούλου——人間の本性の形態）を獲得することによって、キリストは神としてその栄誉を受ける権利をもっているにもかかわらずこれを放棄し、さらには、人間の生活を送ること、服従、謙遜、苦痛からなる人生の流れのなかに身を投じることを受諾するのである。

教父学の注釈は無化《ケノーシス》を〔肉体との合一に〕先在する〈ロゴス〉に帰するにしろ、神人同形論的な主体に帰するにしろ、つねに無化を〈受肉〉に関連づけてきた。この重要な論点から、無化のカトリック的解釈とルター派的解釈を区別する違いを理解することができる。カトリック信徒にとって、無化は先在する〈ロゴス〉の無化であり[11]、単にキリストがその人間の本性にしたがって自分を貶めただけではない。自己剥奪は〔肉体に〕先在するキリストの意志の結果であり、無化は〈受肉〉という事実そのものに結びついている。

> パウロはキリストの同じペルソナを三重の状態と考えている。まず、〈救世主〉が神の形姿のなかで存続しながらも、神との同等性（権利上、彼のものである神の栄誉の数々）を、大事にするべき獲得物とはみなさないような先在の状態である。次に、〈救世主〉が神の栄誉を放棄して、奴隷の形態（**status exinanitionis**）をとるといった自らを自発的に貶めた状態である。そして、父が自分の息子がおこなう自発的な謙遜に報いを与えるという高挙の状態（**status exaltationis**）である[12]。

ルターは古代教父の注釈とは異なり、「フィリピの信徒への手紙」（第2章6節以下）の件を〈受肉〉における〈先在者〉の行為としてではなく、人間となったキリスト、地上的なキリストの行動として理解する[13]。この理解は**communicatio idiomatum**（属性の交用）という教義に基づくものである。（ἴδιος、つまり固有なもの）「属性〔idiome〕」とはイエス＝キリストがもっている本性〔神性と人性〕それぞれに固有なものを意味する。「属性の交用」は、キリストの本性のひとつがそれぞれ、他方の本性にとって固有なものであることを認める。「属性の交用」によってこそ、神が〈創造〉

された、神が〈死んだ〉、神が〈復活〉したと言えるのである。プロテスタントによる無化《ケノーシス》の解釈は、カトリックの視点からするとこの「交用」の「誇張」にみえるものを完成させる。この場合、無化《ケノーシス》は人性だけでなく神性そのものにも影響を及ぼすからである。[14] 第一の種類の「属性の交用」によると、当然ながら、

> 直接的には本性の属性でしかないものが、〔神と人に〕分割された本性だけでなく、神であると同時に人間であるペルソナに帰せられる。[15]

ヘーゲルは、抽象的な統一として理解されたキリストのペルソナのなかにある二つの本性の統一に異議を唱えるとき、ルター主義に忠実である。神が人間になったのだとすると、神と人間の本性は互いにキリストのペルソナを通じて交流するものとして考えられなければならず、それゆえ、両者のペルソナとしての統一は同じひとつの出来事の区別化された統一として理解される。『宗教哲学講義』がこの見地に立っていることは明瞭である。「神性と人性の統一があるという必然性（Einheit der Göttlichen und menschlichen Natur）」が意味するのは、「両者が互いの相互的な抽象化を止揚したこと」、そして、真理は両者の「同一性」にあって、「抽象的で厳格な対自存在の統一」ではなく、それ自身のなかにある「具体的なもの（das Konkrete）」というプロセスとして理解されることである。[16]

しかしながら、ルター派の神学者たちは無化《ケノーシス》に対するそのような考え方が有効であるとは認めない。弁証法的な疎外《エントオイセールンク》化は神の根源的な豊饒さではなく、否定的なもののエネルギーからその源泉を汲み取るかぎり、神の自由と矛盾するのだ。この場合、〈子〉を送り遣わせたのは無償の行為ないしは愛の行為ではない。だから、エーベルハルト・ユンゲルは無化に関するルター派の教義にヘーゲルが忠実である点を強調しながらも、深刻な不一致の理由を述べるのである。というのも、ルター派の考え方によれば、

> 〔二つの本性〕の統一は、イエス＝キリストのペルソナに厳密に限定されたものとして考えられなければならない。このため、神性と人性の統一を普遍性へと変形する絶対精神の復活が〈受肉〉や〈神の死〉によって起こるとするヘーゲルの

定義は神学から抗議を受けるにちがいない。[17]

許容されえないのは無化《ケノーシス》を論理的プロセスと同一視している点である。地上的な〈子〉を送り遣わしたことはヘーゲルによれば「媒介の永遠の契機の破壊」であり、無化《ケノーシス》の契機は神の即自存在（実体）から対自存在（主体）への移行と弁証法的に連結している。

即かつ対自的な永遠存在の本質は自らを開示し（**sich aufzuschließen**）、自らを規定し（**zu bestimmen**）、判断し（**zu urteilen**）、自己から区別されたものとして自らを措定する（**sich als Unterschiedenes seiner zu setzen**）点にある。しかし、区別はまた永遠に止揚され、即かつ対自的にあるものは永遠に自分自身のうちに回帰する。かくしてこれこそが精神である。[18]

神の「即自」という考えは抽象性と不完全さを含意するために、受け入れられないようにみえるのである。

B）ヘーゲルの三位一体概念

だが、まさしく充溢した完全さの不在を起点として贈与というものを、さらには神そのものを贈与として考えることはできないだろうか。なぜなら、この不在こそが贈与にその真正さを与えるのだから。否定神学、とりわけ、プロティノスの「〈善〉は自分が持っていないものを与える」[19]という見解を思い浮かべることもできるが、ここでは、こうした参照は頼りにならない。ヘーゲルの神学は実体《ウーシア》や位格《ヒュポスタシス》という伝統的な語彙を精神の生には適合しないものとみなすからである。

『宗教哲学講義』でヘーゲルが述べるところには、当然、〈理念〉の諸契機の数を数えなければならない。これらの契機は〈父〉、〈子〉、〈聖霊〉の諸規定を通じて認識されるが、それらは三つでありながら一をなしている（**drei** gleich eins)。なるほど、この伝統的な表象は思惟の内奥を外側からしか把握していない。一つ一つ数えることは直接的な外面性の抽象的な規定によって考えることだからである。しかし、こうした教条的な意識が規定する条件は、思弁的絶対者を表象するというくびきを免れていない。ヘーゲルは、数を理解するうえで二つの水準、つまり、自然的で直接的な外面性と結びつく悟性の数と、総和と分割の諸契機を通じて、個別化しながら統一する概念の運動(「それら三つは神の内にある」)を認める思弁的理性の数を区別する。しかし、こうした主張がその絶対的な意味を明らかにするのは概念のなかでしかなく、概念の光によってこそ、伝統的な〈三位一体〉の教義は解明されるのである。

「ペルソナ」という語彙は既にテルトゥリアヌスによって採用されていた。★20 ヘーゲルからすれば、この概念は三位一体の内的区別の思弁的内容を表現するのに不向きなままである。なぜなら、彼の目からすると、「ペルソナ」は依然として、形式的かつ抽象的な自由というローマ法上の専門的な意味を含意しているからである。つまり、ペルソナはもっぱら法律の分野を参照しながら理解されているのだ。ヘーゲルの神学は、「神の三つのペルソナ」という三位一体の教義を表象の次元に属するものとみなし、この教義をキリスト教の思考の必然的だが不適切な契機としながら神学者の伝統に委ねることによって、初めてこの教義の真理を解放するのである。

思弁的思惟の役目は三位一体の表象をその概念の「不完全さ」のなかで再び把握することである。★21 その最も直接的な状態において、この表象は精神の運動を歴史的に内包し、キリスト教の起源におけるグノーシス的傾向と関連づけられる。

ピロンにおいて、存在《オン》はまず第一に、(……)理解を絶する、沈黙した、名づけることのできない神である。第二にロゴス、とりわけヌース、自らを啓示し外化する神、神を観じること、知恵《ソフィア》、ロゴスである。これに次いで、人類の原型、隠された神性が天界から永遠に啓示された似姿としての人間、思慮《フローネーシス》である(……)。ヴァレンティヌスとその一派はこの統一を深淵《ビュトス》と呼んだ（……）。何よりもまず、隠れたる神の啓示が必要とされていた。神は（……）自分自身の媒介作用によって、〈永遠者〉の知性という生得のもの（der Eingeborene）、概念把握することのできる第一の存在、規定されたあらゆる実存の原理を生み出した。（……）厳密に言うと、〈単独で産出する者〉とはあらゆる実存の原理たるこの〈父〉のことなのである（……）。深淵《ビュトス》とは即かつ対自的に名をもたないもの《アン・オノマストス》であり、神とは父のペルソナ《プロソーポン・トゥ・パトロス》なのである。[22]

こうしたグノーシス的抽象化を引き受けることなく、ヘーゲルは深淵が孕むこの二重の原理のなかに「アジアと西方のキリスト教教会のあいだの大きな衝突」をみる。しかし、この分析中、この衝突が次のような問題と関係があると書きながら彼は奇妙な間違いを犯している。

〈聖霊〉が〈子〉から、あるいは〈父〉と〈子〉から生じるのかどうか（ob der Geist vom Sohne, oder vom Vater und Sohn ausgehe）、現実化し、啓示する者にすぎない〈子〉からしか〈聖霊〉は生じないのかどうか。[23]

アジアと西方の二つの宗派は、聖霊の発出がただ〈父〉から、あるいは〈父〉と〈子〉からなされるのかを議論しているのであって、ヘーゲルが言うように、ただ〈子〉から、あるいは〈父〉と〈子〉からなされるのかを議論しているのではない。[24] こうした間違いはこの哲学者においてきわめて例外的である。無知によるものかもしれないし（何人かの注釈者の言葉によれば、神学に関してヘーゲルはかつて一介の平凡な生徒でしかなかった）[25]、「意味深長な」間違いなのかもしれない。神学者たちの目からすれば、このヘーゲルの仮説こそが歓迎される。この「間違い」はヘーゲルが〈父〉の根源的過剰さを絶対的に縮減しようとしていることを物語ってはいないだろうか。

弁証法の三位一体観は全体的にこの縮減にしたがっているようにみえる。ヘーゲルによる三位一体の神学は「あたかもひとつの道から発出するかのように二つの道から」発出する聖霊というスコラ神学的教義から隔たっているとはいえ、しかしそれは、〈父〉が〈子〉と〈聖霊〉の第一の源泉であるというギリシア的な観点に合致するわけでもない。宗教の思弁的内容は「ペルソナ」にも「位格《ヒュポスタシス》」にも結びついていない。「実体‐主体」という概念はギリシア教父たちの基体的な実体（文字通りには、ὑπό-στασις, Sub-stanz〔下に－置くこと〕）の原理にも、ラテン教父たちの主体的なペルソナ（persona, Person, Subjekt）にも関連づけられない。ヘーゲルの思想には〈父〉のみからの聖霊の発出という教義のための場所はない。より根本的に言えば、発出という概念のための場所さえないのだ。過程に基づく道あるいは〈道の上で＝方法〔μέθ-οδος〕〉と、発出に基づく道あるいは〈前方への道＝前進〔πρό-οδος〕〉を同じやり方で考えることはできない。弁証法的過程は『エンチュクロペディー　小論理学』の最後の数節、思弁的方法の三つの契機（「端初」ないしは「第一のもの（Jenes Erste）」、「進展（Fortgang）」、「終結（Ende）」）[★26]を展開させる件で叙述されている。発出の道がなす横断線は、弁証法的過程が提起するこうした概念的な連関の保証をすべてもたらすわけではないのである。

ヘーゲルは三位一体の教義のための古典的な語彙を、神学的思考には疎遠にみえる用語に置き換える。そのなかでも最も意義あるのは「区別（Unterschied）」という用語である。というのも、表象の語彙においては〈父〉、〈子〉、〈聖霊〉という名で指示される三つの概念的審級の関係は、「区別」によって分節化されるからである。弁証法的「区別」とは、神の脱自を表わすためのあらゆる比喩形象（Entzweiung〔分裂〕、Entfremdung〔疎外〕、そしてもちろん、Entäußerung〔疎外化〕[★27]）を変化させる概念の連鎖の合言葉なのである。

II　ヘーゲルによる信仰あるいは「概念的食欲」

神が自分自身の本質を弁証法的に成就させなければならないことはその貪欲さを物語っているが、神学者によれば、ヘーゲルの信仰の理解はそのような貪欲さによっても支配されている。バルタザールはこれを存在論的な自食作用、飽くなき貪欲さと解釈し、『プロメテウス』のなかで次のように述べている。

> カントは立法者、フィヒテは審判者、シェリングは透視者だった。ヘーゲルがもちあわせているのは何かを自分のものにするという欲望だけである。絶えず、彼は食べることの神秘に気を取られているのだ。★28

バルタザールがこのような判断を表明するのは、ヘーゲルが『宗教哲学講義』で「キリストはわれわれに対して委ねられた」という表現のなかの「われわれに対して（pro nobis）」におこなう解釈の読解に際してである。ヘーゲルは、「この死に関してはこう表現される。キリストはわれわれに対して委ねられ、そして、彼の死、彼の供犠は絶対的な満足を与える行為として表現される」★29と書いている。この「われわれに対して」の意味を解明するために、ヘーゲルは有機的な同化作用の例を引く。

> 人間がある物を作り、これを実現し最後まで成し遂げるためには、この物が即自的に、その概念の内に含まれていなければならない。リンゴを食べる場合、私はその具体的で特殊的な有機的規定を消費し、これと同化する。私がこのことをなしうるためには、このリンゴそのものが、私がこれを手に取る以前に既にその本性において、可滅物として規定されていなければならず、リンゴは私と同質のものとなるためには、消化器官と同質のものでなければならない。★30

この例が示す意味は明瞭だ。キリストの死が「満足を与えるもの（genugtuend）」たりえ、われわれに対して何らかの意義をもちうるのは、もっぱら、この死がリンゴのように受容されて諸器官に消化され、同化されることができるからである。★31 食物の同化作用の隠喩はヘーゲルにとって、宗教的真理が人間の精神に適合するということの感覚的発現なのである。

バルタザールの判断からすれば、神が消費可能な審級と考えられることはとうてい受け入れ難い。「食べることの神秘」はその謎の暗闇のなかに**Entäußerung**〔疎外化〕（神の自己卑下）と**Erhebung**〔昇格〕（神の方への人間の上昇）を包み隠している。ヘーゲルが解釈したような自己啓示によれば、宗教は、存在することの空腹状態に駆り立てられた神と人間が互いに食い合う場となっていないだろうか。『自然哲学』における「自然的であろうと、精神的であろうと、すべての生命過程において重要なことは同化（Assimilation）である」[★32]という主張を思い出そう。神はこうした摂取－消化の法則を免れえず、「実体的な変化、すなわち、ある外面的ないしは特殊的な素材を別の素材へ直接的に転化させること」[★33]に服従しているようなのである。

A）過激なルター主義？

神の真理が人間によって同化されるという考え方はルター派による聖餐の考えの一部なのだから、この考え方を拒絶することなどカトリックの神学者にとっては自明のことだ、と反論する向きもあるだろう。こうした見解からすれば、ヘーゲルの同化の思想はプロテスタント的な聖餐の秘蹟に適合したものにすぎないのだろう。少なくとも、『精神哲学』第五五二節の注釈はこのことを考えさせてくれる。この件でヘーゲルはカトリックにおける実体変化の神秘とプロテスタントの聖餐を関係づけている。

> カトリックにおいては、現実態のなかにあるこの神が対自的精神に頑固に（starr）対立させられる。さしあたり、聖餅においては神は外面的事物として（als aüßerliches Ding）宗教的尊崇の際に現前する。（それに反して、ルター教会においては聖餅そのものは聖餅の享受（im Genüsse）、すなわち聖餅の外面性の破壊と、信仰、すなわち同時に自分自身を確信している自由な精神とにおいて初めて、そしてただこれら二つのものにおいてのみ聖別され、現前している神に高められる）。[★34]

こうした分析から、ヘーゲルは福音主義の宗教改革に固有な精神的内面化の要求にしたがうことで、信仰の真理を同化作用と同一視しているということが十分に確認できる。

ジャン＝リュック・マリオンはその著作『存在なき神』で『エンチュクロペディー』のこの件についての分析を提示しているが、それは少なくともこうした方向を目指すものである。マリオンは、「ヘーゲルはまさしく（……）現実的な媒介のない聖餐の意識のなかにカトリックに対するルター派の圧倒的な優位を見て取る」[★35]と書いている。なぜなら、ヘーゲルによれば、カトリック信者たちにとって、聖餐のプロセスは「精神のなかで生じるのではなく、プロセスを媒介する何らかの事物を介することによって」[★36]生じるからである。だが、マリオンからすれば、この外面性を意図的に還元することは逆説的にも、回避されたはずの「偶像崇拝」に至るのである。

> それゆえ、反対に、（意識から独立したある事物に保証された）実在物のみがどのようにして最高度の偶像崇拝を回避するのか、［ヘーゲルの］非難ほどこのことを私たちに理解させてくれるものはない。[★37]

「キリストが自分自身を賜物として与える」、その賜物の外面性は何ものにも還元できないものである。この外面性のみが神の超越という地平を信者に開示し、同時に信仰を同化作用と考えることを禁じる絶対的な隔たりを保証する。この隔たりは神の非‐事物性を証明している。神は現にそこに存在しているわけではないのである。（贈与として理解される）神の現在は（今という尺度では）現前しない。この現前しないものに対して、マリオンは「距離」[★38]という名を付与する。

神の現前を事物化することに対するヘーゲルの批判は、逆説的にも、だが必然的に、この現前をある現前する存在物へと還元するという点に立脚しているといわれる。つまり、神の現前はさらに直接的に同化することのできる、今ここで意のままになるモノ、ある事物へと、聖餅というキリストの身体の象徴的約束へと還元されるのである。結局、神の弁証法的思考は、ヘーゲルがその不可能性を示した当のもの、すなわち、（神の現前の）感覚的確信を可能にする。神の本質は、聖餅という（事物化の）現実的な次元によっては媒介されることのないある現前する賜物［＝聖餅］の絶対的な近さや親密さのなかで信者へと委ねられることで、いかなる空間的な理由――外部とのいかなる関係――

によっても変化することのない、親密な所有の対象、自己への近さの対象となる、というわけだ。ヘーゲルの思考がこのように理解される場合、次のような結論が導かれることだろう。

自明のことのように思われるのだが、実体変化の神学を形而上学的だと批判するこのような考え方ほど、聖餐における神の現存を形而上学に従属させている考え方はいまだかつてなかっただろう。なぜなら、この考え方においては、現在時（存在者の使用可能性ということと今）の優位と人間の時間意識の優位が赤裸々に作用しているからである。★39

B）カール・バルトの応答

こうした分析は興味深いものだが、しかしながら、次のことを直ちに確認しておかなければならない。すなわち、ルター派の方でも、カール・バルトの表現を借りれば、「すべて把握されるがままになる」★40ような神の観念を拒絶しているのである。

ルター派の聖餐の考え方は同化作用の論理を少しも前提としていない。神の自由を「恩寵」と理解するバルトの主張からは、そのような論理が前提とするもの（食欲、満腹、消化といった器官にまつわる隠喩）をすべて放棄することがうかがえる。ヘーゲルの諸概念は厳密に神学的な領域では効力をもたないのである。確かに、バルトによれば、ヘーゲルは啓蒙主義の哲学を成就し、これを乗り越えている。「彼こそが理性と啓示との大いなる衝突をきわめて申し分のない結論へと導き」、「神学に対する侵害行為に終止符を打つ」★41。だがそれでもやはり、「ヘーゲルが神学に突きつける要求は（……）正当な理由で受け入れ難いままである」★42。この要求の本義は、神を「把握することのできない端初」とみなすのではなく、見たところ「思惟の統制に従わせる」★43ことが可能なある本質とみなすという（ヘーゲルの表現によれば）必然性にあるのだ。

このような服従は必然的に、神の現前がある把握と結びついていることを意味する。ヘーゲルにとって、〈自己〉が他者を内包するものとして自らを把握し、〈自己〉が他者を把握し、把持する以上、この把握こそが〈自己〉を成り立たせるものだろう。だが、バルトにとっては、

神を弁証法的方法と同一化することは、ほとんど堪え難い制限化、さらには神の至高性の抹消を表わしている。ヘーゲルが精神、理念、理性などと呼ぶものが「神」の呼称に適応されることは十分に問題を孕んでいる。★44

このように思弁的真理に「同一化」されると、神は、何であっても同じであるような知の内容として人間によって同化可能なものとなってしまうのである。

神の属性の抹消が受け入れ難いと言われるのは、この場合も、贈与の問題系においてである。神に固有ないかなる運動をも承認しないことはつまり、根源的な贈与作用と考えられる神の本質を問いにかけることへと通じていないだろうか。バルトにとって、

ヘーゲルは弁証法的方法および論理を神の本質とすることで、神の自由に立脚する、実在する恩寵の弁証法の認識を不可能にした。この恩寵の弁証法の地平において、ある必然性に神自身が服従しているはずだなどと言うことは根本的に不可能であろう。★45

神の豊饒さは概念の連関によって破綻させられる。神は「自分自身の囚われ人★46」であり、何も贈与することができないのである。

結局のところ、この場合、バルトはヘーゲルよりもマリオンの立場に近いようにみえる……。確かにバルトもまた、贈与を現前化されるがままにはならない現在＝賜物として、出来事の約束、一言で言えば、未来として理解する。バルトの分析からは、神の自由は捧げ物として理解されなければならないということが分かる。だが、この他者への贈与は弁証法的な同化と自己固有化の論理によって絶対的に隠蔽されているといわれる。ルター自身、「推論の形式な

ど神の事柄について何も理解していない[47]」と既に主張してはいなかっただろうか。

III　表象の運命　宗教の未来としての哲学的合理性

私たちの探究のなかでも最後の契機、すなわち、ヘーゲルを読解する神学者による、表象的形式の弁証法的止揚の解釈、そしてこれと相関する、精神の宗教的契機の解釈に着手してみよう。ヘーゲルによれば、表象の形式は祭祀における沈思や思惟の単純性のうちで廃棄される。「この形態において、真理は哲学の対象である[48]」。思惟の単純性への回帰が生じるのは、「媒介の進展」が実体を主体として確証するときである。「絶対的な回帰」は主語＝主体（父）と述語（子）の弁証法的同一性をしるしづける。三位一体における区別は思弁的命題の運動のなかで解消される。このような考え方は神の超越性に関するあらゆる観念を破綻させるのではないだろうか。

先に引き合いに出したさまざまな著者たちが神の「理解不可能性」に訴える場合、彼らは蒙昧さ、晦渋主義、根本的な知解不可能性といったものを少しも要求してはいない。彼らは思弁的な光に、ヘーゲルが「信仰がもっている単純な表象[49]」と呼ぶものを対立させるわけではない。彼らは神のなかにある、所有や同化という把握〔prise〕という意味では理解＝内包〔compris〕されえないものを求めている。それは、精神が何らかの欠如や過誤ゆえに、神を知の対象とするには無力だからではなく、神が知の領域には属さないからである。つまり、神は概念ではないのである[50]。

神の「秘密」、その豊饒さの証し、その贈与者としての力強さの証しは理性ないしは知に対して隠されたものではなく、理性や知とは異なる次元にあるものである[51]。他ならぬ神を知へと還元することの不可能性から出発して、神学者たちが要求する神秘の分け前を理解しなければならない。とりわけ、バルトは、「［ヘーゲルにおいて］悪と救済の神秘を思惟の監視下におくことが許され、二重の神秘をこのような仕方で解明することができる」[52]ことなどは認め難いと考えたのだった。

この場合、「神秘」は、そのヘーゲル的解釈とは反対に、宗教的内容をその真に思弁的な射程において把握する悟性の無力さの別名として理解されてはいない。[53]神秘を神学が要求するのはグノーシス的な状況（神とは人間の知が接近できないものである）のためというよりも、特殊な現象様式を考慮するためである。神の現前の現象は知の欠如ではなく、「確信の失墜」[54]を引き起こす。この現象は「悟性の秘密」[55]とは異なった秘密との関係を規定する。この秘密は神自身の顕現と結束しているので、それが嫉妬として解釈されることはないだろう。

例えばマリオンのような哲学者からすれば、「距離」という概念によって「逃げていく超越性」[56]の「彼方」を奨励することではなく、神の現前がいかなる存在者的領域とも共約不可能なことを示すことが重要である。ヘーゲルが考えるような彼方の思弁的還元は、反対に、現前というものを再び中心に据え、神の存在を最高存在者の現存へとつなぎ止める欲望であるようにみえる。マリオンは、『弔鐘』で次のように書くデリダと意見が一致している。

> 絶対宗教の意識は未だにある対象、ある欲望ないしはあるノスタルジーをもつので、［ヘーゲルによれば］それは依然として対立、分裂のなかにある。和解は彼方のままにとどまっている。時間のモティーフ（超越性の運動、未来ないしは過去という非‐現在との関係、脱‐現前化）が隠喩的な空間のモティーフ（「遠さ」、非‐近接性、非‐固有性）の真理となっているのである。[57]

彼方の時間‐空間的な図式を否定することによって、同時に、ヘーゲルは時間と空間そのもの、すなわち、時間と空間を構成する存在論的距離を否定するのではないだろうか。表象による疎外《エントオイセールンク》化の過程には還元されえない、彼方の非‐表象的なモティーフ、つまり、超越性の思弁的意義がありうることを彼は忘れてはいないのではないだろうか。この超越性の思弁的意義は、それが純粋な区別として理解される場合、神が予め構成された一個の存在者——存在－神学の神――へと還元されえないことを表わし、「背後世界」あるいは「体系の外」の約束へと送り返されなくなるだろう。

IV　不可能な未来

したがって、ヘーゲルの神には未来が不在であるという主張は、最終的に三つの主たる論拠に立脚するものである。まず第一に、神学者によれば、自己啓示という思弁的概念が意味する透明性は驚きを欠いた透明性である。神が自己へと到来する弁証法的プロセスが表象の過程に内在する時間形式の止揚を想定するかぎり、神は突然現われることも、到来することもできないようにみえる。無化《ケノーシス》の運動としての疎外《エントオイセールンク》化は必然性にしたがっているが、この必然性こそが〈父〉からその可能性の過剰さを奪っている。それゆえ、ヘーゲルの神は自分に何かを約束することがないのである。[★58]

第二に、この神は自分に何かを約束することもなければ、自分に何かを期待することもない。信者は〔神の〕到来に関するいかなる希望をも断念するように追いやられる。疎外化を通じて神はその「直接的な本性の規定性」を奪われるが、この疎外化によって、彼は外部を欠いた脱自という逆説に直面するようにみえる。

第三に、この超越性の不在は哲学による表象の形式の止揚によって確証されるが、この不在は概念の全能性、すなわち、自己への現前の成就を示している。

その端緒における最初の概念の空虚さから推論によるその成就まで、ヘーゲルの神は一度も到来することなくただ現前したままだ、というわけである。

第三章　神の死と哲学の死――疎外化の二重の運命

ヘーゲルの宗教思想に対する〔神学者たちの〕諸解釈は、それらがいかに炯眼に富んだものであるとはいえ、やはり正当化されえないものである。というのも、この哲学者においては、啓示された神の主体性と近代哲学における主体の概念はどちらを欠いても検討されえないからである。これに対して、神学者たちは両者を分離する。実際、神の疎外化の概念はその哲学的反駁――理性の／における運動として考えられた疎外化――から切り離されると、欠如を意味しかねない。神の本質のただなかで作動する否定性がその哲学的到来と切り離される場合、この否定性は未来が欠乏しているしるしとして現われかねないのだ。そうではなくて、神の主体と近代哲学の主体が互いに送り返されるとき、未来の欠乏や欠如はもはや無を意味しないのである。

これら二つの主体の関係はヘーゲルによる〈神の死〉の思想において顕著に現われている。『信仰と知』が発表されて以来、この思想は神学的かつ哲学的なその二重の分節化を明らかにしている。一方で、〈神の死〉、すなわち〈磔刑〉という出来事は絶対的な〈理念〉の一契機をなす。他方で、〈神の死〉は人間の主体性、つまり、近代哲学の「絶対的な視点」を形作る主体性の真理として現われる。[★1] ヘーゲルによる〈神の死〉の思想はその本質的な部分が、啓蒙思想によって確証され成就された、哲学におけるある特定の状態の考察と連関している。「現代の宗教が依拠している感情」とは「神自身が死んだ」という感情（das Gefühl: Gott selbst ist tot）である。[★2]

神の苦痛と神を奪われた人間の主体性の苦痛はそれゆえ、同じひとつの出来事の相反する二つの面として分析されなければならない。神の無化《ケノーシス》と接近しえない彼方を措定する近代的理性の傾向のあいだには根本的な関係がある。★3『エンチュクロペディー』は〈神の死〉を「否定性の苦痛のなかで絶命していく」★4〈子〉の〈受難〉であると同時に、神について何も知らない人間がもつ感情★5として提示することによってこの関係を解明している。

こうした関係を強調することによって後に示されるのは、ヘーゲルにとって、神の否定性は死というその最も根本的な側面から検討されると、欠如や受動性ではなく、神の可塑性を啓示するということである。

I 「神自身が死んだ」——神という出来事

『信仰と知』の結論部分で、ヘーゲルは「神自身が死んだ」という命題の哲学的意義を確定する。ユンゲルが言うところによれば、「[最初に]キリスト論的な命題が問題になっていることを、ここでヘーゲルは間接的にしか明らかにしないが、彼はその事情を心得ている」★6。後に、『宗教哲学講義』のなかで、ヘーゲルは「〝神自身が死んだ」とルター派の賛美歌のなかで言われている」★7と述べ、この文句が福音主義の賛美歌の書からの引用であることを聴講者たちにはっきりと教示している。

ちなみに、この「ルター派の賛美歌」はルターの賛美歌ではない。★8それはむしろ、カトリックの作者によるコラール「ああ、この胸の悲しみよ、ああ、その苦しみよ！」（一六二八年以来、場所はヴュルツブルクとされる）のためにヨハンネス・リストが一六四一年に作成した第二の詩節である。聖餅の形象をしたキリストの埋葬の典礼式に合わせてカトリックの賛美歌が演奏されるあいだ、「ああ、大いなる苦悩／神自身が死んだ／神は十字架にかけられて死んだ／こうして、しかも愛によって、神は私たちに天国をもたらした」[9]という言葉が響き渡っていたのだった。

ユンゲルは次のように指摘する。

> 「神自身が死んだ」という文句はルター派神学が宣言した表現として知られ、議論された。あまりに議論の的となったので、例えばドルトムント聖歌集にある「主は死んだ」というさほどどぎつくない文句の方が好まれた。神学部では教義に基づく合唱歌の修正をめぐって衒学的な議論がおこなわれた。[10]

こうした議論を古代教会の伝統的な論争へと関係づけることができる。問題は、どうすれば〈父〉なる神が苦悩し、〈十字架〉の上で〈死んだ〉ことを肯定できるのか、ということである。テルトゥリアヌスは〈神の死〉に言及したテクストで「十字架にかけられた神（Deus crucifixus）」[11]という表現を用いるものの、だがそれでも彼は、「神の子が死んだ、そう書かれているのだから、ただそれだけのことである」[12]と言えば十分だと別のところで述べている。アタナシウスはと言えば、彼は〈十字架に処せられた者〉を神と認めないことを異端のしるしとしたが、「キリストはその神性によってではなく、その肉体によって私たちのために苦悩された」[13]とも書いている。宗教改革は古代教会が議論した〈神の死〉の言説だけは参照しなかった。〈神の死〉という考えは神秘主義の伝統と無縁ではなかったからだ。マイスター・エックハルトは、「神は死んだ、私が全世界と、創造されたあらゆる現実と決別することができるように」[14]と述べている。

若きヘーゲルの思想はこうした議論の伝統の一環をなすものだ。この問題に関して『キリスト教の精神とその運命』と『信仰と知』のあいだにある視点の相違は、歴史的に注目すべき点として強調されるに値する。一七九八―九九年の著作において、ヘーゲルは未だなお、「僕《しもべ》の形象」――卑下――がただ一時的に存在するのではなく、「神のなかにその本質として確実かつ永続的に存在し」なければならないことをスキャンダラスだと考えている。「人類にとってのこの汚れは（……）神に属する形態とはまったく異なる何かである」[15]と彼は主張しているのだ。この時期、ヘーゲルは〈イエスの死〉を無化《ケノーシス》の消去として理解しているが、それは後に、彼にとっての究極の出来事となる。フランクフルト期に拒絶されたものが一八〇二年には思考が要求する当のものとなるのである。「神自身が死んだ」という感情は至高の〈理念〉の契機として把握されなければならない。ヘーゲル以前には、誰ひとりとして〈神の死〉を神の自己否定の出来事として、すなわち神自身のなかにある真理の契機として哲学的に解釈しなかった。『信仰と知』、『精神現象学』、『宗教哲学講義』は神の死の意義が練り上げられる重要なテクストである。

A）『信仰と知』

『信仰と知』でヘーゲルは「神自身が死んだ」という表現の由来に言及することはせず、結論部分で、それを「思弁的な聖金曜日」や〈復活〉に関する言説と結びつけながら、そのキリスト論的背景を明らかにしている。この結びつきによって、今や、〈神の死〉の神学的意義から哲学的意義への移行を検討することができる。まさしく〈死〉が神の理念の一契機として分析されるのである。「近代の宗教がそこに依拠する感情、つまり、神自身が死んだという感情（……）は、最高理念の純粋な契機にほかならない」★16。

しかし、近代哲学のなかで助長されるこの感情は「〔世界史の〕教養過程のなかで歴史的なものとなった」。それゆえ、この契機を「そのまったき真理において」叙述することこそが思弁的哲学の役目である。

> 絶対的受苦（absolute Leiden）、すなわち、かつて歴史的なものだった思弁的な聖金曜日（spekulativer Karfreitag）は、（……）その形態（Gestalt）の最も明朗な自由へと復活することができるのだし、また復活するにちがいない★17。

B）『精神現象学』

『精神現象学』において、〈神の死〉は実体の主体への生成の一契機としてはっきりと現われる。「啓示宗教（offenbare Religion）」において、精神が啓示するのは、精神が自己啓示であるということである。この点こそが、啓示宗教を「自然宗教（natürliche Religion）」や「芸術宗教（Kunst-Religion）」から区別するものである。自然宗教（パールシーの宗教やインドの古代）においては、「精神は自然的ないしは直接的な形態をとった自らの対象を自分だと思っている」[★18]。芸術宗教（ギリシアの宗教）においては、意識が自己として作り出され、その結果、古代芸術がもつ美が実証しているように、この意識は自分の対象を崇拝しながら現実そのもののなかで自らを直観する。自然性は精神の宗教的対象としては消去されているのだ。しかし、啓示宗教において、精神が自己を知ることの完了が、あるひとりの人間、すなわち限定された〈自己〉のうちで肉体化される。それゆえ、精神は自己意識となり、同時に神の本質は人間として生成するのである。

これら宗教の形態はすべて実体－主体の運動を成就させる[★19]。自然宗教において、精神はひたすら自分が実体だと、すなわち、自己同等性、内部と外部の直接的同一性だと思っている。ところで、実体と主体の分割を司る自己の区別だけが、宗教の精神的内容を成就させる。こうした区別に達していなければ、自然的宗教の「知恵」は「分かりにくく」、「自分自身にとっても謎のような、曖昧な本質[★20]」に結びついたままである。芸術宗教において、精神は自分自身の外に出て、自分自身を区別するに至る。「芸術宗教を通じて、精神は実体の形式から主体の形式へと移行した[★21]」。実体が対自的に、自分固有の形式を刻印することができる加工可能な素材となるかぎり、精神は「自己の自由な生成」に関与するのだ。芸術は「実体の秘密を暴いて、実体を主体にした夜[★22]」である。芸術の行為を通じて、精神は、それが自己から距離をおきながら自らを形のうちにおいた手法を認める。ヘーゲルはこの実体の主体－生成を、「彫像から始まる、神的本質が人間になる（Menschwerdung des göttlichen Wesens）★23」プロセスの端緒と考えている。とはいえ、主体にとって、自己の他者が主体自身の似姿として形を与えるべき対象にすぎない場合、実際のところ、主体は自分自身としか関係をもたない。主体は依然として自己と同じままである。ヘーゲルが書くように、主体は「自己自身という理念」しかもたないのだ。こうした状況は最終的に、不幸な意識の状況に至る。他者との現実的な関係を剝奪された主体は、「ストア的な思惟の自立性」を試練にかける。この自立性は懐疑的意識の運動を通り抜けて、「不幸な自己意識と呼ばれた形態となって、自らの真実を見い出すのである★24」。

　不幸な意識は、

> 自己のその確信のなかで全実在性が失われていることの意識、自己についてのこの知こそが、——つまり、実体ならびに自己が失われていることの意識である。それは、神が死んでしまった（*Gott gestorben ist*）、という過酷な言葉として自らを語る苦痛である。★25

〈神の死〉は神の存在の契機として現われる。このため、その概念は必然的なものとして意識によって直接的に直観される。啓示された宗教はまさしく、この生成の必然性を直観することによって他の宗教から区別される。この直観のただなかで、実体は自己意識として、そして「まさにこのために精神★26」として成就されるのだ。この生成こそが無化《ケノーシス》の思弁的意味をなす。実体の単純な実在は生成において「自己自身を疎外化し（**entäußert**）、死に赴き（**in den Tod geht**）、そうして絶対実在は自分自身と和解する★27」。したがって、〈キリストの死〉は神－人間の死であると同時に、いまだ自己として措定されていない、神の本質の原初的かつ直接的な抽象化作用の死に他ならないのである。

C）『宗教哲学講義』

『宗教哲学講義』の視点は、〈啓示〉の実定的かつ歴史的内容と〈理念〉の絶対的内容のあいだの総合をもたらす。

> キリストの死とともに意識の転換が始まる。（……）この死はその周りですべてが転回する中心点（Mittelpunkt）である。これを理解することによって、外在的な概念と信仰との区別、すなわち、〈精神〉によって、真理の〈精神〉たる〈聖霊〉によってなされる把握との区別がなされる。★28

神自身がその〈息子〉という個別的かつ人間的実存のうちに現存する以上、〈イエス＝キリストの死〉は宗教的な意義だけでなく、さらに哲学的な意義をも獲得する。

> 神が死んでしまった（Gott ist gestorben）、神は死んでいる（Gott ist tot）――これはすべての永遠なもの、すべての真なるものは存在せず、否定そのものが神の内に存するという最も恐るべき思想（der fürchterlichste Gedanke）である。極度の苦痛、救済がまったく失われたという感情、あらゆる高次のものの廃棄ということがこの言葉に結びついている。★29

こうして、ヘーゲルからすれば、〈神の死〉は神の存在の契機として現われる。この契機の形式は第一の否定で、これは論理的にその二重化へと定められている。「ここで方向転換が現われてくる。（……）神はこのプロセスにおいて自己を保持するのであって、このプロセスはただ死の死（der Tod des Todes）★30である」。「死ノ死〔mors mortis〕」という表現はルターの執筆物のなかに幾度も現われるが、しかし、ヘーゲルの視点はこの死の死を「否定の否定」と解釈する点で際立っている。こうした解釈のおかげで、今や、無化《ケノーシス》の神学的意義からその哲学的意義への移行を検討することができるのである。

II 「神自身が死んだ」――「主体性の形而上学」の到来

「神自身が死んだ」という文句が神の自己否定を表わすのならば、それはまた、近代哲学によって絶対化された有限性をめぐる状況をも指し示す。つまり、その意義は神学的領域から哲学的領域へと「移し置かれる（verlegt）」のである。

A）知と信仰の対立の新しい意味

> 文化は最近の時代を理性と信仰、哲学と実定的宗教という古い対立を越えて高めた。その結果、この信仰と知という対立はまったく異なった意味をもつに至り、そして今では、哲学そのものの内部に移し置かれてしまっている。[31]

この変化はまず第一に文化（Kultur）において成就されるが、ヘーゲルからすれば、その意義はいまだ明らかにされていない。近代哲学は流行に従っていると思い込んでいるときにのみ、この変化を自分の内容としたのだった。

> 〔古い独断論と〕反省の形而上学は、この哲学の大革命を通じて、さしあたりただ内面的なものの色彩、あるいは新しい流行の文化の色彩をつけたにすぎなかった。[32]

神学的なものを思弁的なものへと移し置くことを哲学的に明らかにする必要がある。ヘーゲルは信仰と知の関係の変化が孕む三つの主要な段階を区別した。1）神学の内部での平和な区別としての信仰と知、2）神学と哲学のあいだで衝突する区別としての信仰と知、3）哲学そのものの内部での区別としての信仰と知、である。信仰と知の不和を哲学の内部へと移し置くことは啓蒙[33]の勝利として現われる。しかし、

> 啓蒙理性がその貧弱な宗教理解の尺度でもって自分と対立する信仰だとみなしたものに対して収めた輝かしい勝利というものは、明るい光の下で検討されると、つぎのことにほかならない。すなわち、啓蒙理性が戦いを挑んだ実定的なものは

何ら宗教ではなく、また、勝利を収めた啓蒙理性も何ら理性ではなく、そして共同の、両者を統合する和解の子として、これらの死骸の上に凱歌をあげて漂うところの新生児は、それ自身に理性の一片も、真正な信仰の一片ももたない、ということにほかならない。[★34]

哲学と宗教のこの二重の衰退から出発してこそ、「神自身が死んだ」という表現は哲学的に意味をもつのである。啓蒙とともに哲学は「自らの否定性そのものを把握した」[★35]。神の自己否定という出来事と関連した、哲学の自己否定というこの出来事こそが、信仰と知の古い対立を哲学の内部へと移し置くことを規定する。理性が宗教に関する批判だけでなく、さらには自己自身に対する批判となったということ以外に、哲学にとって、自分自身の否定性を把握することは何を意味するのだろうか。カントの批判哲学は――ヘーゲルからすればその延長をなすフィヒテやヤコービの思想もまったく同様に――、自分自身の縁取られた諸限界に裁決を下す法廷として理性を規定する。

理性は、〔宗教との〕戦いの後で、自分に眼を向け、自分の自己認識に到達し、自分の虚しい存在を承認することより以上のことをなしえない。というのも、カント、ヤコービ、フィヒテの哲学において生じたように、(……) 自分より良いものを彼岸として、自己の外に、そして自己を越えて、信仰のなかで措定するからであり、そして理性は再び自らを信仰の侍女としてしまうからである。[★36]

結果は過去のそれと変わらず、これ以降、理性/悟性の分割が古い対立に取って代わる。神が知性によって理解できないかぎり、古い対立は解消されない。「カントによれば、超感性的なものは理性によって認識されえない」[★37]というわけである。

B）プロテスタンティズムの「苦痛の詩」としての哲学

理性は神を認識しえないものとしてのみ認識する。したがって、「神それ自身が死んだ」という感情は、神がもはや世界のなかに現前せず、しかもその神に見捨てられたという苦痛を感じる意識の叫びといった意味を帯びる。この感情は「主体性の形而上学」あるいはさらに「超越論哲学のニヒリズム」と表現される「現代の無神論」を反映している。★38

『信仰と知』におけるヘーゲルの分析の主要な基軸のひとつは、この「ニヒリズム」がプロテスタンティズムにおける「苦痛の詩」の先鋭化であり、★39その「無限の憧憬」であることを★40証明する点にある。実際のところ、批判哲学は神学との関係から決定的に解放されたと思い込んだまさにそのときに、ある種の宗教的意識の状態として姿を現わすのだ。

［カント、フィヒテ……といった］哲学のうちに認められる世界精神の偉大なる形式とは北方の原理であり、宗教的に見ればプロテスタンティズムの原理である――すなわち主体性である。主体性においては、美と真理が感情と志操のなかに、愛と悟性のなかに姿を現わしている。★41

だから、形而上学と「現代の宗教」は両者とも同じ感情に立脚している。いかにして宗教は宗教自身を破壊する原理によって基礎づけられうるのだろうか。

ヘーゲルは「信仰のみ」という宗教改革の主張がもつ意義を近代的主体性の進展へと結びつける。信仰において人間は神に接近する。制度（民族、家族、教会）であれ人間の手による作品であれ、何らかの有限な実在物のなかに神が顕現する必要などない。ルター派の見解によれば、ただ信仰のみが神を悟性や直観によって有限化することを禁じるのである。

〔プロテスタンティズムという〕宗教は個人の心情のうちに神殿と祭壇を築き、そして嘆息と祈りは神をもとめはするが、個人は神を直観することを断念する。★42 悟性には直観されたものを物として、神苑をたんなる木立として認識するような悟性の危険があるからである。

こうして、プロテスタンティズムは有限なる諸制度を通じて神を直観することを排斥するのである。しかし、だからこそ、そして逆説的にも、この宗教は永遠を目指す主体性と永遠そのもののあいだに乗り越えることのできない厳格な対立を築き上げた。有限なものによる媒介がなければ、無限は直接的で抽象的なままである。ルター主義の基盤そのもの——神を何らかの経験的実在物と同一視するというあらゆる考えの蔑視——は、この蔑視が有限と無限との和解の不可能性へと至る以上、自らに牙を向け、現実性に欠けるという印象を与える恐れがある。プロテスタンティズムに由来する文化は絶対的な孤独に襲われた主体性の問題を解決することなく、歴史的な意味を反神学的、反宗教的感情へと委ねるがままにした。無限が顕現したものとみなされる有限物を蔑視することは、——人間の自我という形式における——有限なものだけが無限とみなされるという結果に至ったのである。

啓蒙の文化のただなかには、信仰がいかなる感覚的現実性からも切り離されてそれ自身に苦しみ、不可避的に不幸な意識のなかで生きるという状況が反映されている。経験の有限な現実の裏返しとしてしか「無限なるものを信仰することができない」とすれば、神は世界のなかで現前することも生きることもできないという感情が蔓延ることは必至である。「神の死」はこれ以降、世界の経験から信仰を分離させるという意味をもつようになり、〔〈神の死〉に対する〕感情は「〔世界史の〕教養過程のなかで歴史的なもの」となるのである。

C）哲学の「空虚」

主体性が確実性の地盤であることが明確になり、自律と自由を獲得するまさにそのときに、主体性は自らを疎外化する。「私＝私」はその固有の内容を剝奪されるのだ。『エンチュクロペディー』における、「人間は神を認識することができないという諸々の新しい断言」[★43]への暗示を今や、最大限に理解することができる。一八二七年から一八三〇年にかけて、〔ヘーゲルの〕結論は〔『信仰と知』が発表された〕一八〇二年と変わらない。啓蒙に由来する批判哲学はその否定性を、思弁的には把握されない空虚という形でそれ自身のなかに措定するのである。

だから、信仰と知の古い対立を哲学のなかへと移し置くことは無化の意味を成就させることに連関していることを確認しなければならない。神の行為である無化《ケノーシス》が哲学的な過程となるのである。無化の真理は、乗り越え不可能な諸限界にぶつかった主体性の自己放棄によって哲学的に成就される。神の無化と超越論的な空虚さのあいだには互いに切り離すことのできない、本質的な関係がある。一方の虚無から他方のそれへと働きかけることによって、ヘーゲルは近代的主体性がもつ無化の本質を解明するのである。

III　神の疎外化と近代的主体の疎外化の統一性

A）表象

〈神の死〉の二つの意義——宗教的意義と哲学的な意義——が連接されることによって、一方で神の無化《ケノーシス》、他方で超越論的主体が相互に形式を与え合うことが明らかになる。〈神の死〉はその概念的表現が啓蒙の哲学的な諸カテゴリーにおいて成就されるのを見い出し、その代わりに、近代哲学は神の供犠という出来事においてはじめてその主体を得るのである。啓示された宗教の思弁的内容と、一見そのような思弁的内容を免れているかにみえる哲学的な諸カテゴリーとのあいだの構造的連係を解明したという点が、ヘーゲルの思想における最も独創的かつ難解な側面のひとつである。

同じひとつの過程は無化《ケノーシス》の運動をめぐる二つの審級に作用し、それらが相互に加工し合うこと、すなわち表象〈Vorstellung〉の過程を可能にする。表象は思惟の内容の疎‐外化（Ent-Äußerung）と内化（Erinnerung）の力学として定義づけられる。[44] ベルナール・ブルジョワが述べるように、「表象は知性が直観内容を知性自身のものとして措定することである」一方、「表象はそれ自身において、つねに自分を〈他者〉の表象とみなす」。[45]

表象はそのエコノミーにおいて無化の運動と合致している。つまり、経験的な所与のなかへの純粋思惟の〈外部‐措定〉、疎外化された思惟の自己回帰という運動にぴったりと一致するのである。[46] 表象とは、個別の主体性が神の疎外化の運動を反復する過程である。表象がその対象を外部で措定し、この対象のなかに自己を疎外化するかぎり、表象とは無化による思惟の試練に他ならない。この拮抗する二つの対照的な作用、内部と外部のあいだでの絶えざる葛藤のために、表象は苦痛をともなう振動状態を余儀なくされる。表象の過程は思惟の自己供犠を物語っているのである。

主体性が無化《ケノーシス》の運動をそれ自身のなかで繰り返すのは、表象が意識の不確実な投影ではなく、神の存在のなかに実際に刻み込まれた運動であるからである。『宗教哲学講義』でヘーゲルは次のように書いている。

> 神はただ即自存在にすぎないのではない。神はまた、本質的に対自存在であり、思惟のなかに保持される本質であるだけでなく、現象して客観性（Gegenständlichkeit）となる本質である絶対精神でもある。したがって、宗教哲学において私

たちが神の〈理念〉を考察する場合、神は純粋思惟ではなく、私たちの前に神が表象された様態である。神は自らを表象し、自分自身の前に自らを措定する（er stellt sich nur vor und stellt sich selber vor sich）。これは絶対者の定在（Dasein）の一部である。[★47]

この数行から読み取れるのは、意識自身が神を表象するのはひとえに神が自分自身を表象する＝再‐現前させるからにほかならないということ、意識が神から離れているのはひとえに神が神から離れているからにほかならないということである。

表象の過程が神の無化《ケノーシス》と超越論的主体の無化《ケノーシス》の同一性を確固たるものにしていることに、なぜかくもこだわる必要があるのだろうか。その理由は明白である。この説明抜きには、なぜ表象がその形式（「互いに分離された諸領域」という形式）を宗教の内容に与えるのかが理解できないからである。神学者や哲学者たちがヘーゲルにおける表象をどんな風に解釈しようと、彼らは、表象の起源や必然性という問題を避けているようにみえる。すなわち、表象がまず何よりも、個別的な思惟の平面において、神それ自身に内在するプロセスを表わしているという事実を巧みに避けているようにみえるのである。

多くの場合、表象は意識に特有な形象化の方法として理解されてきた。それゆえ、意識が神を到達しえない彼方および距離とみなすのは、神が意識にとって無に等しくなることがないように、意識が神を形象化するからであろう。[★48]ヘーゲルにおいては、表象を単なる「形象の思考」と同一視することが不可能であるようにみえるが、その理由は何なのだろうか。それは何よりも、象徴的なものにせよ神話的なものにせよ、イメージに関わるものが、表象のなかでも、もっとも無規定な契機やもっとも直接的で自然的な諸契機のうちのひとつしか構成しないからである。神に由来する距離によって宗教的意識は表象として構成されるのだから、この距離は意識が神をイメージ化することから生じると考えられるが、しかしこうした考えは不当なのである——さもなければ、この考えは「美的宗教」に固有なプロセスにとどまる。さらに、ヘーゲルからすれば、表象は意識の一形態ではない。『エンチュクロペディー』における表象のプロセスの叙述は「精神現象学」ではなく、「心理学」に属している。すなわち、表象は能力ではなく、まさしく内面化と外面化が結びついた作用として規定される心理的な行為なのである。したがって、ヘーゲルにおいて、表象とは形象化のプロセスではなく、思弁的内容に形式を与える行為に他ならないのである。★49

B）神の可塑性に向けて

最終的に、こうした形象化をともなわない形式化作用をどのように理解すればいいのだろうか。『エンチュクロペディー』の「啓示された宗教」における詳細な叙述からは、表象が時間形式を与える過程であることがわかる。★50 それゆえ、表象がイメージと関係をもつ場合、それは経験的なイメージではなく、図式《シェーマ》として理解される純粋なイメージなのである——これについては次章においてさらに明瞭に述べられるだろう。

表象の過程が単に個別的な精神の運動であるだけでなく、第一義的に神の運動であることを強調することによって、神の疎外化をその約束が成就されない証しとしてではなく、時間化の現われとして考えることができる。ヘーゲルにとって、三位一体の内的運動は、自らを満たすよう促される根源的な不充足さがもつ活力ではなく、時間の新たな存在論的相貌の出現と合致する。自らを疎外化することによって、神は人間に時間の存在様態を啓示し、この様態に対して啓蒙の哲学者たち、とりわけカントの哲学はその概念形式を与えるのである。

疎外化《エントオイセールンク》の概念は、ギリシアの思考に関するヘーゲルの分析には登場しない。ギリシアの意識は神を到達しえない彼方とみなすことも、二つの「側」のあいだの分裂として神との関係を把握することもない。同じように、自分自身から距離をとり、「自己の前に現存する」ギリシアの神などというものは想像することすらできない。疎外化の概念は決定的に近代に属するものであり、それゆえ、近代に即した時間性とは現象する有限な主体の時間性である。ヘーゲルにとって、神の無化《ケノーシス》と哲学における無化《ケノーシス》は、まさにそれらが互いの時間を相互に与え合うかぎり、この上なく連係し合っているのである。

したがって、神のなかの否定性は「受動性」として解釈されえない。そのように解釈されるのは、この受動性がなおも時間の受動性そのものを意味するときだけである。そうではなくて、時間の受動性が形を与えるものでもある以上、可塑性がそのもっとも正当な名称として認められるのだ。この可塑性という名においては、神の未来――(自らの)「到来を予見しつつこれに驚く」ものとしての神の未来――こそが賭けに投じられているのである。

第四章　神の可塑性、あるいは出来事の転回

時間はそのまま存在しているわけではない。時間は転回し、その概念は革命的転回を受け入れる余地がある。否定性とは時間が転回する蝶番（Wendungspunkt）である。

キリスト教は時間の大いなる反転を完成させる。「この新しい原理はそのまわりで世界の歴史が転回する蝶番（die Angel）である」[1]。キリスト教は数ある契機のうちのひとつではなく、「よろず世の先に、よろず世の後に〔ante natum, post natum〕」という区別が物語るように、あらゆる契機を作動させる軸点なのである。「歴史はここまで到達し（bis *hierher*）、そしてここから出発する（von *daher* geht）」[2]。

啓示された宗教によって思弁的な円運動が成就し、世界史が東から西へと遍歴した「精神の多いなる一日」が幕を閉じる。というのも、「まさしくヨーロッパはこの歴史の終局であり、アジアはその端初」[3]なのだから。「時が満ちると、神はその御子を御遣わしになりました」（ガラテヤの信徒への手紙　第4章4節）[4]。時代の転換点はまた、その充溢でもある。それは、人間、すなわち自己意識が三位一体の神にまで高められる契機〔＝時機〕である。「主体と神の同一化は、時間が満ちたとき（als die Zeit erfüllt war）、世界のなかに現われる。この同一化を意識することは神をその真実態において認識することである」[5]。

キリストはイスラエルという宗教の十字路に現われる。彼の到来はそこで、精神がもつ東洋と西洋の次元とを交差

させ、これら二つの対立物（東洋における神の抽象化の無限性とローマ世界において絶対化された西洋の有限性）は現在時において和解する。〈キリストの死〉という事実はそれ自体、ひとつの転換点である。「キリストの死とともに意識の転換が始まる。（……）この死はその周りですべてが転回する（um den es sich dreht）中心点（Mittelpunkt）である」[★6]。

私たちは第二章で神学者たちの見解を検討したが、彼らの目からすれば、神の本質を思弁的命題の形式——神は自ら自己規定し、〈子〉は〈父〉の実体の述語として現われる——へと還元することは超越性を破綻させることに等しい。だが、この類の非難は神の自己規定の時間的次元に目をつぶっている。この次元は、ヘーゲルが啓示された宗教を考えるうえで絶えず使用している、転回や革命といった語彙によって明示されているにもかかわらず。神の「可塑性」を論じることで、私たちの分析は他ならぬキリスト教の時間に力点をおこうとしている。キリスト教とともに、自己規定についての新しい考え方が日の目を見るのだ。この新たな様相の形式付与と形式受容は疎外化（Entäußerung）をその基礎概念とする。主体性は自分から距離をとり、自己とは他なるものとなることで自らを規定する。この主体性の形式は表象（Vorstellung）であり、この形式が作動させる直観的表示——あるいは精神的なものの感覚的発現とは〈受肉〉である。

I　神の可塑性とは何か

A）概念の正当性

啓示された神の「可塑性」に言及することは、一見したところ驚くべきこと、さらには不当なことにみえるかもしれない。「可塑性」がア・プリオリには必要とされない文脈のなかでこの概念を使用することを、いかにして正当化することができるのだろうか。

実際にヘーゲルは、キリストはその主体性の例外的性格からして、ギリシアの「実体的個体性」というタイプの「可塑的個体性」とみなされえないし、そうみなされるべきでもないと明白に主張している。キリストは例えば、ソクラテスと同一視されえないのである。この絶対的な〈例〉は、ギリシアにおける数々の多様な例に対置される。

［キリストを］教師としての彼の才能や性格、道徳心だけから考えるならば、その道徳をどう高く評価したとしても、彼はソクラテスやその他の人物と同列にあつかわれてしまう。（……）キリストが卓越した、罪がない個人であり、当然そうあるべきだった、というだけだとしたら、［彼が］思弁的理念、絶対の真理を表象していることは否定されてしまう。[★7]

キリスト教とともに時間が自らの上で実現させる大いなる革命的転回は、逆説的なことに、回帰することのない時間の幕開けとなる。歴史を転回させる時間とは、自らは転回することのない時間、すなわち、目的論にしたがう時間とは根本的に区別された線状の時間に他ならない。その主要な理由は、〈受肉〉はただひとりの個人において一度しか起こらなかった、というものである。神は、

他のすべての「人間」と個別的な、唯一の人間に対して顕現する。（……）他のすべての人間たちとは相容れないひとりの人間（ein ausschließender Mensch）に対して。[★8]

神性と人性の統一はひとつの個別性においてしか顕現することができない。

> この神の受肉は特殊な時間とひとりの個人において実現される。それは現象となることで、過ぎ去った歴史となる（**wird zur vergangenen Geschichte**）。その感性的現われは消え去り、表象へと高められなければならない。（……）こうした直観はひとりの個人のなかでしか生じない。それは遺産を残すこともなければ、更新されることもできないのである。★9

キリストはそれゆえ、純粋な出来事の形象であり、これは習慣とは異なるものである。

この意味で、キリストの美的表象は古典古代の理想に対応しえない。「絶対的な理念を表象する」にあたって、（……）古代の美しい形式は不適格である」、とヘーゲルは『美学』で述べている。★10 内面性をそれ自体へと内向させる——これは近代世界の誕生をしるしづけるものだ——ために、分裂し個別化した、自らの世界に対して疎遠な個体性を自己の内へと集約するために、彫刻とは異なる芸術の形式が求められるのだ。「可塑的個体性」は外面と内面が相互に発現すること、個人が世界の客観的諸条件と調和することから生じた平静さを明らかにする。だが、ローマ世界において、〔政治家たちの〕暴虐のせいで世界は非現実的なものとなり、こうした世界との不調和、断絶は近代的な個体性の観念を生み出す。それは、自分自身のなかだけに、すなわち、思考という唯一の力や自我がもつ無限の価値のなかだけに自分の自由を見い出す個体性である。

ヘーゲルによれば、彫刻にはこの断絶を考慮した表現ができない。古典ギリシアは、その十全なる定在のなかで自由な個体性がもつ穏やかな調和を見せ、そして、ギリシアの芸術は引き裂かれた心というものから疎遠でありつづける。だが、キリスト教の神は人間の形態を備えた個人であるだけでなく、実存にともなうあらゆる艱難辛苦に曝された現実的な人間である。

絵画は「ローマの芸術」の時代の開始を告げるものだが、そんな絵画だけがこうした人間の相貌を特定の個人に与えることができる。

私たちが彫刻において理想的な美と名づけるものを、絵画においてはそれほど要求するわけにはいかないし、また主要な目的とするわけにもいかない。というのも、ここでは魂の内面性とその生き生きした主体性が中心点をなすからである。★11 絵画は内面の主体性と特殊化された内面性に関係する。

［絵画は、］個体性をあの理想的表現のなかに閉じ込めるのではなく、偶然的な殊別性をそのすべての多様な変化において展開させるのであって、絵画は人間と神々の彫塑的な理想のかわりに、個々の特殊な人格を表現している。★12

それゆえ絵画の主体とは、神的な諸々の理想ないしは理想的な神々ではなく、「現実に存在しているような諸々の人間の理念」に他ならない。★13 ギリシアの「可塑的個体性」の原理は多神教に由来する。人間は理想の自由な形式、すなわち普遍的であると同時に個別的な形式を自らの魂と肉体の統一に付与することで、神的なものを肉体化することができるが、それは、複数の神が存在するから、この複数性が厳密な限界を知らないからこそ可能なのである。

B）可塑性の助けを求める造形芸術　偶有性の本質的生成

こうした条件の下、啓示された神の唯一かつ単独の主体性を特徴づけるために、いかにして可塑性概念の一貫性を維持すればよいのだろうか。思い出しておかなければならないのだが、本書で可塑性概念が敢えて先鋭的に使用されているのは、個体性の一類型を特徴づけるためだけにとどまらず、実体‐主体が自ら時間化する手法、すなわち、実体‐主体がその概念のなかで自己区別化する手法を思考することを可能にするためである。ところで、こうした使い方は、近代の分析における可塑性概念の使用を無効にするどころか、むしろこれを正当化する。実体‐主体が可塑的であるがゆえにこそ、——それは自分自身の形を自らに与え、そしてこれを受け取り——、可塑性概念の進化そのものが証明されうるのである。

この概念は近代において、ギリシア期とは異なった仕方で、しかし、その時期と同じくらいの力強さで作用している。それは、実体－主体――神それ自体――が自らの「到来を予見しつつこれに驚く」過程を意味し続けているのだ。『美学』はロマン的理想を特徴づけるにあたって可塑性概念の使用を一見禁じているように見えるが、実際はこの使用を十全に確証している。「予見＝不測」という定式にそのほぼ字義通りの意味を与える基本要素が『美学』には含まれているのだ。

［ギリシアの神々の］自覚的な内面性は光を放っておらず、ひとの眼にうかがわれるような、精神の集中をもっていない。この魂の光はその表現の埒外にあり、彫像から発する代わりに、それを観るひとに依存している。魂が魂を観る、眼が眼を観ることはできないのだ。しかし、ロマン的美術の神は眼力をもち、自己知をもち、内面的主観性をもって、その内なる心を観者の内面性に対して開示するものである。★14

ヘーゲルにおいて、キリスト教の神は鏡像的な審級として現われる。それは眼差しの誕生、反省〔＝反射〕する眼の誕生である。この場合、「予見＝不測」という定式は、神の直観的表示という自己運動を意味するのに完全に相応しいものではないだろうか。この運動の意味は、神がそれ自身の眼差しの前へと呼び出され、両者のあいだに思弁のための距離をおき、そうしてその自己への現前の展望を開くという点にあるのだから。

ヘーゲルによれば、キリスト教の思弁的原理は、「神が一瞬、自らを見る〔*se voir un moment*〕」という必然性にもとづく。この表現は複数の意味で理解される。「神は唯一その瞬間だけ自らを見る〔Dieu se voit *un* moment〕」。この瞬間＝契機〔moment〕は唯一のものであり、一度しか生じず、このことから絶対的な例という価値を獲得する。神は自分自身を範例化し、このまさに反復できないものを模倣するように人間を誘うのだ。「神はその瞬間＝契機だけ自らを見る〔Dieu se voit un *moment*〕」。神は受肉することによって一瞬だけ自らを見るのだが、ここでの moment〔一瞬〕という語は時間の副詞の役割を果たす（この副詞は「どのくらいの時間？」という問いに対する答えである）。『エンチュクロペディー』の言葉を借りると、神は「時間性のなかへと移され（versetzt）」、そうして、時間のなかで自分自身の前に現われるのだ。また、「神は自らを契機と見なす」。このとき、契機は「自分」の同格——神が「自分」を、つまり自分の鏡面反射像を契機と見なすという意味での鏡像的な同格——に他ならない。つまり、契機＝瞬間が神の属詞であるという意味（神は契機＝瞬間である）で、「神は自らを契機＝瞬間として見る」のだ。最後に、〈受肉〉の瞬間（**Augenblick**、時間的意味）は絶対〈理念〉が展開するうえでひとつの必然的な契機（論理的な意味での **Moment**）である。神の内における神の鏡像作用の開始は、神の本質が複数の瞬間として契機化〔*momentanéisation*〕されるプロセスに合わせて整えられるのである。

　これ以降、神と人間は、歴史を転回させ、瞬く間に世界をそれ自身から切り離すこの冒険事において結集する。両者は共通の運命において結びついている。すなわち、神と人間はそれぞれが過ぎ去っていくのを互いに見るのである。

　こうした鏡像的構造の論理的な発現とはどのようなものだろうか。神の自己への現前のなかで開かれた距離は、神が自分を直接的かつ実体的な威力として否定する。実体‐主体の運動によって理解される。神は〈受肉〉のなかで自分自身とは異なるものとして措定され、そうして、この個別性それ自体が絶対的な実体へと回帰する前に主体となる。「形式の活動（Formtätigkeit）」というギリシア的考えが——「範例的個体性」によって感じられるようになる——偶有性の本質的生成から自己規定を考えるならば、可塑性という近代的考えは本質の偶有的生成——〈受肉〉の根底的な意味をなす生成——という自己規定の思考と結びついているようだ。自らの外に自分を措定し、自らを疎外することによって、神がその本質を成就させ、そうして、本質の属辞、偶有性となる、そうした運動こそが無化《ケノーシス》である。主体性の近代的意味を特徴づけるのは、主体がその他者を媒介して自己と結ぶ関係に他ならないのである。

II　啓示された時間

A）「生命過程」

こうした関係の思弁的現われは、私たちが後に自己の前にある時間と名づけることになる、時間性の根源的規定によるものである。この規定は有限性、現象、世界といった諸概念の意味の変化を左右する。

ヘーゲルは啓示された宗教を宗教以前の諸形象から区別する。既に見たように、実体は生成によって自己意識の形式にまで高められるが、啓示された宗教はこうした生成の必然性の直観をもたらすのである。こうした必然性は作り出すことができず、直観に「さらされる」ことしかできない。[★15]

定在する精神の自己は完全な直接態の形式をもっている。だがそれは、一方では自然宗教の場合の、他方では芸術宗教の場合の、直接的自己がそうであったように思惟されたものないしは表象されたものとして措定されたのでも、作り出されたものとして措定されたのでもない。そうではなく、この神は自己として、ひとりの現実の個別的な人間として、感覚的に直観にさらされるのである。[★16]

神の本質が人間へと生成することは「絶対宗教の単純な内容」である。宗教以前の諸形象もこの内容を目指すのだが、この生成を内容として生み出すことができない。この本質の顕然たる特徴、つまり啓示の時間――これは「直観された必然性」の別の名だろうか――がそこには欠如しているのだ。自らを啓示する神は生成の新たな様式を啓示する。その概念において他の何ものにも還元されえない独特の時間性が、〈受肉〉とともに展開するのである。

『宗教哲学講義』のなかで、ヘーゲルは「神の本質の生命過程」[★17]に触れている。注釈者たちが **Lebensverlauf**〔生命過程〕を **curriculm vitœ**〔履歴〕と翻訳することはめずらしくない。履歴を通じて明らかになる時間とは、主体が自分の前に描く（*vor-stellt*）時間に他ならない。

『エンチュクロペディー』〔第五六九節〕で表現されているように、キリストが「時間のなかに移る」ことは、彼が既に与えられた時間性のなかに入ることを意味するわけではない。神は自分がそのなかに移っていくところの時間性の概念を基礎づける。神はこの概念を現実的に創造するのだ。こうした時間の次元をともなわなければ、啓示は啓示たりえないだろう。この次元がなければ、キリストの生を誰でもいい他の範例的個体性から区別することはできない。死ぬことによってキリストは、西洋に精神と有限性の新たな関係、線状に連鎖し合う諸契機の最終項である制限として死が現われるような関係を啓示するのである。[18]

B）有限性

ヘーゲルは、表象的思考が限定、すなわち定在に固有の否定に対してもっている根本的な関係を何度も強調している。『大論理学』において、彼は「限界（Grenze）」と「制限（Schranke）」を区別する。

ある物が一般にもつ限界が制限であるためには、ある物が同時に自分自身のなかでこの限界を越えて、しかも自分自身のなかで非存在としての限界に関係していなければならない。[19]

制限は制限されたものと制限されたものの他者を関係づける。制限されたものは有限であるが、しかし、制限が本性上、自分自身の他者であるかぎり、それは「［有限性の］超越、すなわち無限性」[20]である。制限は同者と他者の分節化から生じる。この分節化は、表象的思考によってありのままに把握されるものではなく、むしろ互いに異質な二つの審級（有限性と無限性、感性的なものと超感性的なもの、時間と永遠、等々）の分離として理解されるものである。表象は存在の否定が存在自体に内在していることを概念把握しないので、否定を、外部から存在に不意に到来するもの、存在に起こるもの、それゆえ、存在の前にあるものとして考える。ヘーゲルが『大論理学』において制限の分析を当為存在のそれへと結びつけるのは、こうした理由によるものである。当為存在は、存在と非‐存在の同時性を、初めに存在、次いで非‐存在、「かくして無際限」というように継起性へと秩序づけることによって、それらの同時性を切り離すような思考の操作から生じるのである。

キリスト教の〈啓示〉によって、思考は、自らを約束する時間、前方への拡張〔＝未来志向〕としての未来を検証せざるをえなくなる。表象とはこの検証の結果である。キリスト教の思弁的意義がこの制限された時間を、そして、そこから展開される主体性の形而上学を超過するということは、一定の時間の後、無化《ケノーシス》という極限に一度到達しないことには理解されえない。ある限定された時間のうちでこの検証の真理を思考することは、もっぱら思弁的哲学の役目である。この真理がなければ、思弁的哲学そのものは日の目を見ることはないだろう。

この時間の検証は、神の疎外化という絶対的否定性が有限な否定作用のなかで開示されるという点にかかっている。神の **curriculum vitae**〔履歴〕は二つの世界（感性的なものと超感性的なもの、有限と無限）の分節化として現われる。キリストとはひとつの生きている直観的表示に他ならないのだ。

> 絶対的内容が（いわば内容のアレゴリー的あるいは象徴的顕示のおかげで）顕現するようにさしむけるもの、それはあの直観、あの個人の歴史、有限性の諸形式をとるあの人物の移り変わり、外面は人間的かつ共同的な実存であるあの中間項〔強調引用者〕による精神の歴史である。★21

この件は神の主体性がおこなう図式化の威力を明るみに出している。キリストの生は感性的なものと超感性的なものの統一、一見異質にみえるこれら二つの審級の同質性を感じられるものとする。**Entäußerung**、すなわち神の疎外化は近代の直観的表示であり、自分の前に時間をもつ時代によって概念把握されるような感覚的発現なのである。

C）現象と世界

こうした特殊な時間性の出現から、現象の概念の新たな理解が導かれる。キリストの感性的現われが「引き継がれていくものでもなく、更新されることもできない」のは、「感性的な現象が本性上、瞬間的である」[★22]かぎりにおいてである。感性的現前はこれ以降、連続した定在、すなわち、線状の連続性において継起する諸瞬間の分節化として概念把握される。ヘーゲルの「連関（Zusammenhang）」概念は連続というもののある種の理解を含んでいるが、それはギリシア語 συμβαίνειν の二重の意味（「論理的に連続すること」と「到来すること＝何かが生じること」）での弁証法的連続である。

現出と消滅の作用は可能態―現実態という目的論的運動ではなく、現前の諸連続からなる線状的な連関の運動へと関係づけられる。それはあたかも、感覚的多様の周期的な流れが、光の周波数が有するさまざまな強度によって調節される現象の様式に取って代わるかのようである。

『宗教哲学講義』のなかで、ヘーゲルは、「自らを顕現することとは、他者に対して存在することである」[★23]と書いている。瞬間として理解された現象はつねに、それ自身とは他なるものの顕現である。この他性への関係は二重である。過ぎ去る〈今〉としての現象は、新たな〈今〉、別の瞬間への関係を意味する。現象はそれが他者を示すかぎりで直接態であり、この直接態は同時に媒介的でもある。現象は超感性的な世界とその真理――この現象が引き受けられるところとしての真理――へのしるしをなすのである。それゆえ、現象は別の瞬間と別の世界という二重の意味で他者と関係している。この二重の意味は、出現と消滅が絡み合った運動として現象の現われを規定することに由来する。

ヘーゲルは『精神現象学』において、彼以前には誰も用いなかった、「弁証法」概念の意義、まさしく、出現することと消滅することをありていに意味するこの意義を基礎づけている。マンフレート・バウムは『ヘーゲルの弁証法の生成』と題された著作でこの先駆性を明らかにしている。

ヘーゲルが「感覚的確信の弁証法」を論じるとき、(……)彼は、そのなかでひとつの規定が確立し(zustandekommt)、次いで新たに消散する(wieder vergeht)ような運動として弁証法を理解している。(……)彼以前には誰も、こうした意味づけを「弁証法」という言葉に関係づけはしなかった。[★24]

『エンチュクロペディー』第五六八節に見られるような、「世界」概念はこうした現象の弁証法的な意味づけに結びついている。この概念を理解するにあたって、『エンチュクロペディー』における「実存」カテゴリーの論述を参照する必要がある。

実存は自己の内への反省と他者の内への反省との直接的な統一である。したがって、それは自己の内へ反省すると同時に他者の内へ反照し、相関的であり、根拠と根拠づけられたものとの相互依存および無限の連関からなる世界を形成する、無数の実存である。[★25]

現象の世界は、実存する諸々の規定が互いに結ぶ相互関係の総体として現われる。それは「ギリシア世界」式の実体的統一ではいささかもなく、アトム化した諸特殊性の「連関(Zusammenhang)」である。こうして、歴史的に言うと、キリストが登場するローマ世界に対応する論理的形式が叙述されるのである。

世界とは本質の現出に必要な一契機である。[★26] 世界は直接的には否定される数々の実存と現象からつくられていて、両者は有限である以上、自分のうちにその否定を抱えている。この否定性を繰り広げ折り返す世界の構造は現出するものと消滅するものの連続であるが、これは時間の形式に他ならない。こうした形式と構造から出発してこそ、表象的思考は思弁的内容の諸契機に「諸々の有限な反省規定にしたがっている生起の連関」[★27]という形式を与えるというヘーゲルの主張を理解することができるのである。

Ⅲ　結論　神学と哲学の思弁的連関

ヘーゲルにとって、啓示された宗教の分析を構造化する諸概念（有限性、現象、世界）は、神学ではなく哲学の語彙に属するものである。ヘーゲルにおいてキリスト教学の語彙と批判哲学の言語が分かちがたく結びついていることは驚くべきものがあるが、こうした結びつきは、近代的な主体性概念の両極をなす――まずもって相互に対立した――支持体を、互いに与え返しあいながら明らかにする。その二つの支持体とは、キリスト教の出現と「主体性の形而上学」の出現である。

主体は、その起源の出来事からその哲学素の到来まで、神の苦痛から超越論的空白まで、時機を待ち構える。主体は「私」として、線状の連続体の原点であり、この連続体を拡張し延長し、展開させる。神は哲学的主体性に時間的形式を与え、その見返りとして、この形式を哲学そのものから、自分の無化《ケノーシス》の長々と続く苦しげな残響音として受け取るのである。

結論

I　神と超越論的構想力

〈啓示〉の時間とは、ヘーゲルによれば、カントの思想によって概念として完成した表現を与えられた特殊な時間である。ヘーゲルは超越論的構想力というカントの問題設定を考慮しながら、神の主体性を図式化する威力として特徴づける。

フォイエルバッハはこのことを見誤らなかった。彼は『キリスト教の本質』のなかで、「キリストとは感情と想像力の統一である」[★1]と主張し、次のように結論づけたのだ。

可塑的な人格性であるのはただキリストだけである（die plastische Persönlichkeit ist nur Christus）。人格性に形姿（Gestalt）は属している。形姿は人格性の現実性である。ただキリストだけが人格的な神なのである（Christus allein ist der persönliche Gott）[★2]。

超越論的構想力についてのヘーゲルの解釈はこの種の主張を可能にするものだが、しかし、この解釈は思弁哲学に顕著な困難さをもたらす。ヘーゲルは『信仰と知』において、超越論的構想力を直観的悟性、言い換えれば神の悟性と同一化しているが、それはカントとともにかつカントに抗してなされているのである。カントはこの同一化を可能にしつつも、これを拒絶している。同じ著作で、ヘーゲルはカントの発見がもたらすその遠大な思弁的射程を称賛している。

> 私たちは、真のア・プリオリ性の理念（die Idee warhafter Apriorität）を（……）超越論的構想力の形式のうちに捉えたということ、さらにまた、（……）悟性のうちにすら理性の理念の端初（den Anfang der Idee der Vernunft）を据えたということをカントの功績としなければならない。★3

カントは構想力を「実存する絶対的主体と絶対的に実存する世界のあいだに挿入される媒介項★4」としてではなく、根源的なものとして考えたが、だからこそ、構想力とは「真に思弁的な理念」である。つまり、構想力とはそれ自身のうちでの主体－客体、ア・プリオリ－ア・ポステリオリといった対立物の総合なのである。

問題となるのは、「可能な経験の統一」である悟性と「悟性とその諸判断に関係する」理性が二つの相異なる審級であるようにみえるという点である。この場合、理性は経験とも、それゆえア・ポステリオリな認識とも構成的関係をもたないのである。カントはその原理を定めながらも、「同時にア・ポステリオリでもある悟性のより純粋な理念、すなわち直観的悟性という絶対的媒介者の理念★5」の前で後ずさりする。こうした悟性と私たちの悟性との本質的な区別を強調しながら、

> カントは同時に、私たちは必然的にこうした理念へと駆り立てられるということ、そしてこの本源的かつ直観的な悟性の理念は根本においてはまったく、私たちが先に考察した超越論的構想力と同じ理念に他ならない（**ist durchaus nicht anders**）ことを認識している。なぜなら、この超越論的構想力は直観する活動であり、そして同時に、この構想力の内的統一はまったく悟性の統一そのものであり、〔時空の〕延長のうちに沈められているカテゴリーに他ならないからである。こうしたカテゴリーが悟性となり、カテゴリーとなるのは、ただこれが延長から離れるかぎりのことにすぎないのである。こうして、超越論的構想力はそれ自身、直観的悟性（**auschauender Verstand**）である。★6

一見したところ、ヘーゲルの分析が有する急進性はショッキングなものである。ここに、有限性に関するカントの思考を隠蔽するという暴挙を見ないでいられるだろうか。超越論的構想力を直観的悟性と同一視することは深刻な誤解であり、それは、対立物をその反対へと反転させる体系の意志がもたらす結果ではないのだろうか。

こうした解釈を別様に方向づけることはできる。神を超越論的構想力として考えることは、結局、神を時間化する審級として考えることである。ヘーゲルは、超越論的構想力が、主体とそれが遭遇する感性的存在者との関係をア・プリオリに可能にする体系の根源的な威力であるという規定を一度も問いに付したことはない——むしろ彼はこの種の発見の思弁的重要性および価値を十分に強調するのだ。ところで、この前もって見るという可能性はまさしく、主体に純粋な未来の地平を切り開くものではないだろうか。これは「予見＝不測」のパースペクティヴそのものではないだろうか。

カントの有名な定義にしたがえば、「ある物をその不在において表象すること」を可能にする構想力は、存在と非存在の特定の関係を含んでいる。構想された存在者は現前するものでも不在のものでもない。超越論的構想力とは現前のあらゆる規定をつかさどる、存在と非‐存在がともに内包された状態を想定するものだが、それは対立物の根源的統一という特に近代的な様態である。想像サレタ存在者〔ens imaginarium〕という概念は可塑性の近代的契機に、これと関連した相対的な無というカテゴリーを付与するのである。

超越論的構想力とは、時間の秩序という、および時間の秩序についての純粋なパースペクティヴを開示することを可能とするア・プリオリな審級である。したがって、神と超越論的構想力の同一性を考えながら、ヘーゲルは神のなかに欠如ではなく、時間を刻みつけたのである。神の主体性を「予見＝不測」と同一視することは、神の未来の拠り所に他ならないのである。

II　ハイデガーによる時間の止揚《アウフヘーブンク》の読解

前述の分析を通じて引き出された結論によって、「神の可塑性」にその実際的な意味が付与された。それは可塑性概念の三重の分節化、つまり、自己規定の過程、精神的なものの感覚的発現すなわち直観的表示、意識が思弁的内容に対してもつ関係の形式という分節化に即したものである。近代の契機において、主体は自己とは他なるものとして「自らの到来を予見しつつこれに驚く」のだが、この対面状態は疎外化（Entäußerung）の形式をとる。また、精神的なものの感覚的発現の近代的様式は〈受肉〉である。そして、意識が思弁的内容に対してもつ関係は表象の形態を装う。

可塑性の近代的契機はその推移を汲み尽くしてしまっている。思考はそれ自身の供犠の最後へと達し[★7]、そうして神の無化《ケノーシス》にその究極的な意義を与えた。この契機においてこそ、思弁的内容は「そのまったき厳粛さにおいて、その形態の最も明朗な自由へと復活する[★8]」ことができるのである。この契機を『エンチュクロペディー』は次のように規定している。

> 純粋で無限な形式、すなわち自己自身の許にある自己顕現は、ただ主観的な一面性（……）を脱却することによってのみ、自由な思惟である。この思惟は自分の無限な規定を同時に絶対的な内容（……）としてもっている[★9]。

こうした自由な思惟の到来は絶対知の到来であり、それ自体が「啓示された宗教」から「哲学」への移行である。『エンチュクロペディー』のこの最後の時間は『精神現象学』の「絶対知」の章、『大論理学』の「絶対的理念」の章に対応する。

さて、この結論部分の共通性を問い質さなければならない。絶対知はあらゆる出来事性の終わり＝目的をしるしづけるのだろうか。絶対知はあらゆる時間性の還元および精神の「臨在」の到来として解釈されなければならないのだろうか。

これらの設問は私たちの分析の決定的な地点へと私たちを引き寄せる。それは、『精神現象学』の「絶対知」の章にある有名な件の解釈である。

> 精神は、自らの純粋概念を把握していないかぎり、すなわち時間を亡ぼしていないかぎり、必然的に時間の内に現われる。時間は自己によって把握されていない純粋な外的な直観された自己であり、直観されただけの概念である。この概念は、自己自身を把握するとき、その時間形式を止揚し、直観を概念把握する。そこでこの概念は概念把握され、また概念把握する直観である。それゆえ時間は自らにおいて完結していない精神の宿命であり、必然性である。[★10]

これまでの論述の歩みを踏まえると、私たちは、この件に対する今や古典的なハイデガーの解釈を手放しに支持することはできない。彼の解釈によれば、時間の止揚《アウフヘーブンク》によって、〈自己〉はその臨在において自らを把握するのであり、この把握は、あらゆる時間性に暇を与えること、精神の無差異な現在が到来することを意味する。

主体性という近代的概念を論究することによって、逆に、この場合は、止揚《アウフヘーブンク》が時間一般のそれではなく、ある特定の時間のそれであることが確認できる。それは「自己の前にある時間」として先ほど特徴づけられた時間である。「意識において全体は契機に先立っているが、この全体はまだ概念把握されていない。時間とは定在する概念、空しい直観として意識に表象される概念そのものである」[★11]という主張は、ギリシアの文脈においては意味をなさないだろう。この主張は、理解されるにあたって、直観の純粋形式としての時間規定、精神が自己剝奪としての空虚さおよび疎外化に対してもつある関係の措定を仮定しているのだ。[★12]つまり、この関係はその可能性において、キリスト教の出現に結びついているのである。

「絶対知」の章において、ヘーゲルが論じる時間が疎外化の時間であること、しかも、この時間は疎外化《エントオイセールンク》そのものであることは明らかである。[★13] ここで分析される時間形式は特定の時代における精神的なものの感覚的発現の形式である。概念が自らに定在を与え、この定在が感覚的直観、つまり瞬間的に現象する現前の対象となるような形式である。それゆえ、ヘーゲルは「絶対知」の章において時間一般ではなく、主体が「自分が過ぎ去っていくのが一瞬見える」ところの線状的時間を視野に入れているのである。

さらに、疎外化《エントオイセールンク》はまさしくこの線状的時間それ自体として現われる。

> ［精神の諸形態という］この継起の目標は深淵を啓くこと（die Offenbarung der Tiefe）であり、この深淵は絶対概念である。したがって、この啓示はこの深淵を止揚すること（Aufhebung）、つまりそれに延長を与えること（Ausdehnung）であり、この自己の内にある自我の否定性であるが、この否定性はこの概念の疎外化および実体である。——そこで、啓示は疎外化が自分自身において自らを疎外化し（diese Entäußerung an ihr selbst entäußert）、この延長にいながら、また同時にその深淵にあり、自己にとどまるような、その概念の時間である。[★14]

ここで、時間は線状的継起として検討されているが、これはさらに次のような件が確証することでもある。

> こうして定在のなかで形成される精神の国は相次いで起こってくる（eine Aufeinanderfolge）が、そこではある精神が別の精神にとって代わり、各々はこれまでの精神の世界を引き継いだのである。[★15]

「いくつもの絵がある画廊（Galerie von Bilden）」の時間は、συμβαίνειν［論理的に連続すること＝何かが到来すること］ではなく、連関（Zusammenhang）として理解された連続の時間である。

ハイデガーが『存在と時間』の結尾で提起するヘーゲル読解は、それが無視できないものであるがゆえに、ある本質的な論点において私たちを当惑させる。ヘーゲルこそが西洋形而上学の運命をつかさどる「通俗的時間」概念を完成へと導くということを主張するために、ハイデガーは自分が告発する当のものを自ら実践してしまったのではないだろうか。ハイデガーは、弁証法的時間が平板化された時間であるということを証示するために、弁証法の時間を自分で平板化してしまったのではないだろうか。ヘーゲルの時間概念に関して、ハイデガーはこう書いている。

> 精神と時間は、形式的に存在論的および形式的に命題論的なもっとも空虚な抽象態へと疎外化される（in die Geist und Sein entäußert werden）が、この抽象態は精神と時間の類縁性の形成を可能にする。しかし、その半面で、時間はまったく平板化された世界時間という意味で把握され、こうしてその由来がまったく覆い隠されてしまっているので、時間は精神にとって、ある客体的存在者としてたんに向かい立っているということになる。精神がことさら「時間のなかへ」落ち入らなくてはならないといわれるのはこのためである。ましてこの「落ちる」という言葉や、時間を支配し、それゆえ本来ならば時間の外で「存在して」いるはずの精神が「実現される」という言葉が、存在論的にどういう意味をもっているのかは、なおさら不明である。★16

この読解が提起する問題は、疎外化の概念そのものが時間的に説明されていないということである。この概念は非時間的なカテゴリーとして機能しているが、しかしながら、ヘーゲルが疎外《エントオイセールンク》化概念に訴えたのは、ひとえに、主体性の近代的契機に固有な過程を特徴づけるためだった。ヘーゲルには「世界内時間〔temps au monde〕」という思想など存在せず、反対に、彼の哲学のなかには、とりわけキリスト教的である世界という時間〔*temps du monde*〕という思想が存在するのだ。それゆえ、ヘーゲルの疎外《エントオイセールンク》化の由来も、その明確な存在論的意義も問わなかったという点で、私たちはハイデガーを非難することができるのである。

III 古代ギリシアと近代の十字架にかけられた神

こうした主張を豊かにするために、私たちは、ヘーゲルにとって、いかにして同じひとつの問いが相異なった二つの時間において立てられるのかを示すように努めてきた。無化《ケノーシス》の思想にせよ、アリストテレスの〈第一動者〉の解釈にせよ、同じひとつの問いがヘーゲルの頭から離れない。それは可塑性の問い、すなわち主体が「非受動的ではありえない性質」の問いである。アリストテレスの思想における作用を受けること《パスケイン》と生み出すこと《エネルゲイン》の統一についての彼の主張は、啓示された神がおこなう疎外《エントオイセールンク》化の運動の分析と同じく、主体を予期の構造として、そして時間化の過程として特徴づけるというひとつの同じ企図をめぐって繰り広げられるのである。

『エンチュクロペディー　精神哲学』はその構造を通じて、神が二重の仕方で、つまり、実体‐主体の運動が神の内で成就するという理由で、そしてまた、『エンチュクロペディー』最後の引用が確証しているように、神《テオス》がその進展の最終項をなしているかぎりにおいて、神それ自身を目指していることを明示している。ヘーゲルの神、すなわちキリスト教の神とアリストテレスの神のそれ自身の内での総合は時間＝時代の交錯において位置づけられる。

もしも目的論的な時間――可能態《デュナミス》と現実態《エネルゲイア》の循環的展開――が止揚を支持しないのであれば、もしも近代が成就した証しが近代――終わりと始まりが同一であるような目的論的な成就の時間――とは別の時代＝時間から生じないのであれば、絶対知の章で呈示されている、時間性の形式の弁証法的止揚などありえないだろう（一体、実際に誰がこのことを決定するのだろうか、また、なぜ決定するのだろうか）。それこそが、ある時間＝時代に暇を出すことができるような時間＝時代、ひとが自分の前にもつことができない時間＝時代である。時間＝時代に暇乞いが出されたとみなされるそのときにこそ、これら二つの時間＝時代はふたたび結びつくのである。

第三部　ヘーゲルの哲学者、落下の二つの方法

序言

Ⅰ　絶対知と形の贈与

ヘーゲルからすれば、実体‐主体の論理的かつ時系列的《クロノロジー》な展開は今や、成就されてしまっている。実体‐主体――偶有性の本質的生成――と実体‐主体――本質の偶有的生成――は絶対知の統一のなかに取り集められるのだ。歴史のレヴェルでは、絶対知の到来は歴史の終わり〔＝目的〕に対応する。ベルナール・ブルジョワが明言するように、「ヘーゲルは「歴史は原則的に終結している」と要約して述べている。確かに、いくつもの出来事がさらに生じるだろうが、しかし、それらは人間の生活にとって普遍的な意味をもたらしはしないだろう。つまり、この領野において、未聞なことも根本的なことも二度と語られないのである★1」。

だが、歴史の終わり――私たちの行論はその究極の意義を解明するものではない――は、何らかの出来事が到来することの不可能性をしるしづけるものではない。絶対知の契機はある種の時間の弁証法的止揚を成就させるだけなのだ。それゆえ、絶対知とはあらゆる地平を閉ざすことではなく、古代ギリシアとキリスト教という二つの時間＝時代の総合から生まれる、新しい時間性の告知に他ならないのである。この契機において二つの時間が弁証法的に基礎づけ合い、可塑性という新しい時代の出現が特徴づけられる。可塑性にしたがって主体性は自分自身に自ら形を与え、今度は自分がこの形を受け取るのだ。『精神哲学』最終部「哲学」が叙述しているのはまさしくこのことなのである。精神の宗教的契機の叙述は、「純粋で無限な形式（die reine unendliche Form）は（……）主観的なものの一面性を脱却する（die Einseitigkeit des Subjektiven ... ablegt）」[★2]運動を告知する注釈によって締め括られる。この形式の運動が哲学である。同じ主題の反復が「哲学」のセクションの冒頭でもおこなわれるが、それは「諸々の形式の一面性からの解放（Befreiung）、諸形式を絶対的形式（absolute Form）へと高めること」[★3]として提示されている。

この「絶対的形式」とは〈体系〉の形式に他ならないが、それは金輪際何ものも形成しないという意味でその可塑的能力を奪われているわけではない。反対に、表象の形式からの哲学の高揚と解放は時間化の新しいプロセスを構成するのだ。停止状態ではなく、変貌〔*métamorphose*〕こそが絶対知を特徴づけるのである。ここから結論づけるに、絶対知はありとあらゆる個体を形成し、変容させ、それぞれが未来を期待し予期する方法を加工するのである。

II　述語的なものから思弁的なものへの移行

このような知がもっている変容作用の威力は、ヘーゲルが述語的命題から思弁的命題への移行として特徴づける移行に結びついている。こうした移行が生じるのは、逆説的にも、実体－主体の成就それ自体が反省される回顧的運動からである。というのも、一度その自己規定の運動が成就されると、主体性はさらにその自己知の形式を生み出さなければならないからである。

この形式は、規定作用の形式そのもの、ないしは述語付与――実体にいくつかの述語を帰属させる行為――の形式そのものへの主体性の反省的回帰から生じる。

『精神現象学』序論で、ヘーゲルはこの点について述べている。

命題という形式が止揚されることはただ直接的な仕方で起こるわけではない。命題の単なる内容によって起こってはいけない。そうではなくて、その反対運動が言い表わされなければならないのである。[★4]

ある形式の別の形式による弁証法的止揚と、この止揚がその見返りに自らを表現する必然性にはどんな意味があるのか、問うてみなければならない。その論究の果てに、新しい形式の論証性が生まれるだろう。それはあたかも、幾世紀にもおよぶ論証作業を爆破するほどの起爆性をもつ比類なき可塑的操作〔＝形成手術〕が姿を現わすかのようなのである。

Ⅲ　道程

連続する四つの段階を経て、この操作の意味が明らかになる。第一の段階において、「哲学」セクションを紹介し、その方向性と文脈のなかに「絶対的形式」の告知を位置づける。第二の段階においては、弁証法的プロセスの性質と、自己を変形させる否定的なものの二重化がもつ能力が問題となる。絶対的な総合の意味、つまりは〈体系〉の意味が第三の段階の対象である。最後に、思弁的な思想家の形姿を描写し、いわば、新しい時間＝時代の可塑的な個体性を加工しなければならない。

第一章 「哲学」通釈

〔『エンチュクロペディー』最終部〕「哲学」の契機は結論として呈示される。ヘーゲルの所述によれば、哲学は「最後に自分自身の概念を摑み、自分〔自身〕の知を振り返って見る」★1のである。

こうした眼差しの回顧的方向性は、判断、概念、推論の三幅対にしたがう叙述の論理的順序に逆転を引き起こす。このセクションの最初の二節★2は、哲学が形式によってのみ芸術と宗教から区別されること、「唯一の重要な点が思弁的思惟の諸形式（**Formen**）と表象や反省的思惟の諸形式との区別である」★3ことに言及している。それまで哲学はその必然的な分裂として形式の区別を展開させるがままにしてきたが、ヘーゲルはそうした区別の試練からこのセクションの論述を始めている。

この区別をただ認識させるだけではなく評価し、あるいはむしろこの区別の本性をこれらの範疇そのものに即して発展させ、判断させるのは、哲学の全過程（**der ganze Verlauf der Philosophie**）、とくに論理学の全過程である。★4分裂状態が原初的であり必然であることから、判断〔＝分割〕という論理的契機が第一に現われて、論述のきっかけをなすことが説明される。

判断の試練が終わると、哲学はそれ自身のうちで概念の境位――「哲学の概念は自己を思惟する理念である」★5――へと戻り、かくして、その端初へと還帰する。この端初は回帰から生じる以上、もはや直接的なものではない。概念は、「哲学」セクションを完成させる三つの推論に沿って[★6]叙述される現実的な区別化の運動を通じて、それ自身の内へと帰るのである。これらの推論は回顧的に『エンチュクロペディー』全体（論理、自然、精神）の思弁的経過を解明する。自分自身を回顧的に眼差すことによって、哲学は「諸形式の一面性」から解放され、思弁的内容を〈体系〉ないしは「絶対的形式」として確証するのである。

叙述の三つの契機を統一し、「絶対的形式」にその可塑的な力を与える有機的つながりをできるだけ明確に把握するために、本章で私たちは、概念、判断、推論という伝統的な順序に従うことにしよう。

I　哲学という概念　再び見出された境位[★7]

概念は「現実態としての具体的な内容のなかで確証された（*bewährte*）普遍性」として、判断と推論の中間の立場を占めている。ヘーゲルが付言するところでは、「学はかくして自己の端初に回帰しており、そうして論理的なものは学の結果である[★8]」。概念の自己回帰は、『大論理学』が概念の「内在的演繹（immanente Deduktion）」と名づけるものを成就させる[★9]。

抽象的で論理的な観念と絶対精神の具体的な知の同一性は、学をその直接的な諸前提から解放し、それらの証明をもたらすのである[★10]。

II　哲学の判断　思弁的な形式と内容――芸術、宗教、哲学[★11]

判断の契機は思弁的な形式と内容の分裂、つまり、芸術と宗教がなおも従属している分裂を引き起こす。絶対精神の三つの契機（芸術、宗教、哲学）の区別は内容の区別ではなく、形式の区別であって、これは二重の帰結をもたらす。精神の形成作用、すなわち、それを通じて思弁的内容が自分自身にその形式を与えるところの労働は、これら三つの契機において同一の本性や影響力を備えているわけではない。この意味において――またこれは第二の帰結なのだが――、個別的精神ないしは意識がその形成作用の諸様式に対してもつ関係もまた同一ではなく、それは今度は、形象化、表象、概念による思惟というように自己区別化するのである。[★12]

芸術、宗教、哲学は、ヘーゲルが『大論理学』で規定しているように、三つとも絶対的理念がとる手法、仕方、さらに言えば、精神的なものの直観的表示である。

自然と精神は一般的には、絶対的理念の定在を表現する二つの仕方（Weisen）である。芸術と宗教は、〔この理念が〕自分を把握し、〔自分に〕相応しい定在を与えるための仕方である。哲学は芸術と宗教と同一の目的をもっている。[★13]

いかなる点で芸術が感性的な形式を精神的な内容に授与することができるのかは、容易く理解できる。芸術は精神的な内容を想像し、象徴化することによって、これを直接的な直観に対して開かれたものにするのだ。[★14]宗教に関して言えば、既に見たように、それは精神的な内容の表象であり、この表象は芸術特有の形象化の過程とは混同されえないものである。〔確かに、〕宗教的芸術は宗教を表象するための感性的基盤をなしている。しかし、この表象の目的は単純な直観の感性的な内容を記憶へと高める点にある。この表象は思弁的内容の時間的形式化であって、これは諸々の瞬間＝契機という形でこの内容を把握することを可能にする。こうして、宗教は思弁的内容の連続した把握として規定されうる。それは隔たりや連続のようなものを直観の分割不可能な全体性のなかに導入するのである。[★15]

芸術と宗教において相異なる仕方ではあるが、思弁的内容はその形式と対立したままである。思弁的内容は形式の外面性（芸術作品の感性的かつ物質的現前、宗教の諸契機を継起的に把握すること）と、この外面性を精神的に把握する内面性（作品を前にした沈思、〈キリストの死〉を教団のなかで記憶化し内面化すること）とのあいだで弛緩し分裂しているのだ。それゆえ、芸術と宗教は依然として、内部と外部の分割、つまり、「主観的な自己内進行（subjektives Insichgehen）」と「主観的な彷徨運動（subjektive Hinbewegung）[★16]」との分割に従属したままである。

こうした哲学自身が分割された契機を踏まえたうえで、哲学固有の操作とはいかなるものだろうか。

哲学は絶対的表象の内容の必然性と、次の両形式（*Formen*）の必然性とを認識することを自分の課題にする。すなわち、哲学によって必然性を認識される形式の一方は、直接的直観とそれの詩、および前提をもった表象、客観的で外面的な啓示の形式であり、他方は最初に信仰の主観的自己内進行の形式、次には信仰の主観的な彷徨運動、信仰とあの前提との同一化作用の形式である。それでこの認識作用はこの内容と、この内容の形式とを承認することであり、二つの形式の一面性からの解放であり、両形式を絶対的形式へと高めることである。絶対的形式は自己自身を内容へと規定し、内容と同一なものとして止まっており、また、内容のなかで即かつ対自的に存在するあの必然性を認識することである。[★17]

哲学の内容は諸規定あるいは「思惟の諸形式（Denkformen）[★18]」からなる。この内容は形象化することも表象することもできない。哲学の内容には想像されたあるいは象徴化された形式を付与することも、その連続した内実あるいは「分離した諸領域」を互いに関連づけることもできないのである。ヘーゲルは哲学に対して投げかけられた「無神論という詰問」に長い注釈を割いているが、それは二つの理由によるものである。まず第一に、まさしく、哲学はその内容を見る機会を与えることはなく、かくして、直観や表象にいかなる素材ももたらさないからである。第二に、哲学が従事する概念の純粋な労働は哲学が固有に発展する場をなすのだが、こうした労働によって、哲学は本来の意味で宗教的な領域をさらに超出しようとするからである。[★19]

宗教は「現象と本質の関係、有限者と［神という］無限者との関係が［存在するという］確信」の上に成り立つ。ところで、

これらの関係は神の本性について何も知ろうと欲しない人々によって不可解なもの＝概念によって把握できないものと名づけられているものである。哲学の結論においては――公義的な考察においても概して事情は変わらないのだが――、概念による把握と呼ばれていることについて一語も費やす場所はない。[20]

現象と本質の関係を概念把握することは、それら両項をもはや分離しないことである。何しろ「哲学は統一に係わり合う」のだ。なぜ、この哲学に特有な総合の力はかくも理解されにくいのだろうか。なぜ、この力のうちに「事象の全困難が横たわっている」[21]のだろうか。

ヘーゲルは［引用した先の件の］少し前で、この問いの答えが孕む重要な要素を既に提示している。

哲学が宗教側から非難と詰問を経験したのは形式を根拠としてであり、哲学が自称哲学、そして無内容な敬虔派から非難と詰問を経験したのは逆にその思弁的内容のためである。宗教からすれば、哲学は自分のなかに神に関して余りにも少ししかもたないのであり、自称哲学や敬虔派からすれば、哲学は自分のなかに神に関して余りにも多くもっている、というわけである。[22]

この二重の非難は相対する不満によって根拠づけられているにもかかわらず、ただひとつの非難を形づくっている。この不満は哲学に固有の概念的形式の誤解に立脚するものである。「宗教側」は哲学のうちに、神への信仰を無条件に排除してしまう、理性への大いなる信仰の結果をみる。神は理解されるがままとなり、神学は哲学のなかで臨終を迎えるのである。［これに対して、］カント的な批判に由来する哲学は、思弁的哲学を理性への過信という点で非難する。この過信は理性の諸限界を否定することで、感性的なものと超感性的なものの分離を問いに付し、哲学それ自体を破棄する。神は理解されるがままとなり、哲学は神学のなかで臨終を迎えるのである。いずれの場合も、概念は概念自

身としていわば崇拝されており、そのため、無神論という詰問は逆説的にも汎神論という詰問と合致するのである。

人々がかつて哲学に対してしばしばおこなった無神論という詰問、すなわち哲学は神に関して余りにも少ししかもっていないという詰問は稀になってしまった。しかし、汎神論という詰問、すなわち哲学は神に関して余りにも多くもっているという詰問は、それだけますます多く広がっている。★23

「事象の全困難」は、哲学は対象をもたないという点にある。哲学が芸術の直観形式のなかにも、表象の形式のなかにも安住できないのはこうした理由による。すなわち、哲学は自分自身の内容を自分の前に置くことができないのである。

しかしながら、内容と形式の弁証法的和解として、哲学は形を贈与する試み、精神と「形を共有し適合した〔con-forme〕定在」を贈与する試みでありつづける。すなわち、哲学とは、非-直観的、非-表象的であるにもかかわらず依然として感性的なひとつの形式なのだ。「絶対的な形式」は感性との根本的な関係を保持しているのである。実際、哲学の内容そのものに触発されなければ、どうして哲学者になることができるというのだろうか。ただ、問題はこの概念的感性を理解することである。この困難な論点を通じてこそ、概念の労働にその感性的発現、その素材、その時間を付与する哲学の可塑性が解明されるのである。

III　哲学的推論——反省された後の自然★24

この可塑的操作は、ヘーゲルが哲学の推論の契機において示しているように、論理（純粋思惟）、自然（感性的定在）、精神（両者の総合）という三つの審級を問題とする。

『大論理学』で絶対的理念を叙述する際に、ヘーゲルは次のように書いている。

> 絶対的理念の論理的なものはまた、この同じ理念の［存在］様態と呼ぶことができる。しかし、前の各様態が特殊的な在り方、形式の規定性を表わすものであるのに対して、この論理は、ありとあらゆる特殊的［様態］を自分のなかに止揚し、包み込んでいるところの普遍的な様態である。論理的理念はその純粋な本質のなかにある絶対的理念そのものである。すなわち、単純な同一性において自分の概念の内に閉じこもっており、まだ形式的規定性をもって現象として現われないところの、純粋な本質のなかにある絶対的理念そのものである。★25

論理的境位とは思惟の根源的な生命、思惟の類が息づく場である。それと同時に、思惟の類は生物の類のように個別化の過程でもある。このように、自己を規定し具現化することは思惟と生命の働きなのである。まさにここに、絶対的理念のエコノミーをともなった自然の契機がある。理念は自分自身の外に出て、「存続するために外部に投げ出される」★26。こうした外部への「投出」は偶然性の試練にかけられること、理念が絶対的他性や有限性に遭遇することである。

精神とは、論理の抽象性と自然の偶然性、カテゴリーと感性的なものを取り集める総合的審級である。絶対精神の哲学的契機を構成する諸々の推論は、論理と自然という他の二つの生命に対する、精神の生命の多様な立場を叙述しているのである。

A）第一の推論：論理、自然、精神——実習期間

第一の推論は、論理的なものを出発点としてもち、自然を媒辞としてもっているような推論である。そしてこの推論においては、媒辞と

しての自然が精神を論理的なものと連結させる。論理的なものが自然になり、そして自然が精神になる。[27] これは言うなれば、精神の哲学的育成である。すなわち、抽象的な思惟がもっている純粋な理念性が精神の現実的な生へと「移行すること」である。まず初めに、精神は「自己の前に生命を位置づける」。このとき、実存の偶然性とその純粋な外面性は、思惟の諸規定がもつ必然性と直接的に矛盾をきたすようになる。哲学的育成の本義はこの分裂を乗り越えること、そして、精神的なものの感性的な定在における具体化が思弁的な現実性によって必然となることを理解することにある。こうした具体化がなければ、論理的な生命は抽象のままにとどまってしまう。哲学の実習期間において不可欠なことは、論理的な諸カテゴリーと定在の偶然的な諸規定とが互いに発現し合うことなのである。

B）第二の推論：自然、精神、論理――学の出現

第二の推論の「視点」とは、

　プロセスにおいて媒介者の地位を占めているところの、そして自然を前提し自然を論理的なものと連結するところの精神そのもの［の視点である］。これが理念における精神的反省の推論である。ここでは学は主観的認識作用として現われる。そして、この認識作用が目的としているものは自由であり、この認識作用自身は自分に自由を作り出すという道程である。[28]

第二の推論において、精神は自然と論理を媒介する立場にある。かくして、精神は感性的偶然性の領域と思惟の純粋な本質性の領域とを媒介する役目を負う。「それは理念における精神的反省の推論なのである」。[29] 反省の推論において、普遍は「その規定性のうちで措定された端初あるいは最初のものの否定である。それは（……）区別されたものの関係であり、反省の契機である」。[30]

ヘーゲルによれば、この推論は学の出現（Erscheinung）を「その目的が自由であり、自分に自由を作り出すとい

う道程であるところの主観的認識作用」[★31]としてしるしづける。これは、育成過程の終わりに達して自分自身で思考する自由を感じる哲学者の知的進展に対応する。

この推論における出発点（思惟による感性的定在の受容）と媒介項（主観的認識作用の出現）の絆をどのように理解すればいいのだろうか。『エンチュクロペディー』の「小論理学」にある「理念」というセクションの二番目の章「認識」では、哲学はまさしく「認識」として検討されている。この発展の運動において、「概念の実在性」とは、一般に概念の定在の形式である。そして問題はこの形式の規定にある。即自的な概念あるいは主観的概念と、客観性のなかに沈み込んでいる概念（……）との区別は、この形式の規定次第なのである。[★32]

この件を援用して先の問いに答えることができる。第二の推論において、精神はその固有の個体性の感性的定在に関わる、特殊化された思惟として現われる。そうすることで精神は、自分の図式化の操作を反省することができる。自然と論理とを媒介する立場にある精神は、統覚の根源的に総合的な統一、「私は考える」という自由として現われるのである。

思惟、精神、自己意識は理念の規定であるが、それは理念が自分自身を対象とすることになり、理念の定在、すなわち理念の存在の規定性が、理念自身の自分自身との区別となるかぎりにおいてである。[★33]

哲学の第二の推論が叙述するのは、ヘーゲルの時代に至るまでに既に構想されていた、精神的なものの感覚的発現の運動である。私たちがこれまでに検討した可塑性の二つの時代＝時間は受肉の運命、つまり精神的なものの肉体化に相当する。「第二の自然の加工方法」と「二重の本性の転回」はカテゴリーと感性的なもの、論理と自然の媒介の二つの様式を特徴づける。前者の時代は芸術からその直観的表示の考え方を取り入れ、精神的個体性は彫刻のような方法で加工される。後者の時代はキリスト論のカテゴリーから神の疎外化を受け継ぎ、これによって主体性とその他者との関係、現象の世界を考察する。

ヘーゲルによると、精神的なものの感覚的発現のこれら二つの様式は、これまでの哲学史のなかで、「形を共有し適合した定在」を精神に付与していない。この場合、純粋思惟はたんに、自分の世界、すなわち自分が形象化ないしは表象するいわゆる「客体」の「前に位置した」ままなのである。

C）第三の推論：精神、論理、自然——理念の離脱

第三の推論はこの分裂の弁証法的止揚を成就させる。この推論は自然を前提とし、精神を極としているので、論理的なものがこれら両項を媒介する立場にある。

第三の推論は、自己を知る理性、すなわち絶対的普遍者を自分の媒辞としてもっているところの、哲学の理念である。そしてこの媒辞は、精神と自然とに分裂して、精神を理念の主観的活動の過程として前提し、自然を即自的、客観的に存在する理念の過程にして普遍的極にする。[34]

「私は考える」の主観性（あるいは精神）と客観性（あるいは自然）との分裂である判断を起点として概念が自己へと回帰するかぎりにおいて、論理の契機とは概念である。この最後の推論——後に私たちはあえてその分析にしばらく時間を割くだろう[35]——は、思弁的哲学の登場をしるしづける。この推論において、思惟はその立場の固定性を放棄し、これまで思惟が克服することができなかった、分裂し硬直化したこれら三項を和解させる。判断による分割という試練を経て自己自身に立ち戻った概念は、自然の実存に対して自由に開かれるのである。

第二章　弁証法的単純化

I　止揚《アウフヘーブンク》の可塑的取扱いのために

A）力の一撃と悪無限のあいだの絶対知

「哲学」セクションの無味乾燥とした三つの推論は、ヘーゲルの存命中にいくつもの批判を引き起こさずにはいなかった。そこでヘーゲルは一八二七年の版でこの推論を削除し、最終的には一八三〇年の版でこれを再び導入している。こうした彼の決断の理由は分からないものの、ヘーゲルが非難の的となり、その重圧に彼がしばらく屈していたことは推測できる。

ブルジョワの説明によれば、『エンチュクロペディー』第二版の出版は、ヘーゲル自身の言葉を借りれば、「言語に絶するほど卑劣な内容」をともなう数々の批判を巻き起こした★1。一部の読者は「体系が体系として措定されるまさにその地点で、その措定全体を活気づける方法を否認してしまうという完全な静寂主義★2」に対する拒絶を顕わにしており、ヘーゲルは生前からこうした無理解に突き当たったのだ。弁証法的プロセスの特性である変動性と力動性が、絶対知の最終的な介入によって突然中断され、休止状態へと委ねられるかもしれないということをどのように理解するべきか、という問題が既に提起されていたのである。

ヴァイセはこの点に関してきわめて説得力のある手紙をヘーゲルに送っている。ヴァイセの書面にあるように、「弁証法の概念が、否定――最初に到来する否定ではなく、概念自身の否定としての否定――へと移行することが同時に措定である、あるいは、より限定された仕方で、「他のものへと」移行する概念が自分自身のうちで深化することである」ならば、哲学の概念自体はさらに上位の審級によって弁証法的に止揚されなければならない。ヴァイセは次のような言葉で批判を続けている。

> 弁証法的否定性を用いた漸層法という要求のことが絶えず私の念頭にあります。(……)最も止揚されたものがこの漸層法にしたがうことなく端初へと回帰するという円環を容認することによってこの要求を退けることなど、私には絶対に不可能であるように思われます。★3

なるほど、ヴァイセの詰問をぞんざいに却下することもできるだろう。思弁的発展の「漸層法」という要求のなかで、弁証法のプロセスと悪無限の性質が混同されていることを示せばよいのだ。しかし、それでもなおこの返答は、あらゆるヘーゲル読者にとって重要な、さらに別の問いを解決するには至らないだろう。なぜ、弁証法的止揚の過程にともなって悪無限が生じえないのか。自らを措定するにつれて自分自身を取り除いてしまうような止揚《アウフヘーブンク》の絶えざる活動が起こりえないのはなぜなのか。絶対知が本当に、思弁的発展における停止の時間をしるしづけなければならないのならば、この休止は力の一撃の結果――これは思弁的発展の不当性を示しかねない――ではないのだろうか。

ハイデガーはヘーゲルを扱った「ル・トールでのゼミナール」で同様の問題を自分なりに提起している。

すぐさま頭に浮かぶ問題だが(……)、弁証法の運動それ自体は、偽りの無限性にして〈かぎり-なさ〔End-losigkeit〕〉という形をとった有限の支配下へと再び転落することをはたして避けられるのか、また、いかにして避けられるのだろうか。さまざまな回答が考えられるだろうが、なかでも、循環運動という回答はこの難問を解消するというよりも、これに衝突する。〈絶対者〉の不変性を表面的に引き合いに出すというのもまた徒労である。また、どのような足場において偽りの無限性が万一にも停止するのかを探究する、ということも重要ではない。[★4] 結論を下すという絶対知の役割は恣意的な決断という偶然、ないしは力の一撃の埒外にあるのだが、その正確な理由が解明されないかぎり、ヘーゲル哲学の信用性そのもの——その未来——は正面から問いに付せられたままである。

B） 複数の保存と複数の抹消

こうした問題を解明するためには、まず第一に、止揚《アウフヘーブンク》の機能そのものを検討する必要がある。実詞 **Aufhebung** と動詞 **aufheben** のフランス語訳にまつわる数々の論争はこれまでよく知られている。[☆1] 本書ではジャック・デリダが提起した「relève」と「relever」[★5]が採用されていることは既にお気づきだろう。私たちはこの選択の説明に時間をかけないが、それは翻訳の問題がさほど切迫したものではない（ないしはもはや切迫したものではない）からである。翻訳者の誰もが **aufheben** の二重の意味（廃棄することと保存すること）を表現しようとしてきた。しかし、ヘーゲルの翻訳者や解釈者は誰ひとりとして **aufheben** と **Aufhebung** それ自体に、これら二語が担う意味そのものを適応させようとはしなかった、これは一体どういうことだろうか——私たちからすればここにこそ最も重要な問題があるのである。

弁証法的論理の現実性からすれば、止揚《アウフヘーブンク》そのものがいわば廃棄‐保存され、変形されうることが当然予想される。つまり、止揚がプロセスの進化を組織し律動させながら、このプロセスとともに進化することが仮定されるのだ。止揚が論理的運動とみなされるならば、しかも、ヘーゲルによってその意味があらかじめ固定され凝固した論理的運動とみなされるならば、悪循環から抜け出すことはできない。「止揚」がつねに自分自身とは別のものの止揚であるならば、結果的に、止揚はつねに相対的なものにとどまるからである。こうして、絶対知は関係の悪無限を恣意的に宙吊りにする力の一撃であることを、結局、認めなければならないのだろうか……。

実のところ、精神の進展のなかで、保存と廃棄はそれぞれ自己同一的なものでもなければ、変化しないものでも区別化されないものでもない。証明する必要があるのは、ヘーゲルが aufheben と Aufhebung が孕む弁証法的激情そのものをこれらの語に送り返し、回帰させること、彼が aufheben を aufheben のうちに、Aufhebung を Aufhebung のうちに止揚することである――これこそが、絶対知の新しい読解の可能性を導く可塑的操作に他ならないのである。

C) 止揚《アウフヘーブンク》の過去と未来

私たちのこれまでの論述展開は二つの契機、すなわちギリシア的および近代的な契機における時間的総合に対するヘーゲルの理解を対象としていたが、それらは止揚《アウフヘーブンク》の可塑的な解釈に立脚している。一方では、アリストテレスにおける作用を受けること《パスケイン》と生み出すこと《エネルゲイン》との根源的統一、他方では、カントの超越論的構想力における対立物のア・プリオリな統一がある。これらの統一を分析する目的は、両者の総合的審級が既にそれ自身で現前と無をともに包括した構造であること、換言すれば、既に、止揚の構造であることを示すことだった。

習慣《ヘクシス》という語のなかには、στέρησις（剝奪）と σωτερία（保存）が共存している。この二つの意味は止揚《アウフヘーブンク》がもつ二つの意味とそれぞれ対応してはいないだろうか。他方で、超越論的構想力がそのなかで「存在と非‐存在とのあらゆる関係が生じる」★6ところの作用空間である以上、これもまた「止揚をもたらす」機能を持ち合わせてはいないだろうか。想像された存在はその相対的な無のなかにあって現前でも不在でもなく、このため、その現前が廃棄されると同時に保存されているような存在とみなされうるのである。

止揚《アウフヘーブンク》に特殊な性格、さらにはヘーゲルの思想における「奇癖」という烙印を押すことによって、止揚が哲学史においてつねに作動してきたこと、止揚自体が歴史をもち、ヘーゲルはこの歴史を受け継ぎ、再び練成したということが忘れられてはいないだろうか。[★7] 弁証法的止揚の運動は、その様態が一度に固定されて、運動をもたらす対象と疎遠になり続けるような凝固したプロセスではない。むしろ、このプロセスは寄せ集められ、総合された、二つの総合的審級、つまり止揚する審級をもつ。それは一方で、アリストテレスにおいては、作用を受けること《パスケイン》と生み出すこと《エネルゲイン》の根源的統一という仕組み――習慣《ヘクシス》の媒介的役割をそなえた仕組みであり、他方で、カントにおいては、超越論的構想力の媒介的役割をそなえた統覚の根源的に総合的な統一という仕組みである。弁証法的プロセスの性質は、二つの相対的な無、廃棄と保存という二つの様式が一体となった操作を想定する。すなわち、潜在的なものと想像的なものの両者が否定的なもののエネルギーを構成するのである。

止揚《アウフヘーブンク》がもつ二重の意味（廃棄と保存）はヘーゲル哲学のなかで、それ自体、二重の意味で理解されなければならない。つまり、廃棄の二重の理解、保存の二重の理解が動員されるのだ。弁証法的止揚の運動は、同時に、それが由来するところのものの収縮と疎外化によって機能する。これら二つの運動は試練の時にはそれぞれに固有の特徴を区別しなければならないが、ヘーゲルの止揚の力動性はこれらの運動を総合し関係づける能力を本義とする。

精神の発展における契機はそれぞれがひとつの習慣《ヘクシス》である。精神の過ぎ去った形象はそれぞれがひとつのハビトゥス、すなわちつねに再び現働化されうる潜在性をもった存在様態ないしは永続的な性向を構成するのだ。そこで、弁証法的プロセスの性質は思弁的習慣として作用していると言うことができる。この性質のおかげで精神は過ぎ去った諸契機を所有することができるのであり、そうして、精神の発展にその教育的次元が付与されるのである。

精神が経た過去の諸契機はそのハビトゥスを構成するが、それと同時に、精神自身の諸々の「外化（Äußerungen）[★8]」として現われる。精神は必然的に自らを自己の外に置き、また、この疎外化は各契機の内面化――この内面化は思弁的教育学の本質的なプロセスとしても呈示される——に対立する運動を可能にする。精神の各形象が再び内面化された外化である以上、それらは、想像的な現前として、すなわち、かつて存在したものが亡霊的に存在する様態として過去に遡ることで現われる。こうして、止揚《アウフヘーブンク》は思弁的な喪の作業として解釈されるわけである。[★9]

II　単純化とその諸傾向

このように規定された止揚《アウフヘーブンク》の総合する操作をどのようにして確かめることができるのだろうか。ヘーゲルからすれば、収縮による止揚と疎外化による止揚の双方の含意を明らかにするプロセスとは、精神の発展全体を通じて作動する単純化（**Vereinfachung**）のプロセスに他ならない。なぜなら、思弁的内容の発展は自らを単純化し続ける、つまり、自らを短縮し、その勢いを加速させ続けるからである。単純化は論理的・存在論的観点からすればヘーゲルにとって最も重要なものであり、それは思弁神学の意味そのものなのである。単純化の目的はまさしく習慣と疎外化が結びついた作用を必要とするのである。

A）概念的短縮

『精神現象学』序文のなかの一節で、ヘーゲルは、自分が生きる時代の哲学教育の特殊性を規定することに次のようにこだわっている。

> 古代の学習の仕方が近代の場合と違うのは、自然的意識を本来の姿で余すところなく陶冶した（Durchbildung）点にある。

自然的意識は、自らの定在のあらゆる部分で自分を試しながら、現われてくるすべてのものについて哲学的に思索しながら、徹底的に試されて普遍性となった。これとは異なり、近代になると個人は抽象的形式が既に用意されている（vor-bereitet）のをみる。この形式をつかんで自己のものとしようとする努力は（……）普遍的なものを短縮して（abgeschnittne）形成することであって、具体的なものや多様な定在から普遍的なものが生み出されることではない。★10

単純化は「抽象的形式」のうちで作動しており、個人はこの形式が「既に準備されており」、「短縮されて」いることに気づく。abschneiden は一方で、「切ること」、「裁断すること」、「筒切りにすること」を、他方で、「還元すること」、「短縮すること」を意味する。単純化のプロセスは本質的に、自己を短縮する活動から生じるのである。精神の各々の契機は根源的かつ具体的なひとつの外形、実体的なひとつの世界やひとつの全体性である。それらのなかで思惟の生命は現実の生命から切り離されえない。精神の契機にとっての「現実の生命」は「大地、［その］実体である四元素、［その］規定態をなす風土」★11から構成されている。この契機に固有のさまざまな表象形式（宗教的、哲学的、美的な表象形式）は、手始めに、この原初的な土壌を起点として意味と存立性を獲得するのだ。だが、この元素的生命は必然的にそれ自身の没落へと至る運命にある。ある時期に培われた実体的豊かさは、記憶の領域に書き込まれることによってそれ自体としては消え去り、抽象的な規定作用のなかで縮約される。かくして、古代ギリシアの実体的風土は永遠に失われ、その結果、私たちがプラトンやアリストテレスを読み、ギリシアの彫刻や芸術作品を鑑賞するのは太陽が失われた常闇のなかでである。この点に関して、ヘーゲルは良く知られた一節で次のように述べている。

いま、彫像は生命を与える魂が逃げ去ってしまった屍となり、同じく讃歌は信仰が逃げ去ってしまった言葉となっている。神々の食卓に精神の食べ物や飲み物はなく、神々を讃える競技や祭から意識に帰ってくるのは、実在と自分がひとつになって悦びに浸っている姿ではない。女神ムーサたちの作品には精神の力がなくなっている。この精神の自己確信は神々と人間とを粉々にすることから生じていたのである。こうしていま作品は、われわれにとって在るとおりのものとなっている、――つまり、それらは、樹から摘みとられた果実であり、若い娘がその果実を供えてくれるように、喜ばしき運命（**ein freundliches Schicksal**）をわれわれに捧げてくれる。★12

この「若い娘」、つまり「芸術作品をわれわれに提供してくれる運命の精神★13」とは、精神の単純化の原理の寓意《アレゴリー》である。この寓意《アレゴリー》は死に関する力――元素的生命の消滅――として、そして同時に、自らが取り集めるものに論理的な本質性という形式を与えることでこれを短縮する、結集の力として現われる。『歴史哲学講義』において、ヘーゲルは「思惟とは（……）もっとも力強い短縮作用（**der mächtigste Epitomator**）である★14」と断言している。「長期間を通じて」展開された数々の出来事は、最後に「抽象によって要約される（**mit Abstraktionnen abkürzen**）」、すなわち、思惟の純粋な諸規定のなかで要約される。★15 概して、思惟の本質性はいずれも短縮作用なのである。

戦闘、戦争、民族、海、動物などといった表象は、そのなかに外的存在や行動がもっている具体的なものを無限に含んでいる。同じことは神、愛などといった表象にも言えるが、こういう観念の単純性のなかに、いかに多くの個々の観念、行動、状態などが摘要されていることだろう。★16

単純化の原理に関する第一の規定を明らかにすることができる。この原理は、「諸事物の個別性に対する大変な短縮作用（**die unermeßliche Abbreviatur gegen die Einzelheit der Dinge**）★17」を作用させる概念の働きそのものに等しいのである。

B） 切れ味の鈍い意味の尖端

感覚の豊かさからその普遍的意味を引き離し、抽象化するのは悟性である。この抽象化作用には、そう考えられているように、死に至らせることという一義的な意味があるだけではなくて、それはまた、生気を吹き込む作用としても現われる。このことは『大論理学』で述べられている。

> なるほど、悟性は抽象的な普遍性の形式によって、質の領域においても反省の領域においてもみられないほどの、存在の堅牢さ（Härte）を［思惟の諸規定性に］与える。しかし、こうした単純化によって（diese Vereinfachung）、悟性はそれらの規定性に同時に生気を吹き込み、それらを先鋭化する。★18

思惟の諸規定は今や、「尖端が鋭く尖った針★19」の形となるのである。

ヘーゲルがいう「堅牢さ」をどのように理解するべきだろうか。「存在の堅牢さ」とは、まず第一に、「存在の堅固さ（Halt）」、同時に硬さ、一貫性、抵抗（例えば、いかなる現象よりも強度のある、時間への抵抗）であるだろう。この堅牢さは、現象のなかの質的なものが吸収されることによってある質が弁証法的に現われることである。その結果、思惟の規定のなかに冷酷な心〔＝堅牢な心〕が生じる、すなわち、現象によって生じる情動と比べるとはるかに「感覚的」ではない、概念によって生じる効果がもたらされる。主体が規定作用の「尖端」と関係しているとき、主体は、それが現象の数え切れないほどの特徴と接触している場合ほど多くのものを含んでいないからだ。逆説的なことに、「尖端」の刺し傷は生身を無感覚にすることがありうるのである。しかし、別の段階においては、尖端のおかげで現象的なものの最後にまでたどり着き、いわば現象を成就させることができる。これはもちろん、現象をその概念のなかで死なせることをも意味する。堅牢さと先鋭さは同時に急斜面と点を、すなわち、何かを反転させる決断と「……を起点とするもの」を想起させるのである。

堅牢さや先鋭さは精神の不在とは言わないまでも、まさしく魂の不在、さらには心の不在を連想させるが、これらに対して「生気を吹き込む作用」はどうなっているのだろうか。生気を吹き込む作用とは、概念によって要約される関係の「魂＝生気」そのものである。現象的なものと結びついた生気を吹き込む諸作用の総体はまた、概念によって集結させられ、結びつけられ、統一されて、抽象的である。思弁的内容に形式を与える還元作用、その論理的エクリチュールは、逆説的に、その個別性を剥奪された存在にある種の比類なき個別性――この存在に「固有な特徴（Eigentümlichkeit）」[20]――を付与するのである。

精神の発展の各契機は最終的にこうした主要な特徴に還元され、この特徴は各契機を論理的なしるしとして要約する。「精神は各形式のなかで、自己自身の全的内容を具体化する」。ア・ポステリオリに、この形式は、

> 不完全な精神であり、具体的形態ではあるが、その現にある状態のすべてがひとつの規定（*einer* Bestimmtheit）の下にあり、他の規定はすべてその姿をかき消された形で現存しているにすぎない（nur in verwischten Zügen vorhanden sind）。[21]

このテクストから、単純化の原理に関する第二の規定が導き出される。すなわち、ある存在、ある事物、ある思惟の契機の外観的な諸特徴をその弁別的特徴へと還元することである。

しかしながら、意味のこうした先鋭化作用が同時に、平板化と鈍化のプロセスを兼ね備えていることに注意しておくべきである。精神の歴史を自分のものにした個人にとって、

> 内容は現実がもはや消し去られて（getilgte）その可能性になり下がっており、強いられて（bezwungne）無媒介のものになり下がっている。外形は既にその縮約へと還元され（auf seine Abbreviatur herabgebracht）、思惟の単純な規定へと還元されている。[22]

換言すれば、意味作用を先鋭にする作業は、結果として精神の道程を形跡――そのでこぼこした表面は意味作用によって消え去った――へと還元するのである。

他方の精神より高い精神のなかでは、より低い具体的な定在は沈静し、目立たない契機となっている（zu einem unscheinbaren Momente herabgesunken）。以前には主題そのものであったものが、もはやひとつの痕跡（nur ein Spur）にすぎなくなっている。その形態は覆われ（eingehüllt）、単なる陰影になってしまっている（eine einfache Schattierung geworden）。（……）個人は普遍的精神の形成過程をも通り抜けるのだが、その場合、それらの過程は、精神によって既に脱ぎ捨てられた形態（schon abgelegte Gestalten）として、既に仕上げられ、平らにならされた道の段階として通り抜けられるのである（als Stufen eines Wegs, der ausgearbeitet und geebnet ist）。これは私たちが、知識に関して、前の時代には大人の成熟した精神を煩わしていたものが、いまでは、少年時代の知識、練習、いやそれどころか、遊戯にさえなり下がっている（herabgesunken）ことに気がつくのと同じことである。★23

精神の内容をその尖端へと集積し還元することは、結果的に、この内容を把握するために欠かせない道程を短縮することである。こうして、個人が成し遂げなければならない努力は最小限のものとなる。尖端は溝を穿つにつれて、自らが穿った溝を侵食する。確かに、個人はこの道行きにともなう艱難辛苦を感じるが、「それよりも短い道程では自分の実体を把握することはできない」。しかし、「同時に、即自的にはあらゆることは既に成し遂げられている（vollbracht）のだから、労苦はさほど大きなものではない（geringere Mühe）★24」。短縮とは努力を短縮すること——短縮された努力——でしかなく、決して道程の長さをごまかす方法ではないのである。

これらの断片抜粋から、第二の規定を補完する、単純化の原理に関する第三の規定が明らかになる。それは、精神の疎通は、尖端によっておこなわれる、刺激による活気づけの働きと消去の働き双方から生じるという規定である。

C)「梗概化された」加速作用

Der Grundriß（概要ないしは要綱）はヘーゲルにとって、哲学書に相応しい形態である。ドイツ語で Grundriß は平面ないしは切断図をも意味する。注目すべきことに、ヘーゲルにおいて、この切断は思弁的叙述の予備教育的な形態ではなく、その決定的な形態として現われている。『エンチュクロペディー』第一版の序文において、ヘーゲルは概要というものの通常の意味を想起している。

簡潔に述べられるものがあらかじめ想定され、よく知られた（bekannt）内容である場合、問題となるのは配列とか組立とかの外的な目的性である。（……）本書の叙述はそうしたものではない。本書は、内容と同一な唯一の真実として最後には認められる——私はそう期待している——ような方法にしたがって哲学を革新しようとするのである。[★25]

ヘーゲルの概要はただ概要それ自身だけを前提とする。それは以前の展開のさらに詳細な要約であるどころか、哲学的叙述の根本的な形式として現われる。諸概念の、すなわちそれらの「証明」[★26]の「体系的な導出」の「制限」は決して恣意的な切断ではなくて、それは思弁的展開の運動そのものを尊重しているのである。ヘーゲルが自分の方法は精神の内容の外からは適用されないと断言しうるのは、この方法が精神の内容の律動と一致しているから、その運動が労苦を減少させ、時間を縮約することによって自分自身の流れを加速化させる運動に他ならないからである。「要綱であることはエンチュクロペディーの本質なのである[★27]」。

こうした考察に続いて、単純化の原理の第四の規定、すなわち、自分自身を根源的に凝縮させるという知の傾向の可能性が生じる。

D）要約された形式の諸様態

単純化とは形式が形式自身に及ぼす作用である。この点において、単純化は形式のありとあらゆる様式のヘーゲル的な区別化に関係する。それは定在の感覚的形状を単純化するべく機能する。すなわち、Gestalt〔形態〕を加工し、これを形式の規定（**Formbestimmung**）、つまり、論理の本質性という存在様態のうちで要約するのである。これら二つの「形式」〔Gestalt と Formbestimmung〕が、個人の **Bildung** ——形成および教養——、ないしは、「その概念のうちで教化される」かぎりでの精神一般の **Bildung** の道を開く。さらに、ヘーゲルの〈形式〉は形式の三つの伝統的な様式と関係をもっている。

単純化は精神の各形象を中心的な特徴へと還元する。こうした特徴をアリストテレスの型式《モルフェー》と関連づけてみる必要がある。型式《モルフェー》は、不在化そして剝奪と引き換えに得られる特徴として理解された形式を意味するからである。**Gestalt**〔形態〕は自分自身を剝奪された場合でも、消え去ってしまうわけではない。それは自分を要約する書き込みに場所を残しておくのである。

他方で、『精神現象学』の序文で明確に述べられていることだが、「形式の規定性」とギリシア語 **ὅρος** とは同義的な関係にある。**ὅρος**（限界、境界線、迫台）はヘーゲルにおいて、個別的な切断および個別化をもたらす切断を意味する。すなわち、「ある広がりをもった自己」こそが意味を規定するのだ。境界を画定されたものだけが悟性的である。「完全に規定されたものこそが公開的なもの、概念把握されうるものであると同時に、学ばれて、すべての人々の所有物となるのである」[★28]。

最後に、ヘーゲルの〈形式〉は形相《エイドス》と根本的な関係を保つ。ヘーゲルは形相ないしはイデアを「規定された普遍性ないしは種[★29]」と定義づける。形相とはある事物の理想的な形像である。事物はその特徴線に規定されることによって、理念へと接近することができる。単純化とは形相的なものである。それは要約の機能によって個別性がもっているスタイルを明らかにするのだ。それぞれの規定は、いわば自らを単純化することによって、自ずから照らし出されるのである。こうした照明は結果的に原初的な輝きの曇りから生じ、この曇りに取って代わる。このように、単純化の作用は現前の可視性の諸条件を規制しているのである。

III 単純化は習慣的であると同時に無化的である

習慣のおかげで魂が肉体の「形成的浸透」であるのと同様に、精神はそれ自身の感覚的定在およびその各契機の物質性＝肉体性に浸透する。単純化は精神が自分固有の実体性を流動化することから生じる。というのも、根源的に、精神は自分の内部で自分に対立する。精神の実現を妨害する敵は精神自身であって、精神は自分を克服しなければならない。自然においては穏やかな産出であった発展は、精神においては、自分に対する厳しく際限のない苦闘なのである。[★30]

単純化を通じて、精神はその定在の抵抗を減少させ、そうしてこれを沈静させ、服従させ、道具に変えてしまう。単純化は精神の第一の自然をいくつかの論理的規定へと還元することによって、その第二の自然を生み出す。これ以降、これらの論理的規定は潜在的エネルギーの「収縮」、ゆえに所有態（ἕξις）の「収縮」となる。[★31] 精神をそれ自身の発展と親和させ、個人をそれ自身の精神と親和させる機構《メカニズム》が始動するのだ。この機構は「長い間［個人が］備えている（die er längst inne hat）」数々の痕跡を関係づけ、これらに生気を吹き込むものだが、これこそが習慣の機構に他ならない。[★32]

こうした機構《メカニズム》の実施は同時に、精神の供犠的な疎外化を引き起こす。習慣によって精神は自己と自己との距離を減少させると同時に自分自身を引き剝がしてしまう。単純化の結果は初め、思弁的叙述を「香料商の店に並んでいるレッテルをはって封印されたたくさんの箱」[★33]へと変容させる。精神は自己供犠を成就し、ついには「肉も血もなく」[★34]死に至る審級へと自己を変容させるのである。ただそれと同時に、この死に至る変容は生き残りを約束するものでもある。

しかしながら、優れたものはこのように命を奪われ、精神を抜き取られ、皮を剝がれ、その皮に命のない知とその知の空しさが着せられるという運命をまぬがれることはできない。だがさらに、この運命のなかには、優れたものが精神にではないにしても、心情に対して働きかけるという威力があることが認められるべきである。またこの運命のなかになお、普遍性に仕上げることおよび形式の規定性が認められるべきである。この形式のなかで優れたものが完成されるのであり、この形式があるからこそ、この普遍性が表面的に使用されることも可能になるのである。[★35]

形式の生成は概念の発展に内在しており、概念に不可欠な未来を構成する。具体的な定在を単純化された規定性へと還元することは精神の肉の供犠ではあるが、この還元によって、個別的精神は思弁的内容を自己固有化することができる。個人は教養を「無機物」のように「消費し」、既に単純化のなかに現存している破壊の運動を自分自身のなかに再び生じさせる。ただこういった方法によってのみ、個人は教養を内面化するのである。

Ⅳ　結論　精神の滞留としての〈体系〉

単純化された規定はそれゆえ、範例的個体性――個体性の喪――であると同時に特殊化された本質――普遍性の喪――である。この存在論的な残滓は二重の廃棄、すなわち鈍化（習慣）および供犠（疎外化）による廃棄と、二重の保存、すなわち再現実化がもたらす潜在性という永続性と、内面化された痕跡として消失した個別性という永続性から生じる。

保存は、ある物からその直接性と、それゆえまた、外部の影響へと開かれた定在の面を取り除くという否定的な意味を既に含んでいる――こうして、止揚されたものは同時に保存されたものを意味し、この保存されたものはその直接性を失っているが、だからといって否定されたわけではないような存在である。[36]

習慣的であると同時に無化的である止揚《アウフヘーブンク》は、自分が廃棄するものを救い、保護する。こうした保護は単純化のプロセスによるものである。概して、あらゆる保存は消失のエコノミーである。何かを維持するにあたっては、消耗それ自体に歯止めをかけるためにつねに何らかの消失が必要である。この維持、消失、消耗の関係はヘーゲルによれば、還元と要約として作動している。すなわち、短縮することは長く持続することとの逆説的な条件なのである。

単純化は精神の諸規定を諸々の「点」へと還元しながら、絶対的な特殊性の価値をこれらに与える。諸々の絶対的な特殊性はどれも固有の特徴をもち、その個別性の「存在の堅牢さ」を保存している。これらの規定は諸々の契機となり、[37]全体との根本的な関連を保持する。これらの契機はその定義上、自分が構成する全体性の内部で割り当てられた位置のなかでしか意味をなさないからである。

もっとも豊かなものは(……)もっとも具体的なものであり、もっとも主体的なものである。また、もっとも単純な深みにおいて自分を取り戻すものこそ、もっとも力強いものであり、もっとも包容力を有するものである。そうして、最高の研ぎ澄まされた突端とは純粋な人格性であって、この人格性こそ、ただその本性である絶対的な弁証法によって、あらゆるものを自己のなかに把握し、また保持するものである。[38]

それぞれの規定は場の全体性のなかで自分自身の位置を見い出す。このようにして、習慣的‐供犠的エコノミーは、〈体系〉、すなわち「絶対的形式」に他ならない精神の滞留を規定するのである。

第三章　「自発的に」

弁証法的止揚が、それぞれの項と機能があらかじめ固定された、さらには凝固したプロセスではないのならば、止揚《アウフヘーブンク》が自分自身の法則に従うこと、すなわち、自分自身を変形し、単純化させうることを示さなければならない。絶対知の到来は力の一撃によってあらゆる弁証法的過程の停止を引き起こすことではなくて、逆に、弁証法的過程の変貌を意味する。弁証法的止揚は絶対的な――自分自身から切り離された止揚となるのである。☆1

こうした変貌が明らかになるのは、ただ、哲学が「自分［自身］の知を振り返って見る」とき、すなわち、哲学がそれ自身の体系化を反省するときでしかない。このとき、〈自己（Selbst）〉、つまり成就された実体‐主体は哲学にどのようにして現われるのだろうか。自己規定の過程はそれ以後、どのような形をなすのだろうか。〈体系〉の主体に関するこれらの問いを通じてこそ、いかなる期待にもそぐわない、出来事というヘーゲル思想の核心をなす場所を発見することができるのである。

I 「〈自己〉の離脱」

A）「哲学」の第三の推論への回帰

哲学の第三の推論（精神、論理、自然）は、
自己を知る理性、すなわち絶対的普遍者を自分の媒辞としてもっているところの、哲学の理念である。そしてこの媒辞は、精神と自然とに分裂して、精神を理念の主観的活動の過程にして前提し、自然を即自的、客観的に存在する理念の過程にして普遍的極にする。★1

この推論において、理念は判断の試練を経てそれ自身へと還帰し、自然的な実存へと開かれている。『大論理学』の「概念論」の最終段落を読めば、この「開け」をさらに明確に定義づけることができる。そこでヘーゲルは「理念は決断（Entschluß）によって自分自身を自由に解放する（sich selbst *frei entläßt*）★2」と記し、理念から自然への究極の移行を描出しているのだ。自己離脱によって理念は自由な実存として措定されるのだが、この自己離脱の意義は絶対知を理解するにあたって重要な点である。

この推論の序列では、主体性と客体性の中間に自己確信（「自己を知る理性」）が置かれている。その結果、「私は考える」は、主体性につねに影響を与える根源的な立場を主体性のなかで離れて、「私は考える」をひとつの項とする序列のなかに入る。それゆえ、〈自己〉は〈私〉を超過する主体性として現われるのである。

B）止揚《アウフヘーブンク》と放棄

理念が「自分自身を自由に解放する」プロセスは、精神が進展する論理的エコノミーのなかで孤立した運動ではない。実際に、ヘーゲル哲学の語彙に注意すれば、この哲学者が書いたものには「自己離脱」を表わす動詞の数が多いことが分かる。ヘーゲルの著作において、思弁的な放棄の意味領域を主題化することは可能なのだ。一見したところ、「dessaisissement」――放棄、剝奪を意味し、法律用語で所有物を他人に譲渡する行為を差し示す――は、明らかに何も譲渡せず、何も逃さない運動である「止揚」とは正反対であるようにみえる。

しかしながら、こうした直截な考えから得られることとは裏腹に、止揚と放棄の二つのプロセスはきわめて密接に連動している。容易にわかることだが、絶対精神の最後の契機――「哲学」において、動詞 **aufheben**〔止揚すること〕★3 は **befreien**（「解放すること」★4）や **ablegen**（「脱却する」★5）の同義語として現われるのだ。思弁的な放棄は止揚《アウフヘーブンク》のプロセスに無関係であるどころか、むしろその完成に他ならないのである。放棄とは止揚の止揚、すなわち、止揚のそれ自身に対する労働の帰結であり、この意味で、止揚そのものの変形なのである。こうした変形は、止揚の歴史におけるある特定の契機、すなわち、絶対知という契機において、廃棄－保存の運動そのものによってもたらされる。思弁的な放棄とは絶対的な止揚である――ただし、「absolue〔絶対的な＝放免された〕」がある種の固着状態から解放された止揚として理解されるかぎりにおいて。

C）「私」を欠いた総合

哲学の第三の推論において、「自己を知る理性」、つまり自己確信は中間の立場にある。『精神現象学』の序文はすでに、独自の仕方で、「私は考える」を契機と化す作用を展開させている。ヘーゲルはそこで、彼の哲学を理解するために重要な主張をおこなっている。

純粋思惟、つまりこの内的直接態が自ら契機であることを認めるとき、言い換えれば、純粋な自己確信が自らを抽象する（**von sich abstrahiert**）とき、思想は流動的になる（**die Gedanken werden flüssig**）。だがこのことは、こうした確信が捨てられ、片寄せられること（**auf die Seite setzen**）ではなく、そうした自己措定の固定的なもの（**das Fixe ihres Sich-selbstsetzens**）を廃棄する（**aufgeben**）ことである。つまり、廃棄されるのは、さまざまな内容と対立した〈私〉そのものであるような、純粋な具体者を固定させること、純粋思惟の場に措定され、〈私〉の無制約な姿に関わる諸々の区別を固定させることなのである。★6

放棄の主題が動詞 **aufgeben**（「廃棄する」）の使用にともなって現われていることは明らかだ。思想は「その自己措定の固定的なもの」を「放棄する」ことによって、あたかも手が開いて、摑まれているものを手放すように、摑んでいたものを手放す。その結果、思想をその対象から切り離す緊張、両者の対面状態をなす間隔の維持に関係する緊張が弛緩するのである。思弁的な放棄はまず初めに、〈私〉が私自身を放棄する行為、〈私〉が自分を保持し統御する力を放棄する行為として現われる。こうした放棄は結果的に、考えるものと考えられるものの区別の減少ではなく、それら相互関係の緩和――流動化――をもたらす。両者は凝固し固定した二つの「側」――「私」いわば「純粋な自己確信」の側と、客観的規定性、いわば「さまざまな内容」の側――の対立として現われることを止める。

こうした流動化が、主体‐客体の関係の考え方を伝統的に裏打ちしてきた「対面状態」の終焉を画するならば、その帰結は注目に値するものである。この関係を「放棄する」ことによって、思想は対面状態という厳格さから解放され、この対面状態は見るべきものをもはや何も提供しなくなる。なぜなら、ヘーゲルからすれば、こうした関係はその伝統的な規定にしたがえば、全体の展望のなかで論理的・時系列的《クロノロジー》にみて時代遅れとなったある状態およびある時代に一致するものだからである。

絶対知は実体と主体の同一性を確証することで、知と知が知るものとの未聞の関係を可能とするのだが、それは主体－客体の隔たりの新たな規定からではなく、その宙吊り状態から生じる。このことは、この隔たり――それによって主体が（自分の諸規定を）予見しつつこれに驚くためにそれらから隔たるところの運動――が何も基礎づけないということを意味する。それゆえ、隔たりの終焉がいかなるパースペクティヴも閉ざさないことは明らかだ。逆に、それは流動化を通じて、主体が自分の諸規定ないしは偶有性との距離を固定し硬化させるような構造よりもさらに根源的な、到来の構造を明らかにするのである。「私は考える」、すなわち、純粋な自己確信はひとつの契機でしかなく、主体性の進展のなかでもひとつの時間しかもたなかっただろう。この時間を、哲学の第三の推論はその序列を通じてはっきりさせるのである。根源的に総合的な統一――対立物のア・プリオリな関係づけ――は、「統覚」が〈私＝私〉として規定される主体の絶対的同一性として理解されるとすれば、つねに統覚の統一だったわけでもなければ、これからもはや統覚の統一ではない。この時点から、総合は〈私〉を欠いたままおこなわれるのである。

II　原因について

A）〈自己〉とその自動運動

こうした自己の廃棄と自由な放棄はいかにして可能となるのだろうか。それらは「決断（Entschluß）」であるかぎり、依然として統御の審級から生じるのではないだろうか。「自己措定の固定性」を廃棄することは、依然として何らかの態度を表明することではないのだろうか。ここで、私たちは力の一撃の主題を再び見い出すことになるだろう。つまり、何が放棄の決断を下すのかが問題となるのである。

こうした問いに対して、ヘーゲルは「〈自己〉（Selbst）」と言葉を返す。しかし、〈自己〉とは何だろうか。それは、諸々の規定が取り集められ、互いを構成しあうところの〈体系〉――根源的主体性、〈私〉という審級以前にある総合的審級――である。だが、いかなる点で、この〈自己〉は決断を下す力能を備えているのだろうか。いかにして〈私〉は、自らを自己から切り離すことによって、自己に利する形で統御を放棄することができるのだろうか。

この放棄は自動運動によって自発的に＝自己自身から（aus sich selbst）作用するのであって、専制的な仕方で作用するのではない。「〈自己〉」、「自己自身」はギリシア語αὐτοῦの訳語である。'Αυτόματοςは、自発的に＝自己自身から動くもの、それ自身の運動によって動き回るものを意味する。Selbst〔自己〕はSelbstbewegung（自己運動）、Selbstbestimmung（自己規定）といったヘーゲルの概念のなかに登場する。これらの概念を使用することで、ヘーゲルは、構成の法則や総合のプロセスが自発的に作用することを強調しているのだ。この自動運動を機能させるための原理は自己分配と自己分類の原理である。『精神現象学』の序文では次のように叙述されている。

> 内容はその規定性（Bestimmtheit）を他者から受け取り自分にとじつけた（aufgeheftet）として表示するのではなく、内容が自分で自分に規定性を与え、自発的に自分を契機となし、全体のなかのある位置として配列する（rangiert sich aus sich zum Momente und zu einer Stelle des Ganzen）★7。

弁証的単純化の働きは「尖端」の洗練化を含むのだが、それは、単純化された形式を内容に「とじつける」（より正確に言えば、ドイツ語heftenが示すように、「留め金をかける」「固定する」「ピンで留める」）「私は考える」の活動から生じるわけではない。この洗練化もまた、客観的諸規定にともなう放棄からもたらされるのである。実際に、ヘーゲルは「絶対知」の章でこう書いている。

〔意識の知と意識の行為という〕各々の意識は、他方の意識に対立して現われ出る規定態の自立性を、他方の意識に対して放棄してしまう（**läßt... ab**）。このような放棄（**des Ablassen**）は、概念の一面性を断念すること（**Verzichtung**）と同じものではあるが、即自的に始まりをなすものである。★8

単純化の原理とは傾向をともなう原動力に他ならず、それは〈体系〉の自動運動がその活力を引き出す源泉たる潜在力である。絶対知の契機において、〈体系〉はそれ自身へと現前していない現前を結集させる運動として現われる。今一度言っておくと、〈体系〉は〈私〉の営みではない。実体の自己規定――全体性が個別的な諸規定のうちで区別化する運動――は、存在論的分類の運動、つまり、存在が〈体系〉内で自発的に＝自分自身で自らを構成する傾向がもたらす運動として顕現するのである。

放棄と止揚《アウフヘーブンク》の関係に立ち戻ろう。**ablegen, aufgeben, ablassen, weglassen** といった動詞もまた、廃棄と保存という二重の意味をもっている。実に、**ablegen** には、脱ぐ、取り除く、お払い箱にするという意味と、配分する、分類するという意味がある。〈体系〉の諸契機は「何処かに移行している」と同時にある場所に配置されており、それらは自分自身のために自らを整備するのである。**aufgeben** には一方で、放棄する、見放す、身限る、他方で、登録する、挿入する、差し出すという含意がある。それぞれの契機はその統一性を見かぎり、その卓越した自由を諦め、そうすることで全体性のなかに統合され保存されるのである。

それでは、これらの動詞が特徴づける放棄を止揚から分かつものは何だろうか。放棄は、それが絶対的な止揚である場合、主体－客体関係から切り離された廃棄－保存のプロセスを指し示す。それは、伝統的にみて、実際には主体－客体関係に従属しているのに、この関係を統御できると思い込んでいる審級から解き放たれたプロセスである。動詞 **ablassen** と **weglassen** はどちらも、空にする、消し去るという意味をもち、それと同時に、立ち去らせる、そのままにしておく、という意味をもつが、それらは解放と放免《アブソリュシオン》という絶対者《アブソリュ》の動的な意味を裏づけるのである。

思弁的な単純化の運動は、これを根源的に可能とする数々の知的能力——意識、悟性、理性——に暇を出す。『精神現象学』の展開全体はこれら諸能力の漸進的発展を考慮しているが、それらは内容を抽象的な諸規定のうちで加工し、内容の短縮化を目指す。こうして、これらの能力はその試みの方向性に即して自分自身で「簡略化されて」いる。〈体系〉に作者はいないのである。

自己規定と自己運動の条件たる自動運動のことを考慮に入れなければ、絶対知の契機において何が起きているのかを把握することはできない。ヘーゲルのテクストの至るところに現存するこの離脱の力は自分が保護されたいという執着から精神を解放するもので、この力がなければ、止揚《アウフヘーブンク》のプロセスと悪無限のそれを区別することはできないのである。

B) 偶然、必然、自由

自動運動について論じるからといって、ヘーゲルの〈体系〉が純然たる機械装置のイメージへと追いやられるわけではない。機械《マシーン》、さらに言えば弁証法の奸計《マシナシオン》にしたがって、決断の自由が少しも介入することなく、何もかもがそれぞれの場所に収まっているということではない。

自動運動という概念は、ギリシア語に当たりさえすれば、その思弁的特徴を即座に明らかにする。ὁ αὐτοματισμός は「自発的に＝自分自身で到来するもの」を意味するのである。そしてこの語は、「自分自身の必然性を本来的に備えているために自発的に＝自分自身で到来するもの」、あるいは、「運命ないしは偶然によって自発的に＝自分自身で到来するもの」という二通りの方法で理解される。アリストテレスは τὸ αὐτόματον を、技術《テクネー》と対立させて偶然や事例という意味で使用している。また、動詞 αὐτοματίζειν は、「自分固有の運動を形づくること（自律)」、および、「反省なしに偶然的に行動すること(偶然性による他律)」を意味する。自動運動がその概念的意味を展開させるのは、本質的なものと偶有的なものとの交差においてなのである。

ヘーゲルからすれば、思弁的な自動運動は自己規定の過程に備わっている二重の傾向、すなわち、偶有的なものの本質的生成と本質的なものの偶有的生成を構造化する。

あらゆる矛盾は根源的に、実体の全体性――あらゆる述語全体の総合――とその特殊性――偶有性から切り離された、〈絶-対的な〉実存――のあいだの緊張関係から生じる。ヘーゲルが『大論理学』で述べるところには、「外的反省」は一面で、「形を欠いた(formlos)実体」を、また別の一面で「諸々の偶有性の移り変わり(Wechsel der Akzidenten)」を措定する。[9]というのも、一「面」において、全体性はその規定態を否定し、単純な自己同等性のなかで自らを経験しようとするからである。

精神の本質は形式的には自由である、すなわち、自己同一性としての概念の絶対的否定性である。精神はこの形式的規定にしたがって、あらゆる外面的なものおよび自分自身の外面性、自分の定在そのものをも捨象することができる。[10]

また別の「面」において、特殊性は他の諸規定を考慮することなしに、自分を全体とみなそうとする。

自分のなかに完結して安らい、実体として自分の諸契機を支えている円環は、直接的な関係であり、それゆえ驚嘆に値しない関係である。しかし、その円環の領域から分離された偶有的なもの自体(das Akzidentelle als solches)、他のものと結びつけられたもの、他のものと関連してのみ現実的なものが独立した定在と分離した自由を獲得するということ、このことこそが否定的なものの巨大な威力なのである。[11]

ヘーゲルの所述によれば、「その直接的な概念」において、こうした「実体と諸々の偶有性との相関」とは必然性(Notwendigkeit)と偶然性(Zufälligkeit)との相関(Verhältnis)に他ならない。[12]実体とは「自己のうちに偶有性を含む全体の全体性」[13]、すなわち、自己同一性の穏やかな相関であると同時に、「現象する全体性、すなわち偶有性」[14]、すなわち、諸々の述語が「現象し消滅する領域」である。実体の必然性は諸々の述語がもたらす偶然（Zufall）と偶然性（Zufälligkeit）とをともなった必然性として経験される。こうした実体と〈非－実体〉（諸々の偶有性）の相関が実体の「活動性（Aktuosität）」をなす。この活動性を通じて、実体は「創造する威力」と同時に「破壊する威力」として顕現する。しかしながら、

この両者は同一のものである。創造は破壊的であり、破壊は創造的である。というのも、否定的なものと肯定的なもの、可能性と現実性は実体の必然性のなかで絶対的に合一しているからである。[15]

思弁的な自動運動は偶然性と必然性とを自己統制する原理にもとづいている。その意味において、この自動運動は因果性および出来事のプロセスの特殊な体制として現われる。

必然性と偶然性の相関、つまり「因果性の相関（Kausalität-Verhältnis）」[16]についてのヘーゲルの思想は単なる機械的な転倒を明らかにしたものとして解釈されることがよくある。「必然性は偶然性として規定される」、「偶然性とは（……）絶対的な必然性である」[17]、さらには、「必然性と偶然性の統一は絶対的な現実性と名づけられるべきである」[18]といった文句を一緒に継ぎ合わせるとき、そのような解釈がなされるのだろう。そこから、可能なものはすべて現実的になるということ、換言すれば、いかなる偶有的なものにも意味があるということ、それゆえ、ヘーゲルにしたがえば純粋な偶有性などありえないという結論が導き出されてしまう。

この類の解釈は間違っている。自分の原因を自分自身のうちに含んでいるもの、そのために、そうであるところのものとは他なるものではありえないものこそが必然的なのである。［確かに］ヘーゲルは、「必然性は存在が存在するがゆえに存在である。このことは自分を根拠としている存在の自己自身との統一である」[19]と述べている。しかし、すぐ後に、「逆に、存在は、根拠をもっているがゆえに存在であるわけではなく、ただたんに仮象、関係（Beziehung）あるいは媒介であるにすぎない」と付言している。

ヘーゲルがここで示しているところによれば、あらゆる根拠が孕んでいる矛盾は、根拠が自分が根拠づけるものと関係している（すなわち、Beziehung〔関係〕の状態にある）ことに起因する。自分自身を根拠づけること、あるいは、自己原因となることは、自己の自己に対する関係の端初となるのだが、この関係において両者は互いに反発し合い、能動的な自己と受動的な自己を生じさせる。ヘーゲルは「能動性そのものによって措定された受動性」を語り、絶対的実体は当初は、「必然性として自分自身から反発される」[20]ことを示している。必然性を構成するひとつの事実がある。つまり、必然性は自分自身の根拠にしたがいながらも、自分自身の根拠であることは決してなく、逆に、必然性は自己に対するその根本的な受動性のなかで経験されるのである。必然性のそれ自身への到来は必然性に依存することなく現われる。必然性は自分の根源を忘却するのである。

偶然に左右される不確実な点が本質あるいは「根源的な実体」に宿っている。こうした観点においてこそ、必然性の本質が偶然性であるという主張を理解しなければならない。本質の偶有的生成は根源的に、必然性が出来事に仕立て上げられる過程から生じるのである。

そうなると、偶然性はどうなるのだろうか。偶有的なものとは、それがそうであるところの姿とは別様にありうるもののことである。「無関心な、自己に外面的な実体」として現われる諸規定は偶有的である。[21]偶有性は「強制力」[22]によって必然性のただなかで生起するのだが、この強制力は同時に、偶有的なものにその十全たる自律を確証する。強制力の根源である偶然的なものは原因の立場を獲得し、必然性の威力となるのだ。

こうした必然性と偶然性の「連関」の弁証法的な結果は自由である。

必然性が自由になるのは、必然性が消滅することによってではなく、もっぱら必然性のまだ内的な同一性が顕現されることによってである。（……）逆に、また同時に、偶然性が自由になる。それは、（……）対自的で自由な現実性という形態をもっている必然性の両側面がいまや同一性として措定されるからである。その結果、この二つの自己内反省の全体が、区別のうちにありながらも、いまや同一的な〔全体性〕としてもまた現われる、すなわち、同じひとつの反省としてのみ措定されているからである。★23

C）本質と偶有性の連関

必然性と偶然性の弁証法的同一性から、どのような結論を導き出すことができるのだろうか。先の引用においては、必然性と偶然性が互いのうちで、他方から解放される仕方が叙述されていた。このプロセスは意味が発生するプロセスに他ならない。意味は決して根源的なものではなく、その受動性が現われた時点からつねに作り出され、生み出されている。「それがそうであるからこそ、それはそうである」というような意味の必然性、意味としての必然性は、それと同時に、意味の絶対的な受動性――その偶然性をも生じさせる。また逆に、こうした偶然性は意味を、絶対的かつ必然的に課せられる介入する威力、すなわち純粋な出来事として規定するのである。

広く知られた見解とは裏腹に、ヘーゲルは偶然性を否定するわけでも、何かが生起しうることを否定するわけでもない。そうではなくて、彼が主張するのは、生起するものを前にして、必然性と偶然性のあいだの到来順序を規定することは空しいということ、生起する何かに先立つ根拠から生起するものを考えること、あるいは、偶有性自体から根拠を考えることは無益であるということだ。必然性と偶然性は互いに連関し合い、その結果、精神は両者のあいだでの分割から自らを自由にし、「精神は別様にありえたかもしれない」および「精神は別様にはありえなかった」という二重の断定を放棄する〔＝落下させる〕。偶有性に対して本質、あるいは本質に対して偶有性というように存在論的優先性を規定しようとしても、両者が互いに内包し合っている状態こそが根源的である以上、それは詮ないことなのである。

〈ヘーゲル主義の根幹をなすこうした真理は、〈体系〉のただなかで、その論理的かつ歴史的な最深部にまで響き渡っていて、後に現代の哲学――とりわけハイデガーのそれ――がその探究の中心に据えることになるような、伝統という概念を把握することを早くも可能としている。ヘーゲルは、哲学が哲学に固有な歴史の外部では何ものでもないこと、哲学の真理がその生成運動とひとつになっていることを証明しようとつねに配慮している。そうしながら彼は、思想の伝統は、偶有性（換言すれば、ギリシアにおける哲学の誕生のように、その時間と場所における生起）が本質となった（運命と化した）方法と、本質的な運命がその諸々の偶有性、すなわちその時代や契機のなかで現実化する方法とを同時に指し示すことを明らかにする。これらの方法のどちらが優先されるのかということは知の対象ではなく、むしろこれこそが絶対知が知ることなのである。ヘーゲル哲学は必然的なもののただなかで不確実なものが生起すること、不確実なものが必然的に生成することを絶対的に容認するのである。[★24]

精神はその「時間形式」を弁証法的に止揚することによって、現実に生起した根源や目的地とはまったく別の根源、まったく別の目的地の可能性を問う傾向を廃棄する。絶対知の契機において止揚された時間――意識が自分の前に置く時間、精神の進展に「自由で偶然的な出来事」の外観を与えるあの空虚な時間――は、それは別様にありえたかもしれないと考える時間を私たちにつねに残す。ヘーゲルからすれば、疎外化――それは原理的に、必然性が失われたという感情につねに強く結びつくのだが――の可能性はまさしくここにあるのである。

思弁的なものはどこに由来するのかという問いはどうしても統御しえないものである。何しろ、精神は自分自身から離れているのだから。一世紀以上後にハイデガーは、形而上学において存在忘却として展開されてきた仕方とはまったく別の存在の仕方（Weise）の可能性を問うことはできないし、それは無駄であると主張するが、まさにこうした主張のために、歴史と伝統の本質に関するヘーゲルのすべての仕事が必要とされているのだろう。[★25]

このまったく別のものについての問い、実際にまったく別の根源であり続けてきた問いが引き起こす眩暈とは、思考が避けることのできない誘惑にも似た働きかけ〔*sollicitation*〕、すなわち、現実的な外部に由来するのではなく、〈同じもの〉から現れ出る誘惑にも似た働きかけに他ならない。「それがそうであるからこそ、それはそうである」（必然性による形式的で直接的な同語反復《トートロジー》）と「それはまったく別様にありえたかもしれない」（偶然性による他律の論理《ヘテロロジー》）は、ヘーゲルの哲学においては互いの根源的な共犯性、すなわち、「自発的に＝自分自身から到来するもの」の二重の意味のなかで示される共犯性を明らかにするのである。

偶有性の本質的生成と本質の偶有的生成が相互に内包し合った状態からすべては始まる。この状態に先立つものは何もない。すなわち、弁証法こそが根源的であり、根源そのものなのである。弁証法概念の規定が、ギリシアに登場したとき以来、まさにこうした矛盾の名残をとどめてきたことは驚くべきことだ。「弁証法」という言葉の意味がその矛盾した意味を明らかにするのに、ほとんど時間を――一世代ほどの時間しか――必要としなかった。この概念の発明者であるプラトンにおいて、弁証法とはイデアを認識する方法を指し示す。この意味において、弁証法は本質的な語り方である。だが、アリストテレスとともに、弁証法は、真実らしく見える命題から諸々の推論を引き出すための方法になる。こうして、数々の偶然的な真実を叙述するのに相応しい弁証法は偶有的なものを語る方法と化すのである。

『大論理学』において、ヘーゲルは変化に富んだ弁証法の歴史を想起している。弁証法は「最も高尚な語り方」というプラトンの規定から時代を経るにつれて、ソフィストの詭弁法とさえもはや見分けのつかないような純粋に偶然的な語り方を意味するようになった。

> 弁証法は普通に何か偶然的なものであるかのようにみられるが、それだけではなく、次のような詳細な形式をもつとされる。すなわち、任意の対象、例えば世界、運動、点等々について〔まったく正反対の二つの規定が〕言われる。つまり、その対象に対してあるひとつの規定が属すると言われる。例えば、これらの対象の秩序の面からして、空間上あるいは時間上の

有限性が言われ、一定の場所に存在すること、空間の絶対的否定が挙げられる。〔ところが次にはまた、それと同じ必然性をもって、その反対の規定が挙げられる。〕（……）こうした弁証法から引き出される結論は概して、そこで述べられている各主張の矛盾と空しさである。[★26]

弁証法はその歴史のなかで、本質的な語り方――カントとともに、弁証法は「理性に必要なもの」[★27]として再び承認される――と偶然的な語り方のあいだで絶えず振動してきた。ヘーゲルからすれば、その高邁な思弁的内容の証しはまさにここにある。弁証法を構成する基本的な緊張状態とは思惟の生き生きした拍動なのである。根源の弁証法は弁証法概念の根源そのもののなかに刻み込まれているのである。

III　結論　エネルギーの解放

単純化は絶対知の契機においてその完成態へと到達し、そのときついに、精神は諸々の規定性の自己運動に――そこから切り離されて――立ち会う。諸々の規定性はこの自己運動によって加工されて本質的偶有性、すなわち、個別性となる。〔『大論理学』の〕「本質論」の最後で、ヘーゲルは実際に、必然性と偶然性の弁証法的関係の結果が「自己同一的な規定性として同様に全体［である］」[★28]ような運動を示している。そこで、規定性は「自己同一的な否定性――個別（*das Einzelne*）[★29]」として措定される。

この要点を理解するためには、放棄の二重の運動へと立ち戻る必要がある。この運動によって、「私は考える」と諸々の客観的規定性とは自らの措定の固定性と独立性を放棄するのだ。ここから客観的規定性の流動化が導き出されるが、この流動化はエネルギーの解放として解釈されるべきである。超越論的なパースペクティヴの限界ぎりぎりで保持される力、特に主体と客体の隔たりのなかに維持される力は、主体 - 客体の絆から解放され、別の結合、別の総合に向かって自由になる。

ヘーゲル哲学が明らかにするのは、存在が取り集められるある種の様式――意識の超越論的な操作――が別の様式、つまり、諸々の個別性が自動的に分配される装置へと移行することである。ヘーゲルによれば、到来するものの規定性や形式を生起させるエネルギーはつねに束縛されたままである。〔『精神現象学』の〕「絶対知」の章で彼が示すところによれば、諸契機は不動のものではなく、「自分自身を前に進めていく純粋な運動」★30として考えられなければならない。こうした力動によって整えられた領域は〈私〉の介入を必要としない、誰のものでもない営み＝作品なのである。

個別性――すなわち、それ自身に対して否定的に自己同一的な規定性――を精神のありとあらゆるスタイルとして、遺跡埋蔵物、作品、記念碑、教義……といったものがとる形態として理解しなければならない。個別性は諸々の例＝出来事〔cas〕として現われる。すなわちそれは、出来事ないしは純粋な偶有性として突然出現し、既に到来してしまった規定性という意味と、これら規定性の必然性がもっている力を示す範例的な個体性という二重の意味で現われるのだ。一度単純化されると、これらの規定性は新しい相互関係のなかで秩序づけられる。それぞれの規定性は他の規定性のために自分の独立を放棄し、緊張をともなったある作用へと委ねられる。この作用は、ある規定性を他の規定性から分裂し対立させるのではなく、両者を区別を伴なった連続のうちに位置づけることによってこれらを「隔てる」〔espacer〕。重要なことは、対立物の両極端な性質では少しもなく、両者を隔てる距離そのもの、両者のあいだという全体性なのである。

こうした緊張作用は多様で動的なパースペクティヴを開く。それは、もはや個別的な意識の産出ではなく、もはやひとつの中心に依存しない相互的な輝き（反射＝内省）を開示する。このパースペクティヴの構成によって、諸々の規定性は互いに対立し合うのではなく、それらが対立する時間のなかで互いを保持し合うことができる。それぞれの規定性は体系的組織のなかで他の規定性に対する視角を開き、この組織は〔規定性どうしの〕接触点が確立されることで活発になるのである。

ヘーゲルが示すのは、既に現実化された諸形式が潜在的なエネルギー、すなわち、現働化の諸々の可能性を解放する場合、目的論は最終的にどのようにその流れを逆転させるのかということである。このように分配された個別性は、今や、新しい構築、新しい読解、新しい思考のなかで問いにかけられる状態にあるのである。

第四章　哲学者と読者、思弁的命題

Ｉ（ヘーゲルとともに）ヘーゲルを読むことはできるのか

A）思弁的解釈学のために

哲学が「自分自身の知に差し向ける後ろ向きの眼差し」は、前述した結論に照らし合わせると、受動的な観想ではなく、読解行為であるようにみえる。著者をもたないとすれば、〈体系〉は必然的にさまざまな解釈をともなう。絶対知とは未聞の様式をもった思弁的解釈学という思惟の運動を意味するのだ。ヘーゲルによれば、絶対者の直接的把握などありえないし、またその結果、絶対者に対する意味の直接的透明性もありえない。絶対知の到来によって仮定されるのは、絶対知の告知と受容を言述するための諸条件が生み出されるということである。

こうした形式化の操作が哲学に課せられるのだが、それは言語、言述形式、読解規範を必要とする。実際に、哲学の〈自己〉ないしは絶対的主体は、個別の哲学的主体が哲学を何らかのスタイルで具体化しなければ依然として無形式なままだろう。反対に、哲学的主体は絶対的主体からしか自分自身の形を受け取らない。つまり、思弁的解釈学は必ず、〔大文字の〕〈自己〉と〔小文字の〕自己による形の相互贈与として現象するのである。

この種の解釈学の試みは『精神現象学』序文から登場している。ここでヘーゲルは哲学の未来を構成する当のもの、すなわち、述語的命題から思弁的命題への移行を告知しているのである。

ひとつの命題の二つの部分〔主語と述語〕が普通の仕方で関係するのを厳密に排除する（strenge... ausschlösse）場合に、哲学的叙述（**philosophische Exposition**）は初めて可塑的であるようなものに辿り着くだろう（**würde es erreichen, plastisch zu sein**）★1。

ところで、この「排除」は明らかに命題の読解主体の端緒となる。実際に、ヘーゲルは思弁的命題の宛先人、つまりは読み手の視点に身を置きながらこの命題の分析を展開している。命題の形式と内容のあいだの衝突を経験するのは他ならぬ読者である。「概念の自己回帰（**das Zurückgehen des Begriffs in sich**）を叙述する（**darstellen**）★2」のはまさしく読者なのである。それゆえ、意味の可塑性は読解の可塑性と切り離せない。読解は言述されたものを受け入れながらこれに形式を与える。述語的なものから思弁的なものへの移行は哲学的決断の新しい様式、解釈の自由と責任の様式を規定するのである。

B）いくつかの反論

次のように反論の声が上がることだろう。前段の分析で論証されたように、〈私〉が暇乞いを出されてしまったというのに、解釈を施す主体の立場とはいかなるものでありえるのか。〈自己〉がその匿名性と自己運動のなかにあるかぎり、個別的に注解を加えるという主導性がことごとく無に帰されてしまう恐れはないのだろうか、と。また、反論はこう続く。納得しがたいことだが、哲学の思弁的性急さ＝沈殿物（性急さと「沈殿物《プレシピテ》」という二重の意味で理解される性急さ《プレシピタシオン》）の後で哲学者がいかにして生き延びられるのだろうか。哲学者の目からみれば、思弁的内容の進展が単純化された諸規定に短縮されるというのに、哲学者の務めとは果たしてどのようなものだろうか。一見したところ、絶対知は哲学者に制約的エコノミーを課し、また反対に、このエコノミーは最小規模の原理として思惟に課せられるのだが、そうなると、哲学は最も単純な装置へと還元されているのではないだろうか。

私たちは先に「言語」について触れた。ヘーゲルによれば、哲学者は哲学の作業にとっての唯一の素材である自分の言語で考え、専門言語（**Kunstsprache**）のありとあらゆる文飾を剝ぎとらなければならない。

> 一般的に、哲学は特別な述語を必要としない。無論、いくつかの言葉は外国語から借りてこなければならないが、しかしそれも、使用しているうちに哲学のなかで既に市民権を獲得しているのである。つまり、問題そのものが根本的であるところでは、こけおどしの外国語排斥論の入る余地はまったくないのである。★3

しかし、概念を発明する可能性を欠いた解釈学とは何なのだろうか。

次に、「言述形式」について考えてみよう。ヘーゲルによれば、述語命題の弁証法的止揚は命題形式そのもののなかでしか生じない。『エンチュクロペディー』の「小論理学」において主張されていることだが、止揚は「形式に即して（**an der Form**）★4」生じるのだ。ある形式から別の形式への移行、すなわち述語形式から思弁的形式への移行は他ならぬ命題という形式だけを必要とするのである。

しかし、形式を生み出すことのできない解釈学とは何なのだろうか。

最後に、「読解規範」である。ヘーゲルは、特に『精神現象学』の序文で、哲学者が「概念に内在する律動に自ら侵入することを避ける★5」必然性を主張している。

しかし、〔読み手の〕積極性を欠いた解釈学とは何なのだろうか。読解は発明のない単なる反復でしかありえないのだろうか。こうして反論は最初の反論へと一巡する。

一見したところ、哲学者は既知なるものの資源を活用するよう強いられていて、彼にはなすべきことがほとんど何も残されていない。自然言語と命題が哲学の日常を構成しているのだが、この日常がどんな新しさを秘めているのか、十分に理解されてはいないのである。

C） ヘーゲルの応答

ヘーゲルは「思惟の形式はまず人間の言語のなかに表出され（**herausgesetzt sind**）、また蓄えられている（**niedergelegt**）[★6]」と述べているが、彼はこの自然な蓄積、由来の分からない委託を保存される落下および贈与という形で考察している。**Niederlegen** にはドイツ語で「委託する」、「書類に書き留める」、そして「放棄する」という意味がある。すなわち、自然言語を検討することで、哲学者は新しい空間と時間、すなわち精神が固有言語へと委託される時空間を検討するのだ。

思弁的なものは語彙によってのみ蓄えられるわけではない。統語法《シンタックス》もまた根本的なものである。統語法を通じて基本的な論理が言語へと委託されるからである。『教育論集』でヘーゲルは、論理的カテゴリーはその直接的な形式において「文法の内容」であると述べている。こうしたカテゴリーは「個々の文字、すなわち精神的領域の母音」をなし、「これらの母音によって私たちはこの領域を音読し読解し始める」。文法はいわば精神的なものの入門書である。文法は「悟性のカテゴリーや根本的な産物」を含んでいるために、「論理的教養[★7]」の糸口となるのだ。したがって、主語と述語の関係を検討することは、哲学者からすれば、哲学的命題とその文法の起源との時間的関係を論究することに他ならないのである。

II　言語と哲学――固有言語の空間と時間

ヘーゲルは『教育論集』のなかでこう主張する。

> あらゆる学問の宝庫を自国語で表現することができず、どんな内容の学問にせよ自国語で自由にすることのできない民族は、教養のある民族とはみなされえない。私たち自身の言語は私たちときわめて親密に結びついているのだが、こうした親密さはもっぱら外国語でもつ知識には欠如している。これらの知識と私たちは壁によって隔てられ、そしてこの壁は、知識が真に私たちの精神に土着化することを妨げているのである。[★8]

この種の文言をさして知的ナショナリズム、さらには哲学的外国人嫌悪の要求とみなすことはよくあることだ。ヘーゲルはドイツ語の思弁的利点を頻繁に称揚しているだけになおさらそうみえることだろう。彼は『大論理学』最終版の序文で、「ドイツ語は（……）他の近世語に比べて多くの長所（viele Vorzüge）をもっている」[★9]と主張しているのだから。思惟は言語が画する境界線内に委ねられ、その外に出ることを禁じられている、というわけである。

ヘーゲルが場合によっては「外国語」を哲学的な外国語と解釈していることは十分に理解しておこう。彼が何よりも対象とするのは伝統的な哲学用語、すなわち、「超越論的〔transcendantal〕」、「可想界〔nouméne〕」、「模像〔ectype〕」、「原型〔archétype〕」といった旧来の言語から借用された人工語からなる専門的な言語である。哲学に特有な言語は、日常言語を欠いているために、〔言葉の〕多義性から解放されていると思い込んでいる。一見したところ、専門言語は完全に一義的なもの、ある意味では、普遍的に理解されうるもののようにみえるのである。

だから、哲学が国際性および普遍性という口実で聞きなれない専門用語に訴えるのは、もっぱら言語の自然性を消去するために他ならない。真の哲学言語は哲学の既存の固有言語をことごとく拒絶するとヘーゲルは示しているが、それは彼がナショナルな起源という純粋さを保護しようとするためではない。そうではなくて、まったく意外なことに、ヘーゲルはあらゆる言語がもっている異他的な性格、言語の空間と時間の還元不可能性を保存しようとしているのである。

思弁的思惟の原素材とは言語が有する見かけ上の非‐思弁性であるが、これは追放されるものでは少しもなく、十全に受け入れられるべきものである。思弁のなかにその非‐思弁的な祖先として導入される多義性こそが根源的なのだ。哲学はこの多義性を確証し、これを思惟しなければならず、この多義性に準じて自らを思惟しなければならない。還元不可能な「素朴さ《ナイヴテ》」――降誕《ナティヴィテ》――が思弁的なものの非思弁的な根源をなしており、概念はこの根源を廃棄することも消去することもできない。言語を話すことはつねにある落下を経験することに等しい。ひとは言語のなかに落下するのだが、それは何よりも生まれ落ちることの偶然に他ならない。デリダは「誕生（および発生一般）にともなう傷と有限性」を想起しているが、「これがなければ、ひとは言語を創設することも、その真偽はともかくとして、外在性について語ることさえできないのである」[★10]。

ヘーゲルが注記するところでは、ドイツ語では多くの語が、

それぞれ異なる（**verschiedene**）意味をもっているだけでなく、さらに反対（**entgegengesetzte**）の意味をももつという特性を備えていて、その点でそこに言語の思弁的精神さえも認められる。こうした語にぶつかり（**stoßen**）、思弁の所産であって悟性にとっては矛盾と思われるような反対の一致を、反対の意味をもつひとつの語として、素朴な形ではあれ（**auf naïve Weise**）、既に辞書のなかに発見する（**vorfinden**）ということは、確かに思惟にとってひとつの喜びである。[★11]

Stoßen には「何かにつまづく」、「ぶつかる」、「出くわす」という比喩的な意味がある。ひとは言語にぶつかり、言語のなかで偶然そのひとの手に落ちるもの、自分で集めたもののようにひとが目の前に見い出すもの（**vorfinden**）にぶつかるのだ。言語とは検印が押され、極印が押された（**gestempelt**）素材であり、それはつまり、製作者を欠いた根源的な形成作用、可塑性である。言語の自然性によって、記憶しえないほど古い過去を経験することができるの

である。

いくつかの「思弁的な語」を強調していることから、ヘーゲルがドイツ語に付した特権を確認できるようにみえる。[12]それでも、彼にとって、あらゆる言語は思弁的である。ヴァン・ゲルトに招待されてオランダに出向こうと考えていたヘーゲルは、彼にこんな手紙を寄せている。

> オランダの大学の講義で使用される通常の言語のことを考えると、少なくとも初めは、私の講義はラテン語でおこなわれるべきでしょう。しかし、ラテン語使用から逸脱してもよいという慣習があるならば、私はすぐさま、当地の言語で自分の考えを表明したいと思います。私が考えるに、学を本当に自分のものにするためには、自分の母語でこれを所有することが不可欠だからです。[13]

上位の言語や基準となる固有言語などは存在しない。いかなる言語も思弁的な一例なのである。哲学の役目は、いかにして本質的なものが固有言語の偶有性のなかで言述され顕現されるのかを示す点にある。耳慣れない人工的な用語とは別に自然言語を探求することで、哲学は言語のあらゆる事例が精神性をもつことを確証し続ける。思惟を〔ひとつの言語という〕円環のなかに閉じ込めるのではなく、哲学の作業は言語および哲学のなかに、言語と哲学の予測しえぬ出来事を生じさせるのである。

III　思弁的命題

A）述語への傾斜

偶有性の本質的生成と本質の偶有的生成は、哲学者が命題に対しておこなう作業においても明らかになる。哲学の歴史的務めとは、主語、繋辞、述語のあいだのある種の関係を規定することで、実体の理解に通じている、文法の秩序の思弁的意義を洗練させることである。

統語法は秩序の糸口となり、〔主語―繋辞―述語という〕諸要素を関係づけることで哲学にその道程を示す。主語―繋辞―述語の関係とは、これを行使する話者に方向づけを与えるある連続、何かが到来する順序、何かが生起する方法なのだ。命題の三要素が論理的かつ時系列《クロノロジー》的に現われる順序は由来と帰結を指し示す。哲学は文法によって既に構成された地平において、由来と帰結の序列をその真理、換言すれば、その必然性へと高めることを対象とする。哲学が示さなければならないのは、主語と述語のあいだに繋辞が穿つ区別が、これら三項の単純かつ不確実な並置――三項にとって外面的な関係――を表出するのではなく、主語に固有の分割から生じるということである。命題が何かが生起する場であることが明らかになるのだ。思い出しておきたいのだが、動詞 συμβαίνειν――ここから συμβεβηκός（偶有性ないしは述語）が引き出された――は同時に、論理的に連続することと何かが到来することを意味する。述語の付与によって主語は自己を区別化するのだが、この述語の付与こそが主語が自分に未来を約束する場なのである。

私たちは既に、言語のうちへの意味の根源的な「落下」について述べた。文法がまさしくある種の落下の思惟であるかぎり、この比喩は度を越したものではない。ハイデガーは『形而上学入門』でこのことを想起している。

ローマの文法家たちが **modus** すなわち法という色褪せた語で言い表わしているものは、ギリシア人にあっては ἔγκλισις

すなわち、側面への傾斜と言われている。この語はギリシア人のもうひとつの文法上の形式語と、意味の上で同じ方向で動いている。それはわれわれには casus というラテン語でよく知られている πτῶσις、つまり、名詞の変化という意味での格である。しかし、この πτῶσις は、初めは名詞の場合だけでなく、動詞の場合をも含めて、基礎語形の変化（偏向、活用）のすべてを意味していた。基礎語形の区別がかなり明確に立てられるようになって初めて、それぞれの語形に属する変化の方も別々の述語で呼ばれるようになった。すなわち、名詞の変化は πτῶσις（格）と呼ばれ、動詞の変化は ἔγκλισις（活用）と呼ばれるようになった。★14

文法の精神を通じて、現前するものが根源的な傾斜にそって向きを変える能力が明らかになる。ἔγκλισις（傾斜、勾配）の運動と主語の ἐξοχή（起伏、突出部）が命題の空間のなかに書き込まれている。実体（οὐσία）はそれ自身へと落下することによってのみ自らの「権利＝真っ直ぐな状態」を表明するのだ。述語は実体に付け加えられるのではなく、実体から到来する。述語が実体に由来することは何かが到来することに等しいのである。ジャン・ボーフレはこう注記している。

［アリストテレス］によれば、命題が存立するのは、ロゴスがその主語と述語の区別に基づくときである。また原則的に言えば、このようなロゴスの「傾斜」が直説法をとり、こうして事象が言い表わされることで、またこうすることによってのみ、「あたかもそこからやって来るかのような」ときである。★15

「彫像は青銅製である」という例を挙げよう。青銅が彫像に付加されるのでもなければ、彫像が青銅に付加されるのでもないことは確かに首肯できる。しかしむしろ、あたかも青銅が彫像のなかで特殊化するように、彫像は青銅を起点として定義づけられるのである。両者は互いに内包し合い、互いに自らを課す——相手の上に自らを課すのではない——のである。それらは〔「止揚すること」のフランス語訳〕「relever」が「〜の領域に属する」、「〜の管轄下にある」を意味するだけでなく、「立ち上がる」、「それ自体が隆起するほど持ち上げる」を意味するかぎりにおいて、いわば、止揚〔releve〕に属している。それゆえ、あらゆる命題はこの意味で理解された止揚である。というのも、命題のなかに突出部分が現われ、この部分において命題が完成するからである。

B）欠如した総合

哲学の伝統的な研究対象かつ素材である述語命題から思弁的命題への移行は、ロゴスにその真の傾斜を付与し、そうして述語化において συβαίνειν〔論理的に連続すること＝何かが到来すること〕の思考を成就させるものとして現われる。ヘーゲルの見解によれば、哲学はその伝統を重ねるなかで初等文法を克服するに至らなかった。哲学は命題を構成する傾斜を取り逃がしてきた。それは命題を、その言述内容に関係なく、落下から守られた直線状の行程――この行程が落下に曝されているにもかかわらず――とみなしてきたのである。哲学は主語とその述語の関係を必然性のうちで基礎づけることに失敗してきたが、それは哲学が、互いに無関係な主語、繫辞、述語が維持する関係を直線的に理解することの虜になっているからである。通常は、

自己とは表象された主語〔＝主体〕であり、内容はこの主語に偶有性および述語として関係する。この主語が基底（die Basis）をなし、そこに内容が結びつけられ（geknüpft wird）、この基底の上であちこちへの運動がおこなわれる（auf der die Bewegung hin und wieder läuft）[★16]。

こうした表象は、命題の理解を主語から繫辞、さらには述語への移行（Übergehen）、すなわち、命題に固有の必然性を提示することには適さない移行として基礎づけるのである。

a）総合のギリシア的契機

絶対的総合は哲学の主要な関心事であるのだが、にもかかわらず、それはこれまで一度も現実的に思考されたためしがなかった。

『哲学史講義』でヘーゲルが示すところでは、アリストテレスは主体の自己区別化のまさに思弁的な原理を明らかにするそのときに、区別それ自体を、取り集めることのできない感覚的多様性という形で主語の外部においてしまう。★17 アリストテレスの方法は絶対的実体を自己区別化された否定性として特殊化するものの、個体化の作業を非限定性および無という限界に至るまで続行してしまうのだ。ヘーゲルはアリストテレスの影響力がもつ高度な思弁的内容を称賛しているが、この影響力はある種の無秩序さ——逆説的にも、この無秩序さがアリストテレスの思弁的内容の綿密さを支えているのだが——のなかで失われてしまうのだ。

> かくして、アリストテレス哲学が抱える欠陥は次のように理解される。確かに、現象の多数性は彼の哲学によって概念にまで高められたのだが、この概念は一連の規定された諸概念として分離しており、それゆえ、それら諸概念を絶対的に合一するような概念の統一は主張されないのである。★18

それゆえ、主語と述語の相互規定、両者の実体的な絆は確証されない。主語は感覚的多様性を際限なく拒絶しこれを受け入れることがない。アリストテレスはヘーゲルが主語と述語の「形を共有した適合」と名づけるものを考えなかったのである。すなわち、

> 自分の内容を満たしていた主語が、この内容を越え出ていくことを止め、この内容以外に述語や偶有性をもつことができない。★19

ような方法を彼は考えなかったのである。

b）総合の近代的契機

『哲学史講義』において、ヘーゲルは、アリストテレスの方法が「概念の統一」を生み出すことに失敗したことを確認した後でこう述べている。

それゆえ、これは将来、解決されるべき努めである。それは、必要なことは概念の統一である、という風にして現代に姿を現わすのだ。この統一は絶対的な本質である。それはまず初めに、自己意識と意識の統一として、純粋思惟として現われ（……）、そして、純粋な自己意識は本質となって現われるのである。★20

近代的思考は、主体と客体、確信と真理の統一である自己意識を措定することによって、「統一」、すなわち総合の「必要」に答える。批判哲学はこうした自己意識を根源的に総合的な統覚の統合として規定することで、〔諸対象を〕取り集める威力をこれに付与する。

こうした統一の思考は異論の余地なく、命題という考え方において進歩を遂げる。というのも、この統一は、主語と述語の絆を単なる二分法的関係とみなすことを越え出ているからだ。命題が主語〔＝主体〕の自己区別化から生じるならば、両項〔主語と述語〕の関係を可能とする媒介作用を明るみに出す必要がある。ところで、他ならぬカントは、超越論的な論理において、二つの概念のあいだの媒体の重要性を強調することで、命題の三項構造を解明した。この媒体、「判断における主語と述語の親和性の原理」★21が自己意識なのである。

「絶対的総合」とは「取り集められた多様性の寄せ集めではない★22」。この総合の可能性自体、ア・プリオリなものなのだから、述語は事後的に主語に付け加えられるのではない。

〔カントの〕観念論は、知覚することを内在的形式そのものとしてさらに規定し、知覚作用の空虚さあるいはア・プリオリな自発性の空虚さが内容によって絶対的に充たされることを通じて、既にたしかに無限の収穫を得ている。というのは、この形式の規定性は対立物の同一性に他ならず、これによってア・プリオリな悟性は同時に少なくとも一般的にはア・ポステリオリなものとなり（なぜなら、ア・ポステリオリ性は対立物を反対措定することに他ならないからである）、かくして、ア・プリオリにしてア・ポステリオリ、同一的にして非同一的なものということが絶対的統一のうちにあるという理性の形式的概念が与えられているからである。★23

かくして、根源的に総合的な統一は、その概念において、ア・プリオリとア・ポステリオリのア・プリオリな連結を必要とする。だが、ヘーゲルによれば、カント的総合が前提とするこの統一は現実的なものではない。「私と多様なものとの同一性」は形式的なままである。事後的なものはそれがその可能性であるところのもの〔＝事後的なものから帰結するもの〕に遭遇しないのである。

感性の多様、直観および感覚としての経験的意識は何かそれ自体では結合されていないものであり、世界もそれ自身ではばらばらに壊れているものであり、これらは悟性的人間の自己意識の善行によってはじめて客観的連関や土台、実体性や数多性、それればかりか現実性や可能性すらも獲得する。★24

媒介の原理――自己意識――は、本質的に、経験的な所与とは他なるものである以上、これらの概念のなかのひとつではない。現象界は私の前に現出している。カント的総合はもっぱら当為存在でしかないのだが、ヘーゲルによればそれは、意識と世界の関係を検討すると、両者が並置されているにすぎず、この関係を生じさせる統一が分析的なものであることが明らかになるからである。換言すれば、カントにおいてア・プリオリな総合というものはない。彼は「真にア・プリオリなものを純粋な統一に、すなわち、根源的総合的ではない統一にしてしまっている」★25からである。

ヘーゲルによれば、結果的に見ると、哲学は総合の分析的な生成を急き立てるばかりだった。対立物を予め統一する原理は哲学的思考のなかに確かにずっとあるのだが、しかし、それはアリストテレスの可能態《デュナミス》―現実態《エネルゲイア》、カントのア・プリオリ—ア・ポステリオリという対とは袂を分かつ。それは区別のなかで維持される同一性、同一性のなかで維持される区別という二重の承認がなされる契機に逆らうのである。総合を思考することは依然として、「未来が解決するべき務め」なのである。

C）読解との関係における述語的なものから思弁的なものへの移行

a）通常の読解と述語

『精神現象学』の序文で、ヘーゲルは命題を概念把握する二つの方法、すなわち、「論弁的方法（räsonnierende Weise）」と「思弁的方法（spekulative Weise）」を対立させ、これらの方法を「混同すること」は、「回避されるべき困難である」[★26]と告知している。この分析の独創性は、ある「方法」から別のそれへの移行、述語命題から思弁的命題への移行を読解の経験を通じて験されるものとして呈示する点にある。

ヘーゲルは哲学のテクストに対する通常の読解方法から出発する。彼は、「理解されうるまではまず繰り返し読まなければならない多くの箇所があるという、哲学の著作に対してしばしば加えられる断固とした非難」[★27]を想起する。また、ヘーゲルによれば、哲学書の読者が自分が読んだ内容をほとんど理解しないとしても、それは彼の無教養によるものではない。こうした著作は、「これを理解するための教養の条件が備わっている」[★28]個人にとってさえ理解されないままである。その原因は読み手が読み、理解するという習慣の構造にあるのである。

ごく単純に言うと、読解はある言表を別の言表へと線的に連結する行為として規定されうる。こうした連結が可能なのは、言表の統語法が、これらを構成する意味要素を線状に組織するためである。文法的および論理的秩序によって従順な読解が可能となる。こうした秩序に先導される読者は、言述の内容や形式を少しも生み出すことのないままこの言述を受け入れる。通常の論弁的な意味において、読解状況は、ひとが何を言い表わしているのか、ひとが何について語っているのか、ひとがどのように言い表わしているのかを決定するのは読者ではない、読者はこうしたことを頭に叩き込むだけなのだ、ということを意味する。言述行為に従属するかぎり、読者はその主体となることができないのである。

読者は命題の主語の立場にある。読者は「論弁的方法」にしたがって、自分に割り当てられたさまざまな述語をしっかりと記憶する。諸々の偶有性を受け取るだけでこれらを生み出さない実体に偶有性を関係づけることで、読者は命題のなかに保持された属性の割り当てを繰り返す。

　普通の場合は、まず主語が対象的な固定した自己として（**als das *gegenständliche* fixe Selbst**）根底におかれる。ここから始まって、多様な（**Mannigfaltigkeit**）規定や述語へと運動が必然的に進んでいく。このとき、初めの主語に代わって、〈知る私〉（**das wissende Ich**）が入り込んできて、諸々の述語を互いに結びつけ、これらを支える主体となる。[★29]

読者は命題が表明する属性の割り当てを自分で実行し考察するときに、命題を理解したと思い込む。〔命題における主語と述語の〕「関係づけをおこなった」後、読者は〔命題に対する〕自分の関係づけをおこなうことができる。読者の「私」は命題の主語に取って代わり、「第一の主語」の活動――むしろ非活動性――を二重化する「第二の主語」となる。[★30]命題の主語がいわば自分を単独で支えられえない以上、「知る私」はこの主語に取って代わる。この「置き換え」によってヘーゲルが想起させるのは、意識として理解された「私」が、哲学史を通じて、どのようにして、総合的審級（あらゆる述語化の可能性の条件、あらゆる属性の割り当てや判断にとっての根源）となったのかということである。

哲学的命題に対する無理解および誤解はなぜ生じるのだろうか。主語から述語への線的な移行は、その形式上、哲学的言述によってじかに提起されているとはいえ、ある抵抗に出くわす。「神は存在である」といった命題に直面して、読者は、命題の主語をなす「神」として、「存在」とは何かという試練を経験するのだ。

> 述語そのものが主語であること、存在であること、本質であることが言い表わされており、しかもこの本性を言い尽くしているのだから、思惟は主語がそのまま述語のなかにあることを見い出す。そのとき、思惟は述語において自分に立ち返り、論弁するものという自由な立場をとる代わりに、内容のなかになお沈潜している、あるいは少なくとも、内容に沈潜していることを要求されている。[★31]

同様のことは「現実的なものは普遍的なものである」という命題に対しても言われる。

> 主語としての「現実的なもの」はその述語のうちへと消えていく。「普遍的なもの」はただたんに述語の意味をもっているだけでなく、したがって、この命題は「現実的なものは普遍的である」ということを言っているのではなく、「普遍的なもの」は現実的なものの本質を表現しなければならないのである。[★32]

静止的主語（命題の主語および読者という主語）は「動揺する（schwankt）」。動詞 schwanken には動揺する、揺れる、振動するといった意味がある。命題は一方の糸のように張り詰めているが、それは、糸が突然傾斜して綱渡り芸人を後退りさせるような、奇妙な試練を思惟に課すのである。

> 思惟は〔論弁的方法におけるように〕主語から述語へと移行しながら進んでいくのではない。主語が消え失せているのだから、思惟はむしろ進行を妨害されているように感じ、主語が消えてしまったことを嘆いて、主語が何であるかという思想へと投げ返されているのを感じるのである。[★33]

反対に、

> 思惟は、主語においてもっていた対象を支える確固たる地盤を失うだけでなく、述語のなかで主語に投げ返されているのであり、しかも、述語において自分のうちに帰るのではなく、内容の主体のうちへと帰っていくのである。[★34]

主語について言われることは、あるときはその概念の意義をもち、またあるときは、その述語ないしは偶有性の意義をもつ。ヘーゲルはこう述べている。

> 概念を把握する思惟の場合は事情がちがう。ここでは概念は対象自身の自己であり、その自己は対象の生成として現われる（als *sein Werden* darstellt）。したがって、自己は動かずに（unbewegt）偶有性をになっている静止した主語（ruhendes Subjekt）ではなく、自ら運動しつつ、自分の諸規定を自分のうちに取りもどす概念である。★35

読者は主語から述語への移行を試みるとき、まず「反撃（ein Gegenstoß）」★36を被る。Gegenstoßという語は文字通り、Stoß（衝撃）という語に対立する。Gegenstoßとは「衝撃に抗する」衝撃であり、語彙や文法のなかへと意味が根源的に「落下すること」とは逆の運動である。こうして逆方向に落下しながら、主語は根源的な落下の偶然的な道程を逆に辿り、そして、一見、単純な例として呈示されているもの（文という秩序、属性の割り当てという統語法）の必然性のなかで把握される。読者は思弁的な動揺の経験によって、こうした必然性の理解の方へと進んでいく。この経験のなかで、読者は述語に接近するときには主語へと押し返され、主語へと立ち返ろうと思うときには述語へと押し返されるのである。

内容のなかに沈潜することで、読者は地盤や基盤が失われる経験をする。思惟は命題のなかでひたすら移行し続けていると思い込んでいるので、命題の外に出るわけではない。思惟はその内容のなかに沈潜したままである。だが、事象へのこうした泥沼化、主語を引き留めるこの重さは、述語化の真の落下に対する逆説的な条件である。この表現はさらに、述語化そのものにおいて生じる落下、そして、述語命題の没落《デカダンス》という二重の意味で理解されるのである。

b）いかにしてヘーゲルを（ヘーゲルとともに）再読するのか

読者はもはやどこかに移行することはできない。だから、彼は繰り返し読まなければならない。

［読者の］態度と臆見は哲学的命題の哲学的内容によって破壊される。臆見の思い込みは、自分が思い込んだのとは何か

違ったことが意味されていることを経験する。こうした思い込みの訂正が知を命題へと還帰させ、命題を今度は別な仕方で把握するように知に強いる。[★37]

しかし、どのように読解を繰り返せばよいのだろうか。哲学的命題が特殊であるのは、この命題には最初の読解というものがありえないためであることは既に見た。この命題を最初に理解する際に明らかになることは、その根本的な読解不可能性であるが、それは、この命題の形式が「この形式を破壊する概念の統一［言述の諸項のあいだの弁証法的同一性］」と衝突するようになるからである。テクストの客観性と最初に遭遇するときに生じる無秩序さが、哲学的命題の形式に適合する秩序へと変形される（「形式に即して」変化する）のは、それゆえ、こうした読解不可能なものの経験をくり返すことによってではない。

読者が「反撃」を被るとき、彼は「自分だけでいることが許されず」、命題の「内容の自己と一緒にいなければ（zusammensein）ならない」[★38]、すなわち、この自己の後退運動に従わなければならない。こうして、読者は根源の最も近くに、つまり、自己へと常に後退する根源としての絶対者の最も近くにいるのである。

しかし、読者は自分が立ち戻る場所で何も見い出さない。この根源は第一回目というものを欠いているために、読者は、同定されることを期待するいかなる実体的現前も、いかなる基体も見い出さないのだ。読者は純粋な退行運動、つまり、その背後に自分を進展させる推進力をもつ、前進しつつ回帰する退行運動に従い続けるのである。あらゆる形式が見い出される根源的な地点へと引き返すと同時に、読者は前方へと進展し、形式を与えるように要求される。命題が孕む無へと沈潜した読者は、反対に、新しい命題を形式化するようにうながされるのだ。「概念の自己回帰が叙述されなければならない」のは、まさしくこの意味においてである。概念の自己回帰が何らかの意味をもつとすれば、それは、この回帰がそれ自身の言述行為、その言述の新しい時間、その現象がもつ文法の性質に大きく関与する場合である。

思い出しておこう、読者は「命題へと還帰し（auf den Satz zurück zu kommen）、これを今度は別な仕方で把握すること（ihn nun anders zu fassen）」ができるようになったときに混乱した状態を脱するのである。読者はこれまで、自分の読解を別な仕方で把握することを導き出さなかった（読解には第一回目というものがなかった）以上、把握の方法を自分で生み出さなければならなかった。すなわち、読者もまた哲学者でなければならない、ただし、哲学のテクストを認識する主体あるいは〈私〉とは異なる哲学者でなければならないのである。だから、既に書かれてしまっているけれども、書き直されることなしには決して読まれえないような言述こそが思弁的なのである。

ヘーゲルにとって、通常の命題から哲学的命題への移行は命題の形式を放棄することではなく、新しい言述の創造が要求されているということを意味する。命題の弁証法的運動は、形式、形式の廃棄、形式の廃棄の遡行的叙述のあいだの共通性を、あらゆる哲学的言述に向けて、そのつど、示さなければならないのである。

こうした弁証法的運動は読者の受動性ではなく、その可塑性を必要とする。一八三一年版の『大論理学』の序文で言われていることを思い出そう。

可塑的な論述には、受容と理解のやはり可塑的な意味が不可欠である。しかし、自分自身の反省や着想──それを通じて「自分流の考え」がひけらかされるのだが──を冷静に自制することのできるような可塑的な青年や大人、あるいはプラトンが描いているように、ひたすら事柄だけに随順する能力のある聴衆が現代の対話のなかに登場することはできないだろう。まして、このような読者を期待することはできないであろう。★39

既に「成熟した〔formé〕」読者だけが形式の廃棄を考慮し、この廃棄そのものに「形を与える〔informer〕」ことができる。まず第一に、そうした読者は、刻印される蜜蠟のようにあらゆる形式を放棄したままになる。彼は、「内容が偶有性および述語として関係するところの」〈自己〉を表象する「知る私」という形式を喪失するのである。それと同時に、彼は特定の「自己」としても消え去る。だが、「自己」が内容のなかに「沈潜する」この試練は思弁的な落下の第一の局面にすぎない。可塑性は〔ひたすら形を受け取るだけの〕多形性とは違う。だから第二に、こうした失墜の現実性、命題の意味の受容が顕現するために、読者は失墜状態から回復しなければならないのである。

読者は別の命題を言述するように導かれるが、この命題によって、実現されることのなかった第一の命題の読解が新規に繰り返されることになる。読者は自分が読むものの内容にただ単に融和するのではなく、反対に、この内容を発現させなければならず、またそうして、新しい命題を形式化し、その読解内容を変形し、これを解釈することしかできないのである。

c) 解　釈

それでは、「可塑的な読解」という理論は恣意的な注釈を正当化するのだろうか。テクストが「言わんとする」ことをただ一度かぎり解明する試みが「客観性」とみなされるならば、「可塑的な読解」という考え方は、明らかに、読解の「客観性」という考えをことごとく無効にしている。ヘーゲル自身、彼の解釈が暴力的だとたびたび非難されてきたのではなかっただろうか。

恣意性の問いが提起されるのは、可塑的な読解という考え方が、読者を言述の作者にすることによって、規定的かつ決定的な役割を読解主体に与えるからである。読者は自分が読むものを再び書き直す。「知る私」すなわち個人性そのものの混乱へと――逆説的にも――通じている運動を反対に叙述する務めが課せられるのは、他ならぬ読者という個人である。果たして、このような「私」と解釈する主体性との違いは何なのだろうか。

『美学』で叙述されている可塑性の規定を思い出そう。可塑的なものとは、同時に「普遍的でしかも個体的な(**allgemein und doch individuell**)」ものであり、唯一的でありながら普遍的なものを表現するものである。なるほど、可塑的な読解は読解の「自己」の端緒となり、この意味ではつねに主体的である。しかし、可塑性の規定を考えると、可塑性が必要とする主体性は個別性に属すると言うことができる。単なる偶然的な特殊性が「知る私」をつねに特徴づけ、真に恣意的なものであるようにみえるけれども、主体性はこうした特殊性に属するわけではない。個別性とは主体性の顕在的な部分で、特殊性はその潜在的な部分である。個別性は自己に閉じこもることで、まさしく個別性に特有の独我論を顕わにするのである。[★40]

思弁的命題の試練は読者をその特殊的な「私」に定位する形式を放棄するようにうながすのだから、読者が提起する解釈はもはや彼のものではない。読者の特殊性は、それ自身を形成し、かつての直接的なあり方とは違う特殊性へと生成し、何らかのスタイルを知ろうと努めてきた。だから、スタイルとは――既に本書第一部〔一二三頁〕でみたように――特殊性に固有な必然性なのである。

しかしながら、解釈の有効性があらゆる主体性の消失によって獲得されるなどということは、慣例からすれば、おおむね認められてきたのではないだろうか。ヘーゲルの大いなる独創性は次のことを明示した点にある、すなわち、可塑的、つまり「普遍的かつ個体的」であることを望まず、ひたすら普遍的であろうとして注釈の個別性に少しも組みしないような解釈は、実は特殊的で恣意的であることだ。「知る私」とは比類のない仕方で、しかも逆説的にも、消え去ってしまう〈私〉なのではないだろうか。既に見たように、読者は命題を把握するために、それが表現する属性の割り当てを再び実行し、言述の主体に自己同一化し、自分に特有な区別を消去しなければならない。こうした読解は場合によっては「テクストへの忠誠」の模範とされうるだろうが、しかしヘーゲルによれば、この読解は少しも哲学的ではなく、いまだに「論弁」に囚われている。

述語命題の文法秩序は、受動的な主語がその述語を外部から受け取るという実体の表象の端緒をなす。論弁的思考からすれば、命題は存在論的な模範、つまり、当該の命題の指示対象《レフェラン》の役割をする模範を再現する。読者は言述の主体に対して透明になることで、この主体をその指示対象に対して透明にしたと思い込む。そして、彼が命題における記号や指標の本質とみなすもののうちへと、命題の音声的次元が消え去ることを期待する。命題の統語法的秩序は、言語とは別の存在論的秩序を生じさせることで、必然的に、読者に対して注釈の手続きそのものを規定する。すなわち、テクストの外部で、非テクスト的な意味を探し求めるという手続きである。

絶対者は対象として指示される立場にはないし、「語られる対象」にもなりえないだろう。とはいえ、絶対者が何かを指示する価値をもたないと言われるやいなや、それは指示対象される立場に置かれてしまう。表象的思考は絶対者のこうした直接的な理解にとどまる。この思考にとって、命題は何かを存在論的に捕捉する手段、『精神現象学』序文の隠喩を用いるならば、「鳥を捕まえる鳥もち」という模範に依拠した手段である。こうした解釈の論弁的考え方によれば、解釈とは指標の総体とみなされたテクストから超 - テクスト的な指示対象へと遡るという説明的な運動であるが、これを、本書第一部〔一一五頁〕で検討された意味で「人相学的」と形容することもできるだろう。

こうしてみると、真の読解を覆い隠しているのは、まさしく、「指示対象という幻想」の囚われ人たる「知る私」である。モーリス・ブランショは『文学空間』で、「読解を最も脅かすものは、読者の現実性、その人格、その厚かましさ、読むものを前にして自分自身であり続けようとする頑強さ、万般にわたって読解を心得ている人間であろうとする頑強さである」[41]と指摘している。この厚かましさはもしかすると読者を消去しようとする操作の結果そのものなのかもしれない。結果的に、読者はテクストを遵守する代わりに、自分の意図を探求するようになるのである。

思弁的操作が無効にしたのは、こうした、読むことは結局、命題の「隠された意味」を解明することだとする読解概念である。『精神現象学』の序文にある、哲学者は「概念に内在する律動に自ら侵入することを避けて、恣意や他所で手に入れた洞察などで概念の律動に干渉し」[42]てはならないという主張はこの意味で理解される。「知る私」として干渉することを諦めることは、あらゆる主体性を諦めることを少しも意味しない。読解を通じた自己放棄は決断する能力を宙吊りにするのではなく、反対に、決断の可能性の条件を生み出すのだ。思弁的命題は「読解する能力」への信頼を失墜させ、そうして読者は文盲状態の練習をさせられることで第二の威力を学習し、自分が読むものを自分自身で書き直すようになるのである。

命題の二つの項〔主語と述語〕のあいだで読者はバランスをとり、両項のあいだを行き来する。そうすることで読者には、〈自己〉の運動を、二つの傾向が拮抗すると同時に統一した緊張状態として経験する機会が与えられる。つまりこの運動は、全体に対して価値をもとうとする偶有性の傾向と、自分の偶有性から離脱しようとする実体の傾向とのあいだの緊張である。実際に、こうした運動と調子を合わせることで、読者という主体は偶有性（「知る私」という特殊性）と同時に実体（「知る私」から命題の主語への置換）として姿を現わすのである。読解を徐々に進めていくうちに、読者の主体性はある実体的な偶有性、何らかのスタイル、すなわち可塑性として自らを形成するのである。

哲学が「ひとつの命題の二つの部分が普通の仕方で関係するのを厳密に排除し」なければならないのは、偶然性の本質化という運動（「述語であるようにみえるものが全体的で自立的な塊となっている」[43]）、本質の偶有的生成という運動（述語が主語の純粋な普遍性のなかで消失する）のあいだの分離しえない弁証法的関係を思考することが哲学の務めだからである。可塑性は実体が自己規定する運動に形式を与え、偶然性と必然性の同一性を明らかにするのだが、そんな可塑性こそが読解において経験されるのである。まさにこれこそが絶対知の知なのである。

結　論

I　読解という出来事

なぜ、本書の結尾で読解について論じなければならないのだろうか。その理由は明白で、可塑的読解というヘーゲルの思想が、「予見＝不測」という概念にその現実的な効果を付与するからである。「予見＝不測」は到来するものの不可視性と可視性を同時に指し示す。未来は絶対に目に見えないわけでもないし、予期や認識、言葉といった形式をことごとく許諾しない純粋に超越論的な主体であるわけもない。また、未来は絶対に目に見えるものでもないし、純粋に予見される対象でもない。未来はその性急さや驚きをもたらす力でもって予測というものを裏切るのだ。「予見＝不測」は、眼差しに曝されてもいないし眼差しから隠されてもいない、そんな未来を見ることなく見ること、期待することなく期待することを意味する。こうした〈二項のあいだ〉という状況はすぐれて読解の状況なのではないだろうか。

A）「私」、読者

まず初めに、ヘーゲルの読者について考えてみよう。ヘーゲルの読者は、他の哲学者のそれとは異なり、何かを見ると同時に何も見ない。テクストは読者の目の前にあるのだが、その体系性は初めに彼からその意味を遠ざけてしまう。なぜなら、思弁的内容とは到来すべきものであり、かつ、既に到来したものであるからだ。ヘーゲルのテクストを読解することがきわめて困難なのは、テクストのなかで前進することが不可能に見えるからである。そしてそもそも、何かを予見させつつもその続きを見せないようにする起点をテクストから浮かび上がらせることが不可能に見えるからである。それでは実際のところ、たんなる言い換え《パラフレーズ》という純粋な同質性《トートロジー》を、そして、恣意的な解釈という絶対的な異質性《ヘテロロジー》をいかにして免れることができるのだろうか。

論弁的な反復と妄想じみた冒瀆のあいだで、過度の予見可能性と過度の予見不可能性のあいだで、読者は思弁的試練に自分自身で関与するときについに自分の道程を見い出す。この試練は、テクストの同一性と読者の区別との関係によってなされる。読者から「私」という固定した形式を奪うことで、読者を最初の混乱状態から逸らす、そんな読解の決断から必然的にヘーゲルの理解がもたらされる。ヘーゲル哲学の体系的な叙述の運動がもつ連続性――『エンチュクロペディー』はその完成された表現だが――は中断を容認する、つまり、解釈の介入を認めるが、ただしそれは連続性が中断に形式を与える場合だけである。ブルジョワの所述によれば、ヘーゲルの絶対者は、

『エンチュクロペディー』の読解において現存する主体的な絶対精神でもなければ、『エンチュクロペディー』という書物のなかに現存する客体的な絶対精神でもない。絶対者は、この書物の読解のきわめて具体的な同一性において実現されるのである（……）。こうした、思弁的読者の主体性と思弁的テクストの客体性との具体的な同一性は、両者の関係を所有や保持の仕方で、（……）あるいは反復の仕方で考えることを禁じる。『エンチュクロペディー』を理解する読解はそれゆえ、

その内容への個人的な参与を必要とするが、それは読者自身の〈自己〉が問われる冒険に他ならない。（……）読者の〈自己〉は自らを『エンチュクロペディー』の内容としなければならず、相互的に、この内容の存在は読者の〈自己〉のそれとならなければならない。このことは、『エンチュクロペディー』を再び実現することがこれを即かつ対自的に作り直すことであること、『エンチュクロペディー』を読解することがこれを書き直すことであることを意味する。★1

ヘーゲルは一度かぎりしか理解されないわけでもなければ、教典の作用や概念を空で覚えなければならないように所有されるわけでもない。著者は「固定した堅固な主体」ではなくて、言表行為の二つの主体——思弁的読者と書き手（彼自身も当初は思弁的読者だった）——のあいだで分裂した共有される言葉の働きから生まれる、エクリチュールの審級であることを、おそらく最初に考えた哲学者がヘーゲルである。解釈とは解釈に生気を与える偶有性を引き受ける産出行為であり、また同時に、決定されていないこと、諸々の別の読解へと約束されていることを認める産出行為である。「可塑的な」読解は、「テクストの外部」が存在しない以上、テクストをその外部に絶対的に〔＝その外部から放免される仕方で〕置くという注釈のエコノミーのなかに自分の位置を占めるのである。

読者は分裂した言葉の思弁的な試練に精通したあと、自分の読解に責任をもてるようになる。だからこそ、読解者である私は語ることにしよう、最後に、〔カトリーヌ・マラブーという〕自分自身の名前で。いかなる読解の出来事によってこの私がヘーゲルの『エンチュクロペディー』の「到来を予見しつつこれに驚くこと」ができたのか、これから述べることにしよう。

すべては始まった——再び始まった——のだ、私が、ある日、「可塑的」という語に出くわして、好奇心と同時に感謝の念に駆られながらこの語に着目したあのときに。好奇心に駆られてというのは、ヘーゲルの資料体のなかにあるこの語の控え目さによって、彼の資料体を通じて合図を送っていたまったく未知のものによってである。感謝の念に駆られてというのは、この語が突然、重要なことを識別する機会を与えてくれたことに対してである。こうしたことを明確に理解しようとして、私は、ヘーゲルのテクストのなかで、形の受容と贈与という力動性、つまり、自己規定の過程にある主体性そのものを指し示している箇所すべてに注意を向けて、「可塑的」という語の機能を研究しようと試みてきた。ある「偶然の出来事《アクシダン》」――「可塑的」という語は見たところ、ヘーゲルのテクストの事故《アクシダン》とみなされうる――によって、私は本質的な地点へと導かれたのである。

可塑性とは本質的に、驚きをもたらすものである。このことを証示するには、言葉と概念との両方の図式において可塑性を構成する必要があった。可塑性を概念として理解するには、〔予見＝不測という〕二つの時間のなかで読解プログラムを組まなくてはならない。ヘーゲルのテクストにおける「可塑的」(Plastik, Plaztizität, plastisch) という語彙の使用をめぐる調査目録と体系分類を作成し、そうして、その哲学的な掛け金を明らかにし、解釈を提案しなければならなかった。

私はこうしたプログラムを携えて舞台へと上がったのだろうか、「知る私」の振舞いで、ヘーゲルがその虚栄を告発する論弁的な読者の仕草で。いや、というよりも、「私」が可塑性の発見という経験、換言すれば、そもそも「私」を必要とすることなく展開される可塑性の経験に通じたときに――しかし、その期日はいつだったのだろうか――、可塑性が私に課せられたように思えるのである。

B） 二つの威力

読解という出来事によって、ヘーゲル哲学のなかで出来事の読解が生じたのは、「私の」介入、ただし、私の外部からの介入を通じてである。私には、可塑性概念の生きた文法が思弁的内容にその構造や律動として働きかけているように見えた。形式を付与する統合的威力、根源的に総合的な威力である可塑性は、分離や断絶という正反対の威力も内包している。これら二つの威力はヘーゲルのテクストの歩み、すなわち、〈体系〉の形成作用のなかで機能する結集と分裂とを完全に特徴づけている。互いに切り離すことができないこれらの威力によって、時間的総合の思考と出来事の介入という思考を連動させることが可能となるのだ。私の研究の掛け金は、ヘーゲルによる時間性の考え方が、この連動作用を通じて開かれるエコノミーのなかに確かに場所を占めていることを示す点にあったのである。

可塑性は行為することと作用を被ること、自発性と受容性の根源的統一に名を与える。対立物が区別化する場である可塑性は、それら両極を互いに内包し合った状態で保持し、そうして、時間的過程の三つの用語（根源的総合、精神的なものの直観的表示ないしは肉体化、時間の諸契機の関係）が互いに連動し合う、予期の構造が機能することを可能にする。可塑性概念の意義はその存在様態と同一である。可塑性とは〈それがそうであるところのもの〉である、つまり、可塑性自身が可塑的なのである。形式を受容し贈与する根源的操作は固定した堅固な構造ではなく、進展することが可能な審級、すなわち、数々の新しい形式を自らに与えることのできる審級なのである。可塑性の時間的区別化によってこそ、実体‐主体の歴史的展開が可能となるのである。

可塑性の意味とその存在様態——その内容と形式——が同一であることから、対立物が根源的に総合される場は、それがエネルギーの貯蔵場所である以上、自分自身の力の法則に従うと言える。この場は自分自身の貯蔵物を力動化するのだ。この場において、形式は形成されると同時に変形し、また、堅固さをもちながらも爆弾のように炸裂するのだが、こうした対照性をもつ場においてこそ、生起や出来事についてのヘーゲルの思考は展開されるのだ。『精神現象学』の序文の一節は、新しいものの生起を急激な変化がもたらすエネルギーの大変動として描いている。それは、組織された生命力に衝撃を与える起爆剤のようなのである。

確かに、精神は決して休息することなく、いつも前進する運動（in immer fortschreitender Bewegung）を続けている。けれども、胎児が長く静かに栄養をとった後で初めて息を吸うとき、それまでの徐々に量を増すばかりの成長が中断され

(abbricht) ――つまり、質的飛躍がおこなわれ――そしてここで、新生児が生まれてくる。それと同じように、自己を形成する精神も、ゆっくりと静かに新しい形態へと成熟していく。以前の世界という建物はその小さな部分が少しずつ解体していき、この世界が揺れ動いていることは個々の徴候によって示唆されるにすぎない。現存するもののなかに蔓延する軽薄さや倦怠、未知のものに対する定かならぬ予感、これらが何か新しいものが近づいている (im Anzuge ist) ことの前ぶれである。このような緩慢な崩壊 (Zerbröckeln) は全体の相貌を変えることがなかったが、やがて日の出によって断ち切られて、稲妻 (ein Blitz) のように、一挙に (in einem male) 新しい世界像が打ち立てられるのである。★2

同著の緒論において哲学は「生起することを見る純粋な行為 (das reine Zusehen)★3」として呈示されているが、それはヘーゲルからすれば、未来の最も生き生きした、最も感覚的な比喩形象である新生児に向けられた注意として定義づけられる。誕生は何かが出現することと何かが爆発することを結合するのだ。形式の形成と分離のプロセスたる可塑性はありとあらゆる誕生の場であるが、それは本質的に、現前の現われと消滅という二重の可能性を解放する存在論的な爆発として考えられなければならない。このプロセスは自発的に、自動的に機能する。そのため、それは無から生じる (何ものからも生じない)。このプロセスは未来を担うものである。未来というものが定義上、どこにもない場所から到来するということが本当ならば、このプロセスは未来を担うものである。私がこれまで解明しようとしてきたのは、現代の読者たちに忘れ去られた、ヘーゲルの思想のなかで、主体性の爆発的な部分がもたらす好機だったのである。

C) 構成と再構成

この好機は自己への現前には還元されえないままであるために把握することが難しい。私はこの好機を把握したのだろうか。主体性がもつ爆発性の正当性を認めるために、私は、そのメカニズムあるいは装置を構成しているもの、すなわち、実体－主体の存在論的なシーソー運動を証示しようとしてきた。実体の自己規定プロセスは自発的に一方から他方へと傾斜する。それは必然的に、主体性のギリシア的契機における偶有性の本質的生成と近代的契機における本質の偶有的生成とのあいだで、一方の傾斜を他方の傾斜に比して激しくする。まず初めに私が示したのは、古代ギリシアの「範例的個体性」がそれ自身で、本質の存在論的な力と威厳を獲得しようとすることだった。それに続いて私が論究したのは、いかにして啓示された神の本質が無化《ケノーシス》の状態になり、偶然性をともなう生命に関与することで、その偶有化の過程を成就させるのか、ということだった。

古代ギリシアの範例的個体性は芸術作品ないしは「一度に鋳造された」個人と化す。偶有性の本質的生成の運動において、傾斜の契機とは、自分自身のスタイルで個体性が加工されることによって、神的なものが人間的なもののなかに突出した部分（ἐξοχή）のことである。「可塑的な」個体性は高められて――上昇運動――、ついには自分固有の立体感をもち、堅固な本質を獲得する。習慣によって、神的なものが人間的なもののなかに肉体化し、人間的なものが神的なもののなかに肉体化することが可能となるのであり、古代ギリシア彫刻が知覚させてくれるのはこの肉体化である。

近代の契機において、主体の傾斜は息子の送遣――この勾配《アンクリネゾン》は父の息子への愛情《アンクリナシオン》でもあるのだが――に対応する。神は落下しながら――下降運動――、自分に自分自身を示すことで、その命題の運動を成就させる。神はこうした傾斜から生じ、ここから帰結する。この傾斜にしたがってこそ神は神なのである。ヘーゲルは、無化《ケノーシス》を自己が落下しながら自分の外に出て、低下する運動として実際に明らかにすることによって、神の力動的な意味をすべて、「恍惚〔extase〕」における「離脱状態〔ex〕」へと送り返すのだ。疎外化は実体が自己とは他なるものになる可能性のことであるが、これは、神的なもののなかでの人間的なものの立体感、人間的なもののなかでの神的なものの立体感を想起させる。

哲学者たちは傾斜の必然性――これはアリストテレスの神《テオス》の本質において、啓示された神の本質において作動している――のなかに神的なものが減少していく様をみるが（だがこうした傾斜がなければ、神は貧弱な抽象的な概念にすぎないだろう）、彼らはヘーゲルの思想の奥深い独創性を見逃している。神のうちに否定性が導入されることで神は運動し始め、その屈曲が可能となる、これはおそらく、神の卓越性、その落下の条件と次元を考えるうえで最も高尚な方法である。ヘーゲルは、落下の運動を、この語の通常の意味での零落《デシェアンス》ではなく、最終期限《エシェアンス》――期限が満たされたもの――とみなす思想家なのである。すなわち、「到達点」の方から不意に現われ、落下しながら爆発するような未来を考慮することが重要なのである。

　こうした論証は本当に衝撃的なものだったのだろうか。私が示してきたのは、ヘーゲルの読解とは、実体の自己規定のさまざまな様式――これらが実体の可塑性の時代を画する――によって開かれたパースペクティヴが相互に反射する状態を経験することに他ならないということである。思弁的内容をその単純化された形式において把握することで、思考は必然的にそれ自身の道程を辿り、その諸契機や歴史が自動的に配分されることを経験する。ヘーゲルから、ヘーゲルとともに最後まで進むこと、エンチュクロペディー的発展にその極点にまで従うことによって、読解は特異な経験へと委ねられる。精神的な発展の運動に従うならば、必ずや、西洋の伝統の核心へと、それゆえ、ギリシアーキリスト教的な過去の核心へと導かれるのである。

　ヘーゲル哲学のなかで未来を肯定することによって、私は必然的に、この過去に対する彼の忠実さを強調しなければならなかった。私は、ヘーゲルのアリストテレス読解の独創性を強調することに配慮しながら、彼の読解を最良のもの、すなわち、ある意味では最も真正で伝統的なものとみなす罠を避けることができないという、自分の行論が孕む逆説的な面を意識してきた。同様に、ヘーゲルのキリスト教解釈の特異性を強調しながら、私はおそらく、ヘーゲルの神は善良な神であるという証明を試みることしかできなかった。ヘーゲル主義の哲学的新しさを明るみに出そうとしながらも、私はおそらく、思考の伝統的かつ存在神学的形式へのその順応性のことしか主張しなかった。

未来の問いを開くことはつねに、この問いをすぐに閉じてしまう危険を確認することである。それはひとえに、この問いが厳密に言って、まったく新しい問いではないからなのだろうか。この問いの古さ、伝統、哲学的歴史によって、その意味が抹消される恐れがあるのではないだろうか。「予見＝不測」という両義性、すなわち、あらかじめ何かを把握し、驚きを理解しようとすることは、この問いの衝撃を根本的に弱めていないだろうか。

しかし、ヘーゲルの思想の傾斜についても、思弁的なありとあらゆる規定性および命題の傾斜についても事情は同じである。すなわち、傾斜は転倒するのである。エンチュクロペディー的発展によって切り開かれた道を辿れば、伝統的な西洋哲学の極点にまで至ることができるが、しかし同じ理由で、この道はまた、西洋哲学の形式を超過することになる。驚きはたとえ弱められたとしても、新たに何かを驚かせることができる。ヘーゲル哲学が哲学的伝統に対して主張する力は最終的にこの伝統の流れを変え、これに別のパースペクティヴをもたらすのである。

このパースペクティヴはどのようなものだろうか。エンチュクロペディー的円環は、伝統が純粋に結集した完成形態として、また、この同じ伝統のリサイクル〔＝再－円環〕のプロセスの結果として解釈される。弁証法的単純化の分析によって見い出されたのは、諸々の個別性を自動的に分配する運動が、精神的な諸形式を再分配し、再処理し、再分類するエネルギーから生じるということである。現在、「synthèse〔総合〕」は構成だけでなく再構成をも指すが、ヘーゲルはあたかもこうした意味を予期しているかのようである。実際に今日、化学的に再構成された素材、生地、形態は「synthétique〔合成物〕」と呼ばれている。ヘーゲル主義という体系の試みによって、思考は、哲学の総合——統一のなかに結集された哲学の諸形式、エンチュクロペディー的全体性——が、同じでありながらも対照的な自分の他者を反射させる——鏡像的《スペキュレール》かつ思弁的《スペキュラティフ》な運動——ようにうながされる。思考は、注釈による再構成、すなわち、指示対象の「客観的」真正さあるいは有効性から解放された解釈の果断さから生まれる総合の哲学を反射させるようになるのである。

主体をその諸々の偶有性へと結びつける二重の傾斜勾配の運動、主体性の歴史のある運動から別の運動へと傾斜するように読者に命じる運動を通じて、思弁的命題は堆積した存在論的展開の深みを再び賭けに投じ、この展開を流動化させることでそのエネルギーを解放する。落下の経験としての哲学はある必然的な回想の運動をもたらす。この運動は精神を既知のものへの関係から解放し、精神からドクサを帯びた慣習を排斥することで、精神を諸々の別の習慣、つまりは解釈のハビトゥスを再構成するように仕向けるのである。

ヘーゲルは主体性の歴史を構成する二つの時代を対面状態に置く。一方は、目的論的プロセスに備わっている反復や習慣が強調される時代で、他方は、時間とは自己の前にある時間であるという考え方と切り離すことのできない、「一回かぎり」という個別的なもの、非習慣的なものが君臨する時代である。また、この対面状態は、習慣的なものと非習慣的なものの作用から構成され、思考の二つの時代としてではなく、ひとつの現実の思弁的に同一的な二つの側面、すなわち完成状態として理解されるような未来も描出する。ヘーゲル哲学が告知するところによれば、既知のものの平凡さからしか奇異なものが湧き出てこない以上、未来は既に生起した形象を問いに付すような方法から生じるのである。可塑性は、堅牢な過去にプラスティックコートをかけること〔*plastification*〕——すなわち凝固——とこれをプラスティック爆弾で爆破すること〔*plasticage*〕——すなわち爆発——のあいだにある未来という約束を成し遂げるのである。

私たちは今や、私たち自身の習慣、私たちを直接的に疎外化する習慣に関わるだけである。思考の生命は、死に向かう傾向、固定した立場に沈殿する傾向のある生のエネルギーを覚醒させる力次第である。その続きはこの覚醒如何による。つまり、思考は習慣づけられたものが自分の習慣に向ける眼差しにすべてを期待するばかりなのである。西洋哲学の伝統を還元する試みは、それらがどんなに異なっていようとも——とりわけハイデガーのように——、すべて、この種の眼差しから生じるのである。

II　ヘーゲルがハイデガーを読む

ヘーゲル哲学によって開かれたこの眼差しは、その後、彼の哲学に到来した読解――こうした読解をヘーゲル哲学は知らなかっただろうが、いわば予期はしていたのだろう――を「予見しつつこれに驚く」ことを可能にする。現代の哲学者たちが加えた数々の衝撃をヘーゲルは受け取る用意ができていなかったのかどうかは確かではない。まずは、ハイデガーが打ち立てた、ヘーゲルの思想のなかには未来がない、彼の思想の未来などないという証明から始めてみよう。

ヘーゲルの時間概念の可塑性は、ハイデガーがこの同じ概念に投げかけた通俗性という非難に対する返答を用意する、秘密の抵抗の核心ではないのだろうか。

私が証明してきたのは、時間性をもたらす可塑性があるかぎり、ヘーゲルの時間性の分析を「平板化された時間」という世界の枠組み――アリストテレスの「敷衍的説明《パラフラーズ》」を通じてヘーゲルが疑問に思うことなく採用した枠組み――のなかに一挙に押し込めてしまうことはできないということだった。だからこそ、私は〔ハイデガーが批判した〕『自然哲学』ではなく〔時間の可塑性が論じられる〕『精神哲学』を自分の行論の出発点にしようと決意したのだった。

ヘーゲルの思想のなかにある未来や出来事への開けを解き放つことは、彼の思想に複数の時間が実在することを解明することである。複数の時間というのは、通俗的時間性と根源的時間性という唯一の区別を超過する複数性のことである。それはこの区別の「到来を予見しつつこれに驚く」までに至る。実際に、可塑性概念の意義によって、ハイデガーが明らかにしたような、本来的時間性の諸特徴を考えることがおそらく可能になるのである。

確かに、ハイデガーは『形而上学』第九巻についての講義で、可塑性にいくつかの注釈を施している。彼は形容詞「可塑的」の意味を「抵抗する」という独自の意味で解釈する。可塑的なものとは「拒絶しないもの、〔……〕耐えることのできるもの」[★4]である。ハイデガーはこう続けている。

粘土は何かを被る、それは形態を許容する、すなわち、可塑的〔bildsam。仏訳はplastique〕である。可塑性（die Plaztizität）とは力のあり方（Weise）のひとつなのである。[★5]

ここでハイデガーが記す「作用を被ること」とは、未来に向かう能動的な緊張状態のことでもある。というのも、出来事可塑的だと言われるのは、「一般的に、何かが到来するところのもの」[★6]、出来事へと方向づけられているもの、出来事の暴力に耐えられることを示すものであるからだ。

しかしながら、可塑性に対するこうした注釈は、ハイデガーの著作のなかで孤立している。例えば、『カントと形而上学の問題』[★7]において、「可塑性」という語は一度しか登場しない。この著作でハイデガーは、時間を根源的な形成作用の威力とするカントの規定がもつ決定的な重要性を絶えず想起しているにもかかわらず、である。「純粋直観としての時間は自分が直観するものを自発的に形成する」[★8]、「時間が純粋直観であるというのは、時間が連続した視野をあらかじめ自発的に形成し、この視野そのものを（受容しつつ形成する活動として）時間自身に提示するからである」[★9]。時間とは準備された形式、すなわち、諸々の「今」の連続という形式に付与された名にすぎないわけではない。時間の方がこの連続そのものを形成するのである。こうした理由で、「他の哲学者と比べて、カントにおいて時間は、そのなかに構想力が自分の活動の必要のために関与する、何らかの領野として考えられてはならない」[★10]。構想力はそれ自体で、「根源的な形成作用」、「〔いまの今への〕直視的、〔いますぐの今への〕予見的、〔いましがたの今への〕顧見的」[★11]行為なのである。

ハイデガーはカントが可塑性という語にもたらした「著しい革新」を一度も主題化しなかったし、この概念に存在論的な意義を付加することもなかった。あたかもヘーゲルが、遡及的に、ハイデガーの思想を理解するために必要不可欠な道具を彼に差し出しているかのようなのだ。ハイデガーが終始否定した、ヘーゲル哲学における複数の時間の高邁さは、おそらく、存在論的差異の時間に何らかの名を提起するはずだったのである……。

Ⅲ　予見＝不測

弁証法の抵抗を経験することは、弁証法ならざるものと対話する能力を推定することであり、弁証法の後裔を受け入れ、それを驚かせる（それによって驚くが）ままになることである。こうした抵抗は哲学の議論のなかだけでなく、さらには現代世界のある特定の状態において明らかになっている。ヘーゲルは目的論の時間――「予見＝不測」のギリシア的形式――と疎外化の時間――「予見＝不測」の近代的形式――を視野に入れていた。これら二つの時間の構成によって、もはや自分たちの前に時間をもたず、成し遂げられたがゆえに破綻してしまった目的論を生きている者たちの未来は規定される。こうした未来は美しく、かつ、恐ろしい。美しいというのは、すべてはさらに到来しうるからである。恐ろしいというのは、すべては既に到来してしまったからである。

こうした状況は飽和状態と空白状態を矛盾した形で結び合わせる。飽和状態というのは、今日、未来が到達するべき遥か彼方の約束としてもはや叙述されえないからである。哲学の伝統を完成させることはその外部を希薄にすることでもあるのだ。〔例えば、アメリカが唱える〕「世界新秩序」〔という文句〕が含意するのは、異国にいるような出来事、地政学的にみて孤立した、ないしは周縁化された出来事がまったく起こりえないということである。逆説的なことだが、こうした――論理的および自然的――空間の飽和状態はある空白としても経験される。というのも、現代という時代＝時間の大きな問題は自由な時間が到来したことにあるからだ。技術による単純化、距離の短縮化――これらはヘーゲルが既に Vereinfachung〔単純化〕という概念ではっきりと告知したものだ――といったことは、もはやなすべきことが何もないことを認めるようにうながす。未来の最も不毛な側面はそれが約束する――経済的かつ形而上学的――失業状態に起因する。しかし、こうした約束は発明されるべき新しさの約束、生の形式の約束でもあるのだ。

飽和状態が地平の閉鎖から生じるのだとすれば、空白状態の方は数々のパースペクティヴを開く。飽和と空白の矛盾した統一はまさしく、ヘーゲル体系の形式そのものに現われている。彼の体系は分離しながら結集し、到来するものを生じさせながら統一するからだ。可塑性は閉域のなかにある未来、構造的変形の可能性として理解された未来を意味する。それは構造の内部における構造の変形、「形式に即した」変化なのである。

可塑性の概念が今日、細胞生物学や神経学の分野で用いられていることは偶然ではない[12]。例えば、神経体系や免疫体系の「可塑性」とは、それらの構造的閉域を実現する個々の構成要素の変容や変形、環境がもたらす変調による一時的な変容や変形をこれらの組織が許容する能力のことを指す[13]。この場合、可塑性は、閉じた体系が自らを変形させることで新しい現象を受け入れる可能性として現われている。ここでもまた、偶然的あるいは偶有的な出来事が体系の核心に触れると同時に、その本質的な諸要素のひとつにおいて動揺するというプロセスが見られるのである。

ヘーゲルが既に示しているところでは、偶有性の本質的生成と本質の偶有的生成という二重の傾向があらゆる生を、すなわち、彼に従えば、論理的生、自然的生、精神的生という「三つの生」を構成している。この二重の傾向は属性を割り当てる総合の根底にあって、実体がその偶有性に対して保持し、論理学の発展をなす関係を基礎づける。それは他方で、精神の生が論理的および構造的に、また、歴史的および時系列的《クロノロジー》に契機となることに大きな力を及ぼす。つまり、それは生きているものに即して作用するのだ。それゆえ、この二重の傾向は同時に、論理－自然－精神的である。それは自動的に生「に即して」刻み込まれている。間違いなくヘーゲルは、自然と人為の伝統的な対立を克服した、唯一の伝統的な哲学者である。したがって、〈体系〉に関して浮き彫りになった自動運動もまた、まさしく、論理‐自然‐精神的なものである。

こうしてみると、ヘーゲルは時期尚早にも、あらゆる生のなかを循環する、総合的な生きた存在、自由なエネルギーという可塑的な方法を発見していたのだろう。この哲学者はこれ以後、自由なエネルギーに備わる数々の可能性のあいだの緊張状態を生き、これを保護する責任、主体性の根幹部、その壊れやすい有限な中核部を保持する責任を担ってきたのである。

可塑性はまさに、有限性に関するヘーゲルの思想の場をなす。形の現出と無化のあいだで、可塑性はその自己産出と自己破壊の可能性を孕んでいる。可塑性は生命力、柔軟さを意味するとしても、つねに硬直することがありうし、また、生命の根幹部を意味するとしても、やはり原子爆弾（Plastikbombe）と幾分結びついている。生きた概念である可塑性は死をもたらす概念でもあるのだ。細胞核と原子力のあいだの諸限界の作用が解放する場をできるだけ長く保護すること、未来が必要とする性向である飽和と空白の状態に対処することが肝要なのである。

ヘーゲルの哲学は、人生の日曜日が秘めた平穏さと危うさのなかへと足を踏み入れるように私たちを誘っているのである。

注

〔★は原注、☆は訳注を表わす。〕

序論

★1　«Le Savoir absolu», *Phénoménologie de l'esprit*, trad. 〔Jean〕 Hyppolite, Paris, Aubier-Montaigne, 1941, 2 vol., 2, p. 305 [524, 525]. 〔『精神現象学（下）』、三九七—三九八頁〕訳文は若干変更した。

★2　*Sein und Zeit*, Max Niemeyer Verlag, Tübingen, 1963, [428]. *Être et temps*, trad. François Vezin, Paris, N. R. F. Gallimard, 1986, § 82, p. 496. 〔『存在と時間（下）』細谷貞雄訳、ちくま学芸文庫、一九九四年、四〇九頁〕

★3　私たちは〔名詞 maintenants 複数形語尾の〕「s」を省いて、複数形の意味で「今〔maintenant〕」と記述することにする。

★4　*Être et temps*, p. 489 [422]. 〔同書、三九六—三九七頁〕

★5　*Encyclopédie des sciences philosophiques, Philosophie de la nature*, trad. 〔Jean〕 Gibelin, Paris, Vrin, 1967, § 257, p. 144 [209]. 〔『自然哲学（上）』、五五頁〕

★6　*La* Phénoménologie de l'esprit *de Hegel*, (Cours du semestre d'hiver 1930-1931), trad. Emmanuel Martineau, Paris, N. R. F. Gallimard, 1984, p. 135. 〔ハイデガー『ヘーゲル「精神現象学」』藤田正勝・アルフレド・グッツオーニ訳、創文社、一九八七年、一五六頁〕この講義でハイデガーは、ヘーゲルは「自己へと還帰したものが本来的に存在するものである、という存在の根本的な解釈」を展開していると言っている（Ibid., p. 223〔同書、二八七頁〕）。

★7　Cf. *Science de la Logique. Doctrine de l'essence*, trad. Pierre-Jean Labarrière et Gwendoline Jarczyk, Paris, Aubier-Montaigne, 1976, p. 2. 〔『大論理学（中巻）』、三頁〕「〔われわれの〕言語〔ドイツ語〕は sein〔存在する〕という動詞のうちに過去分詞 gewesen の形で Wesen〔本質〕を保有している。というのは、本質は過ぎ去った存在、しかも、無時間的に過ぎ去った存在だからである」。

★8　*Philosophie de l'esprit*, Additif du § 396, trad. Bernard Bourgeois, Paris, Vrin, 1988, p. 437. 〔『精神哲学（上）』、一三三頁〕

★9　Ibid., p. 438. 〔同書、一三五頁〕

★10　Ibid., Additif du §377, p. 379.〔同書、八頁〕ベルナール・ブルジョワは訳注で、「なるほど、自然は精神からすればその他者だが（……）、また、精神が所有する他者でもある」と明確に述べている。

★11　*Introduction à la lecture de Hegel*, Notes de cours réunies par Raymond Queneau, Paris, Gallimard, 1947, p. 531.〔アレクサンドル・コジェーヴ『ヘーゲル読解入門「精神現象学」を読む』上妻精・今野雅方訳、国文社、一九八七年、三六三頁〕

★12　*La* Phénoménologie de l'esprit *de Hegel*, op. cit., p. 224.〔『ヘーゲル「精神現象学」』前掲書、二八九頁〕

★13　*Être et temps*, p. 494.〔『存在と時間（下）』、四〇六頁〕訳文は変更した。

★14　イエーナ期（一八〇四―〇五年と一八〇五―〇六年）と『エンチュクロペディー』の三つの版（一八一七年、一八二七年、一八三〇年）。

★15　*Études d'histoire de la pensée philosophique*, Paris, 1971 pour l'édition N. R. F. Gallimard, pp. 148-189.

★16　Op. cit., p. 367.

★17　«Hegel à Iéna», op. cit., p. 189.

★18　*Science de la logique. Doctrine du concept*, trad. Pierre-Jean Labarrière et Gwendolin Jarczyk, Paris, Aubier-Montaigne, 1981, p. 390.〔『大論理学（下）』、三八二頁〕

★19　*Introduction à la lecture de Hegel*, op. cit., p. 367.〔『ヘーゲル読解入門』前掲書、二〇二頁〕

★20　Ibid., p. 387.

★21　特に、Bernard Bourgeois, *Éternité et historicité de l'esprit selon Hegel*, Paris, Vrin, 1991. Pierre-Jean Labarrière, «Histoire et liberté», *Archives de philosophie*, 33, oct.-déc. 1970, pp. 701-718; «Le Statut logique de l'altérité chez Hegel», *Philosophie*, n° 13, hiver 1986, pp. 68-81. Gérard Lebrun, *La Patience du concept*, Paris, N. R. F. Gallimard, 1972, とりわけ、chap. VIII, «Logique et finitude». Denise Souche-Dagues, *Le Cercle hégélien*, Paris, P. U. F., 1986; *Hégélianisme et dualisme*, Paris, Vrin, 1990, とりわけ、chap. III, «L'histoire»; *Recherches hégéliennes, Infini et dialectique*, Paris, Vrin, 1994, 3e partie «Le temps et l'histoire» et «Conclusion».

★22　«Dialectique et Philosophie du Non chez Gaston Bachelard», *Études d'histoire et de philosophie des sciences*, Paris, Vrin, 1970, 2nde édition, pp. 196-207; p. 206.〔ジョルジュ・カンギレム『科学史・科学哲学研究』金森修監訳、法政大学出版局、一九九一年、二三九頁〕

★23　この言葉は一七八五年にフランス語（ロベール辞典）のなかに登場した。ブロックハウス辞典が指示するところによれば、Plazizität は「ゲーテ（一八三二年没）の時代に」ドイツ語のなかに登場した。

★24　plastisch は「可塑的に」、「可塑的な仕方で」という意味をもつ副詞でもある。

★25　ὁ πλάστης（彫刻家）、τὸ πλάσμα（造型物）、πλαστικός（塑像のモデル）、τὸ ἔμπλαστρον（膏薬）といった言葉も想起された い。

★26　ロベール辞典参照。

★27　グリム辞典の「Plastik」、「Plastiker」、「Plastisch」の項目を綴り字や植字を尊重しながら次に転写する。

PLASTIK　女性名詞　フランス語で plastique、ギリシア語 πλαστική（つまり τέχνη）から。有機的な諸々の形を物体から（形成、彫刻、刻印、鋳造によって）作り出す造形芸術、狭義には、彫塑芸術。「あらゆる造形芸術――私たちはこれからこの造形芸術という言葉をギリシア人を讃えるために用いる――の主要目的は、人間の形姿において人間の尊厳が表現されることである」。ゲーテ、44、34。「本来、造形芸術はその最も高次の段階で実現される」。22、229。「造形芸術と比べて絵画にはずっと広い世界、ずっと自由な自然がある」。ハンス・マイヤー、小論文、48、35、新版。

PLASTIKER　男性名詞　造形芸術家：「ダイダロス、最初の造形芸術家」。ゲーテ、44、250。

言葉や律動を恥じながらも敢えて詩作せんとする者は、空気のなかに像を彫らんとする彫刻家のようなものであろう（プラーテン、2、295）。

造形詩人：「我らが偉大なロマン主義者二人、ゲーテとA・W・シュレーゲルは同時に偉大な造形芸術家でもある」。H・ハイネ、13、18。

PLASTISCH　形容詞・副詞　物体の形を作ること、形象化することあるいは形象化されること。可塑性に役立つ、可塑性に特有の。「信、愛、希望……かつて自分たちの本性のうちに可塑的な衝動を感じていた彼らは、共に汗を流し、愛らしい形象を創造した……辛抱というものを」。ゲーテ、56、129：「可塑的解剖学」、44、60 ff、「人間の可塑的な本性」、シラー、10、80：「可塑的表現」、A・W・シュレーゲル、講義1、128、10、新版：「造形芸術家、ゲルヴィヌス」、5、213。「造形詩人」（H・ハイネ、補巻157）、「彼の可塑的な詩、その形態はまさに身体から現出したかのようである」、H・ハイネ、13、18：可塑的表現＝描写、（さほど明瞭でない形で）絵を描くこと、言葉で生き生きと描写すること、等々。可塑的鋭さ、レーナウ（一八八〇年）2、243、アウエルバッハ、全集19、168、176参照。可塑物に関する暴力行為（貴重な彫刻作品を盗むこと）クロプシュトック、5、533、ヘンペル：可塑用粘土、彫塑用粘土。

★28　*Esthétique*, trad. Jankélévitch, Paris, coll. Champs-Flammarion, 1979, III, p. 111 [II. 355].

★29　Ibid., p. 127 [II. 374].〔『美学（第三巻の上）』、一六二六頁〕

★30　Ibid.〔同箇所〕『歴史哲学講義』（trad. Gilson, Paris, Vrin, 1979）において、ペリクレスは「可塑的個体性」のモデルとして記述されている。「［ペリクレスは］古風だが柔軟な風格をもった政治家だった（Perikles war ein Staatsmann von plastichen antiken Charakter)」(p. 199 [317]〔『歴史哲学講義（下）』、六五頁〕）。彼の企画のもとに、「永遠に名を残す彫刻群」がつくりだされた。彼の演説は「あらゆる世紀を通じて古典時代の見本となるような一群の人々」に差し向けられた。この講義でもトゥキュディデス、ソクラテス、プラトン、アリストファネスといった類例がとりあげられる。アレクサンダー大王も「柔軟な精神」と特徴づけられている。〔「彼は」古代ギリシアのもっとも深遠で、しかも、もっとも幅広い知識をもつ思想家アリストテレスによって教育された。その教育はアリストテレスにとってやりがいのあるものだった。もっとも深奥な形而上学の手ほどきを受けて、アレスサンダーの気性は完全に純化され、あれこれの思い込みや不品行、空虚な妄想から解放された（dadurch wurde sein Naturell vollkommen gereignit und von den sonstigen Banden der Meinung, der Roheit, des leere Vorstellens befreit)。アリストテレスは大王のかくも天真爛漫ですぐれた本性はそのままにして、その上に真なるものの深遠な意識を教え込み、大王の才気に満ちた精神を、空中に自由に浮かぶ球体のような、柔軟な精神に変えた」(p. 207 [332]〔同書、八六頁〕）。

　いずれの場合にも、「可塑的」は明らかに「可動的な性格を備えた」という意味を持つ。アテネとスパルタを比較して、ヘーゲルは「可塑的個体性」の発祥地たる前者を、「人倫的精神の輪のなかにありながら、個々人は極めて活気に満ち、活動的で、個性豊かである（eine grosse Betriebsamkeit, Regsamkeit, Ausbildung der Individualität innerhalb des Kreises eines sittlichen Geistes)」という範例的な場として記述している。スパルタにおいて、「私たちは反対に、厳格で抽象的な徳（die starre abstrakte Tugend）と国家のための生活を見るが、そこでは個人の活動と自由は後退している（aber so, dass die Regsamkeit, die Freiheit der Individualität zurückgesetzt ist)」(p. 200 [318]〔同書、六九頁〕）。

『哲学史講義』(trad. Garniron, Paris, Vrin, 1986）において、ヘーゲルはギリシア哲学について「可塑的」であると述べており（Introduction, p. 322)、第二巻ではソクラテスを「可塑的」個人とする記述が見られる（p. 291)。第六巻の冒頭（p. 1256）で翻訳者は「可塑性概念の重要性」を主張している。

★31　実際に、これら諸個人は彫刻を準拠として「可塑的」と言われる。「彼らはみな卓越した芸術家的性格をもっており、自分自身を創造する理想的な芸術家（ideale Künstler ihrer Selbst）であり、渾然たる個体であり、時間的なものでも滅ぶべきものでもない、不死不滅の神像のようにそびえ立つ芸術作品である。同様の造形術は、オリンピアの競技における勝者たちの身体を表現した芸術作品も、さらには、全ギリシアの前に裸身のまま水中から姿を現わした、最も美しい女性フリュネの身体を表現した作品さえも、同様に可塑的な作品である」(*Esthétique*, III, pp. 127, 128)〔『美学（第三巻の上）』、一六二六頁〕。

★32　Trad. Catherine Malabou, *Philosophie*, n° 29, hiver 1991, pp. 13-26; p. 24.〔『大論理学（上巻の一）』、二〇頁〕

★33　『哲学史講義』のなかで、ヘーゲルはソクラテスの対話者に関して次のように述べている。「このような人々は、対話の可塑的人物である。自分の意見を表明したり、会話に口を挟む〔原文はフランス語〕ことが眼目なのではまったくない」(III, p. 402)〔『哲学史（中巻の一）』、二〇〇頁〕。

★34 可塑性はいくつかの意味をもつが、そのひとつは **Bildsamkeit**（柔軟さ、従順さ）である。その二番目の意味（形を与えること）は、形成作用にまつわるヘーゲルの語彙全体、とりわけ、**Ein-und Durchbildung**（「形成化作用」）のような実詞によって例証される。

★35 *Phénoménologie de l'esprit*, 1, p. 55 [47].〔『精神現象学（上）』、八五頁〕

★36 *Philosophie de l'esprit*, note du traducteur n° 3, p. 201.

★37 *Encyclopédie des sciences philosophiques, Science de la logique*, trad. Bernard Bourgeois, Paris, Vrin, 1979, § 150, p. 399 [144, 145].〔『小論理学（下）』、一〇三頁〕

★38 *Doctrine du concept*, trad. cit., p. 379.〔『大論理学（下巻）』、三七〇頁〕

★39 *Phénoménologie de l'esprit*, 1, p. 49.〔『精神現象学（上）』、七五―七六頁〕

★40「自然法論文」(*Des manières de traiter scientifiquement du droit naturel*, trad. Bernard Bourgeois, Paris, Vrin, 1972, p. 101〔『自然法学――其の方法と体系』平野秩夫訳、勁草書房、一九六三年、二二一―二二三頁〕）の結論において、ヘーゲルは、精神の展開が、異なる契機（この当時は未だ「勢位〔Potenz〕」と特徴づけられている）において、形の出現と同時に形の爆破から生じることを示している。「絶対的全体性は必然性として自らの諸勢位のいずれにおいても自己を停止し、全体性として自らをあらゆる勢位上で生み出し、先行する諸威力をそこで繰り返すとともに、後続するそれらをも先取りする。しかしこれら勢位のうちのひとつが最大の形式である。（……）個体性が発展し、自らを変貌させること、勢位に属するものが衰弱して死滅することは、必然性のすべての段階が勢位においてそれ自体として現われるためには必要である。しかし、過渡期の不幸、〔つまりは〕新しい形成のこの強化（**diese Erstarken der neuen Bildung**）が、自己から過ぎ去ったものを決して純化しなかったというプロセスこそが、実証的なものの在るところである。そして自然は、たとえそれが限定的形態の内部で、一定の運動でもって、しかしながら力学的等速運動ではなく、等加速度運動でもって進展するとしても、自然が獲得した新しい形態もまた享有し、自然はその形態のなかに飛び込み、ここに滞留するのである。爆弾がその極致にまで衝撃をなしてこの極致にしばらく休息するように、あるいは熱せられた金属が蠟のように柔らかにはならないで、一挙に液状と化してこれに滞留するように――というのも、現象とは絶対的な対立物への移行であり、それゆえ無限であり、そして、無限性からあるいは自らの無からこのように出現することは飛躍（**ein Sprung**）であり、そして、自らの新生した力における形態の定在は、その形態がある疎遠な存在との関係を意識する以前にそもそも自己自身にとってであるからである。そしてまた、成長する個体性も、それが漸次的に否定的なものに自らを開いて、自分もまた一挙にあるいは破裂的に没落する（**und auch in ihrem Untergange auf einmal und brechend ist**）に至るまで、こうした飛躍の喜ばしい本性をもその新しい形式の享受の持続をももつのである」。

★41 *Philosophie de la nature*, §258 [209].〔『自然哲学(上)』、五六頁〕

★42 Ibid., §259 [210].〔同書、六〇頁〕

★43 Remarque du §258 [209].〔同書、五六頁〕

★44 «Ousia et Grammè», *Marges - De la philosophie*, Paris, Minuit, 1972, pp. 31-78; p. 49. デリダは、「そしてよく知られているように、ハイデガーの目からすれば、ヘーゲルはカントの奇抜さを多くの点で覆い隠し、消し去ってしまったことになる」と言葉をつないでいる。

★45 Ibid., pp. 49, 50.

★46 Ibid., p. 63.

★47 Ibid., p. 65.

★48 *Philosophie de la nature*, Remarque du §254 [206].〔『自然哲学(上)』、四七—四八頁〕

★49 §254.〔同書、五六頁〕

★50 *Leçons sur la philosophie de l'histoire*, p. 247.〔『歴史哲学講義(下)』、一六二頁〕

★51 «Sur le *Droit Naturel* de Hegel 1802-1803», *Études hégéliennes*, Paris, P. U. F., 1992, pp. 63-83; p. 68.

★52 Cf. *Leçons sur l'histoire de la philosophie*.「可能態《デュナミス》とは素質であり即自であり、客観的なものであり、さらには、抽象的普遍一般であり、理念であるが、理念といってもいまだ潜在的なものにすぎない」。「対自」は次のように「現実的な」を意味する。「現実態《エネルゲイア》とは潜在状態にある自己を否定して現実的な自己を実現する活動である」(III, "Aristote", pp. 518, 519〔『哲学史(中巻の二)』、三〇頁〕)。

★53 この語はカントによって『判断力批判』第五九節で定義づけられている。「およそ感性化(Versinnlichung)を旨とする直観的表示(……)には二通りある。すなわち図式的であるか、さもなければ象徴的であるかである」。Trad. Alexis Philonenko, Paris, Vrin, 1979, p. 173.〔『判断力批判(上)』篠田英雄訳、岩波文庫、一九六四年、三三四頁〕

★54 *Phénoménologie de l'esprit*, 1, pp. 200, 201 [161].〔『精神現象学(上)』、二七五頁〕

★55 *Philosophie de l'esprit*, Remarque du §552, p. 341 [439].〔『精神哲学(下)』、二八〇頁〕

★56 Ibid., p. 335 [433].〔同書、二七〇頁〕

★57 Remarque du §387, p. 184 [317, 318].〔『精神哲学(上)』、五九—六〇頁〕

★58 §389, p. 185 [318-319].〔同書、六八頁〕

★59 *Métaphysique*, Λ, 7, 1072b, 18-30.

★60　§565, p. 355 [447].〔『精神哲学（下）』、二九八頁〕

☆1　フランス語において**futur**は過去と現在に連なる時間軸上の未来を示す。**futur**がラテン語動詞**esse**（在る）の未来分詞**futurus**に由来することからもわかるように、それは現在時を時間的な前方へと敷衍することで示される未来である。フランス語**avenir**も同じく「未来」という意味があるが、「**à venir**（来たるべき）」という動詞表現からも伺えるように、「将に到来せんとするもの」というニュアンスがある。**avenir**は未来時というたんに客観的な時間概念であるだけでなく、「未来時におけるある人の状態」という含意をもち、「将来性、運命、前途」をも意味する。この意味において、**avenir**には日本語の「将来」という訳語が相応しいだろう。

　本書でマラブーは、ハイデガーが言うところの本来的で根源的な「将来（**Zukunft**）」の意義を踏まえながら**avenir**を用いている。ハイデガーは現在の〈今〉から推測できるような、たんに未だ現実的ではない〈今〉、これから必ず存在することになる〈今〉を「通俗的時間」の枠内にとどまる未来とした。これに対して、過去―現在―未来という時間の地平そのものを開く根源的時間性は「将来」とされる。通俗的時間は「将来」による時間の到来によって可能となり、このことは「脱自的で地平的な時間性は、第一義的に、将来から時間化される」（『存在と時間』第八一節）と表現される。

　以上の理由から、本来であれば、**avenir**を「将来」、**futur**を「未来」と訳し分けるべきだろう。ただ、本書では**futur**という言葉がほとんど用いられていないため、必ずしも両者の訳し分けを優先させる必要はない。また、本訳書のタイトルが「ヘーゲルの将来」となると、「ヘーゲル（哲学）の将来性」という別の含意が響いていささか座りが悪い。そこで、本訳書では**avenir**を一貫して「未来」と訳し、わずか数回だけ登場する**futur**は「未来時」と訳すことで区別化を図った（ちなみに英訳版では両方とも**futur**と表わされている）。

☆2　本書ではヘーゲル哲学の可塑性、すなわち、形を与える－形を受け取るという主体の自己展開運動を軸に論が展開されているため、**forme**はきわめて重要な語である。一貫して同じ訳語を充てることが望ましいだろうが、実際のところそれは不可能であり、その都度、訳語を変えざるをえなかった。**forme**は文脈に応じて「形、形態、形式、形姿」、アリストテレスの文脈では「形相」と訳した。他にも、「**formation**（形成）」、「**transformation**（変形）」、「**conformité**（形を共有した適合）」「**figure**（形象）」、「**configuration**（外形）」、「**polymorphe**（多形的な）」、「**métamorphose**（変貌）」といった形に関連する言葉が随所で活用されていることに留意されたい。

☆3　**voir venir**は、ヘーゲル哲学を読解するにあたってマラブーが用いるフランス語独特の表現である。**voir venir**は、目的語に物がくる場合、「事態を予測すること」、「起こりうる事態に備えること」を意味する。また、目的語に人が来る場合、この表現は「ある人物の意図を見通したり、その魂胆を見抜くこと」、もしくは「誰かがこちらにやって来るのが見えること」という意味で使われる。ここで示されているのは「予期する、予測する、予感する」といった、将来のことをあらかじめ見通す振舞いである。それは、未来の出来事に関して、それをいつまで待てばよいのか、それがいつ頃生じるのか、それはどのように起こるのか、などが既に推測されている状態である。

しかし他方で、**voir venir** は「事態の推移を見計らいながら慎重に待機していること」、「出来事の成り行きを見守ること」をも意味する。悪しき事態を心配するにせよ、良い結果を心待ちにするにせよ、ある事柄の実現に焦慮するにせよ、またさらには、待っている時間そのものを気に懸けるにせよ、いずれにせよ、**voir venir** は正確にいつ起こるのか予測できない出来事を待ち構えている状態を表現する。さらに言えば、**voir venir** は「何かが到来するがままにまかせること」、「予期せぬ事態に驚くがままになること」といった、不可測の事態へと自己を曝け出し、この新たな時間性に身を委ねる振る舞いでもある。

マラブーは **voir venir** がもつこれら相反する二つの意味に着目する。**voir venir** は将来を見越すことでその驚きを緩和することであると同時に、予想外の出来事がもたらす驚きを受け入れることである。一方で、現在の〈今〉が線状に延長されて未来の〈今〉が想定されることで、未来そのものは予測可能なものとなる。他方で、こうした線状の時間軸は宙吊りになり、真新しい未来が期せずして到来する。この矛盾した二つの時間性は、ハイデガーの「通俗的時間」における未来と「根源的な将来」に対応するものであろう。マラブーはヘーゲルの主体性の時間構造を解明するにあたって、**voir venir** という両義的な表現を通じて、ハイデガー的な時間概念の視点を戦略的に導入しているのである。

本書の鍵語は **voir venir** と **plasticité** である。**plasticité** の方はマラブーも日本語版序文で述べているように、「可塑性」と単純に日本語に移すことができるが、**voir venir** の両義性を訳出するのは困難である。とりわけ、**voir venir** の動詞形と名詞形の一貫した訳語はどうしても見当たらなかった。そこで、「見る（voir）」という含意が分かるように「予見」を訳語に使用して、名詞句の場合には「予見＝不測」、動詞表現の場合には「〜の到来を予見しつつこれに驚く」と柔軟に訳した。

☆4　本書で「直観的表示」と訳した **hypotypose** は、ギリシア語 **hupotuposis**（素描、手本）に由来する語で、修辞学の用語で「活写」を意味する。つまり、それは「目の前にあるもの、ないしは目の前にないものを生き生きと表現する」という手法のことである。この語は動詞 **tupoun**（形作る、模造する、刻印する）がもとになっているが、その名詞形 **tupos** には「刻み付けられた形や跡」「塑造、模造された型」「彫刻された形態」「原型や模型」など、形に関係した意味がある。

カントにおいて、「直観的表示（hypotypose）」とは、概念の実在性を証示するためのひとつの手法である。経験的な概念に対しては感性的な対象が与えられているため、概念が実例として示される。これに対して、悟性概念と理性概念を実在的に示すためには直観に訴えるしかない。純粋悟性概念は図式を通じて直接的に表示される。また、理性概念の場合、理念に適合する直観が与えられないため、概念は象徴を通じて間接的に証示されるしかない。悟性概念にしろ、理性概念にしろ、非経験的な概念を直観によって感性化する過程が、直観的表示と呼ばれるのである。こうしたカントの定義を踏まえた上で、マラブーは、超感覚的なものが感覚的なものを通じて発現するプロセスを指し示すために、「直観的表示」ないしは「感覚的発現（traduction sensible）」という表現を用いている。

第一部

序言

★1 ジャン・ヴァン・デール・モイレンは「人間学」全体の注釈を提示している。«Hegels Lehre von Leib, Seele und Geis», *Hegel-Studien*, Bd. 2, 1963, pp. 251-280. より部分的な解釈に関しては、Alain, *Idées*, chapitre «Hegel», Paris, 1983, Champs-Flammarion, pp. 167-238; Jacques Derrida, «Les Fins de l'homme», *Marges - De la philosophie*, op. cit., pp. 129-164.〔「人間の目的＝終焉」高橋允昭訳『現代思想』一九七九年九月号臨時増刊〕最近のものでは、Bernard Bourgeois, «Les deux Âmes: de la nature à l'esprit», *De saint Thomas à Hegel*, publié sous la direction de Jean-Louis Vieillard-Baron, Paris, P. U. F., 1994, pp. 117-151.

★2 *Philosophie de l'esprit*, §377, p. 175.〔『精神哲学（上）』、七頁〕

★3 Ibid., Remarque du §411, p. 219.〔同書、三一四頁〕

★4 Ibid., Additif du §396, p. 430.〔同書、一二二頁〕

★5 Ibid., p. 438.〔同書、一三五頁〕

★6 Ibid.〔同箇所〕

★7 Ibid., §396: «Le cours naturel des âges de la vie», pp. 191, 192〔同書、一一九―一二〇頁〕。

★8 Ibid., Additif, p. 432.〔同書、一二三―一二四頁〕訳文は若干変更した。

★9 Ibid., §396, pp. 191, 192.〔同書、一二〇頁〕

★10 Ibid., Additif, p. 439.〔同書、一三七頁〕

★11 Ibid., p. 438.〔同書、一三六頁〕

★12 こうした方法で読むと、「人間学」は、ジャック・デリダが論考「人間の目的＝終末〔Les Fins de l'homme〕」で分析した二つの「人間の fins」、つまり「有限性としての」fin〔終末〕と「目的〔*telos*〕としての」fin〔目的〕の伝統的な交錯へと通じているのではないだろうか。*Marge - De la philosophie*, op. cit., p. 144.〔「人間の目的＝終焉」前掲、三〇三頁〕

★13 Remarque du §410, p. 215.〔『精神哲学（上）』、三〇一頁〕

★14 Ibid., p. 217.〔同書、三〇四頁〕

★15　§419 et 410.

★16　思弁的人間学はその狙いに関して、カントがこの学に付した、「世界公民としての人間の認識」を提起するという目的には対応しない。*Anthropologie du point de vue pragmatique*, trad. Michel Foucault, Paris, Vrin, 1979, Préface, p. 11.〔『人間学』坂田徳男訳、岩波文庫、一九五二年、二頁〕

★17　§411, p. 218.〔『精神哲学（下）』、三一四頁〕

★18　Cf., §378, p. 176.〔同書、一〇頁〕

★19　Ibid.〔同書、一〇―一一頁〕

★20　«Les deux Âmes», op. cit., p. 123.

★21　*De l'âme*, II, 1, trad. Tricot, Paris, Vrin, 1982, p. 67.〔412a20〕

★22　本書第二部で検討される「キリストの受肉〔Incarnation〕」と区別する場合には、〔小文字で〕「受肉〔incarnation〕」と表記することにする。

☆1　ここで「加工方法」と訳したフランス語は **façon** である。ラテン語 **factio**（行為、所作）に由来するこの語は、「何かに形を与えること、何かを作品に仕上げること」といった意味で、「（職人や芸術家の）仕事、製作、細工」、「（作品や製品の）作り方、形」などを示す。また、「ある特定の仕方やスタイルで存在すること、あるいは行動すること」という意味から、「仕方、方法、流儀」、「（ある人物特有の）態度、振舞い」などを言い表わす。そして、その動詞形 **façonner** には、「（ある形を与えながら素材を）加工する、細工する」、「（教育や習慣を通じてある人の人格を）形成する、陶冶する」といった意味がある。**façon** や **façonner** という語彙において、形の贈与および習慣が個人の自己形成に結びついていることに留意されたい。

☆2　**νοῦς** は「心、精神、理性、知性、知性認識」などと訳される語であり、本書では「ヌース」と表わした。ヌースはホメロスにおいては心とその作用を指し、ソクラテス以前の自然学者たちにおいては、感官の知覚に対する理性のことをいう。プラトンにおいて、ヌースと物質との優越的対立が明確になり、ヌースは、感覚界を越えたイデア界ないしは善のイデアを観想する精神として感覚や臆見に対立する。アリストテレスにおいてもこの対立は継承されるが、彼はヌースに受動と能動の二面を認める。前者は形相の受容能力であり、後者は感覚物や想像物から形相を切り離す能動的理性である。

第一章

★1　*Philosophie de l'esprit*, §389.

★2 §411.

★3 §391.

★4 §392-395.

★5 §396-398.

★6 §399-402.

★7 §403-404.

★8 §405-406.

★9 §407-408.

★10 §409-410.

★11 §411-412.

★12 *Science de la logique (E)*, §163, p. 409.〔『小論理学（上）』、一二七頁〕

★13 §388-398. 私たちは意図的に、第三の契機（第三九一節「感覚」）を第二の時間の読解の冒頭におくことにする。

★14 §389 et 390.〔『精神哲学（上）』、六七、七八頁〕

★15 §391, p. 188.〔同書、八一頁〕

★16 §389, p. 185.〔同書、六八頁〕

★17 *Science de la logique (E)*, §90, p. 356.〔『小論理学（上）』、二八〇頁〕

★18 §392, p. 189.〔『精神哲学（上）』、八二頁〕ヘーゲルはdas Mitleben mit der Natur〔自然との共同生活〕（p. 190）という表現も使用している。

★19 ヘーゲルの「運勢」概念については、フランソワ・ルースタンの著作*Influence*（Paris, Minuit, 1990）、特にp. 14sq. を参照。

★20 §392 et sa Remarque, pp. 189, 190.〔同書、八三頁〕

★21 §393.

★22 §394, p. 190.〔同書、一〇一頁〕

★23 Ibid., pp. 190, 191 [322].〔同箇所〕

★24 §395, p. 191 [322].〔同書、一一二頁〕

★25 *Science de la Logique (E)*, Remarque du §163, p. 410.〔『小論理学（下）』、一二七頁〕

★26 Ibid.〔同書、一二七―一二八頁〕

★27 ***Philosophie de l'esprit***, § 397.

★28 § 398.

★29 ドイツ語 **Urteil** は同時に「判断」と「原初的分割」を意味する。ヘーゲルによれば、「ドイツ語の判断という言葉は語源的に深い意味をもっていて（……）、それは概念の統一が最初のものであること、したがって概念の区別が根源的分割（**als die *ursprüngliche* Teilung**）であることを意味している。これが判断の真の姿である。」***Science de la Logique (E)***, Remarque du § 166, p. 413 [155].〔『小論理学（下）』、一三五頁〕

★30 最初の二つの契機である「自然的魂」の終わりから「感じる魂」まで（第三九九―四〇八節）が自己の危機についての論述を対象としている。

★31 § 395, [322].

★32 Remarque du § 408, p. 212 [338].〔『精神哲学（上）』、二六三頁〕

★33 § 405, p. 202 [330].〔同書、二〇三頁〕

★34 Additif du § 399, pp. 446, 447.〔同書、一五六頁〕

★35 Ibid., p. 447.〔同箇所〕

★36 § 401, p. 196 [326, 327].〔同書、一六二頁〕

★37 Ibid.〔同箇所〕

★38 Remarque du § 401, p. 197 [327].〔同書、一六三―一六四頁〕

★39 「精神生理学の最も興味ある側面は〔内的感覚作用と肉体化のあいだの〕単なる共感を考察することではなくて、いっそう明確に、諸々の精神的規定――とくに情動（*Affekte*）としての諸々の精神的規定――が自分に与える肉体化を考察することであろう。どのような連関によって怒りや勇気が胸や血液や刺激性の組織のなかで感覚されるのか、そしてまた、どのような連関によって追考や精神的な活動が頭脳、すなわち感受性の組織の中枢で感覚されるのかが理解されるべきであろう」。Ibid., p. 198.〔同箇所〕

★40 § 402, p. 199 [328].〔同書、一九九頁〕

★41 § 403, p. 199.〔同箇所〕**empfinden**〔感覚すること〕と **fühlen**〔感じること〕の違い、フランス語の翻訳がもたらす問題に関しては、ブルジョワの注釈 **p. 188** と **p. 194** を参照。

★42 § 404, p. 201.〔同書、二〇一頁〕

★43　Ibid., Remarque p. 202 [330].〔同書、二〇二頁〕
★44　Additif du §405, p. 466.〔同書、二〇七頁〕
★45　§405.
★46　Ibid.
★47　§406.
★48　Ibid.
★49　§407.
★50　§408.
★51　§407, pp. 210, 211.〔同書、二六〇頁〕
★52　§408, p. 211 [337].〔同書、二六一頁〕
★53　Ibid.〔同箇所〕
★54　Additif du §408, p. 500.〔同書、二八一頁〕
★55　Ibid., p. 502.〔同書、二八四頁〕
★56　*Philosophie de la nature*, §371.〔『自然哲学（上）』、六八〇―六八一頁〕
★57　第四〇八節の注釈でヘーゲルは、この問題を既に理解し、狂気を人間的かつ温情的に取り扱うよう説くピネルの功績を力説している（p. 213〔『精神哲学（上）』、二六四頁〕）。
★58　*Idée*, op. cit., p. 200.〔「イデー　哲学入門」渡辺秀訳『アラン著作集六』白水社、一九八〇年、二七三―二七四頁〕
★59　Remarque du §410, p. 215 [340].〔『精神哲学（上）』、三〇一頁〕
★60　§410, p. 214 [340].〔同書、三〇〇頁〕
★61　*Science de la Logique (E)*, §181.
★62　Remarque du §410, p. 215 [340].〔同書、三〇一頁〕
★63　§410, p. 214 [340].〔同箇所〕
★64　Remarque du §409, p. 217 [341].〔同書、三〇三―三〇四頁〕ジャン・ヴァン・デール・モイレンは魂と肉体の相互関係についてのヘーゲルの分析に、メルロ＝ポンティ（「肉」としての肉体）とサルトル（「対自」としての肉体）の研究の先取りをみる。«Hegels Lehre von Leib, Seele und Geist», op. cit. 特に p, 259sq.

★65 **Remarque du §409, p. 214 [339].**〔同書、二九九頁〕

☆1　ギリシア語の ἕξις は動詞 ἔχειν（持っている・〜の状態にある）から派生した語で「習慣、状態、素養、持前」といった訳語が当てられる。ラテン語も同様で、動詞 **habere**（持っている）から名詞 **habitus**（外観、状態、身なり）が導かれている。

フランス語 **habitude** はラテン語 **habitus** あるいは **habitudo** から派生したものだが、現在、**habitude** と動詞 **avoir**（持っている）の類縁関係を綴り字から想像することが難しいことから分かるように、「所有としての存在様態」という意味は残っていない。この意味は、ラテン語 **habitus**、**habitudo** の解釈をめぐる歴史的過程で消失していった。十二世紀まで「**habitude de corps**（身体の様相）」という表現が用いられたが、これは体内の状態（健康、病気など）と外面的な体型（肥満、痩身など）とを指し示していた。十六、十七世紀において、**habitude** は **coutume**（慣習）と厳密に区別されており、**coutume** は何らかの状態や性向（**habitude**）を生み出す条件と考えられていた。客観的な事実である **coutume** に対して、**habitude** は主体的な行動様式の含意をもつようになる。例えば、「**prendre une bonne habitude**（良い習慣を身につける）」という表現から分かるように、習慣は人間が主体的に習得し改変できるものである。それは後天的に習得される日常的態度であり、わずかな努力で反復できる規則的な行動様式である。習慣は主体の意志によって習得される一種の自然状態であり、それゆえ、「習慣は第二の自然である」と言われるのである。

現在、フランス語 **habitude** が「所有としての存在様態」の意味を留めているのは、それが「患者の健康状態を反映する身体全体の様相」という意味で医学用語として使用されるときだけであり、**habitus** はもっぱらこの意味で用いられている（また、ブルデュー社会学の重要概念である「ハビトゥス」もよく知られている）。本書でマラブーは、**habitude** のギリシア語原義の意味を強調する際にこの **habitus** という語をしばしば使っているが、これは「ハビトゥス」と音声表記した。

☆2　通常は「三段論法」を表わす **syllogisme** は、本書ではヘーゲル用語の **Schluss**（推論）の訳語として用いられている。「三段論法」は、例えば「すべての人間は死ぬ、ソクラテスは人間である、ゆえにソクラテスは死ぬ」というように、大前提、小前提から一つの結論を導く論理方式である。ヘーゲルは、概念間の形式的な関係しか証明できない形式論理学に対して、三つの概念が有機的関係を維持する論理形式を重視する。概念は判断によって個別（主語）と普遍（述語）とに分割されるが、推論はこの両項の区別を媒介項を通じて再び統一させる。例えば、諸個人（個別）と国家（普遍）は市民社会（特殊）を通じて互いに結びつく、というように。さらに、ヘーゲルのいう推論は三重の構造をもっている。個別—特殊—普遍の関係は、単に特殊が個別と普遍を媒介するだけでなく、個別や普遍も他の二項の媒介として作用する。つまり、外面的には区別される三項は本質的同一性をもつひとつの概念なのである。ヘーゲルの「推論」は三段論法ではなく、言わば「三位一体的な論法」である。

第二章

★1　『霊魂論』において人間の主要な事例は、習慣《ヘクシス》の概念の発展と結びついた事例の他には、次のようなものである。「栄養摂取をおこなう魂は、人間以外の生物にも属している」（第二巻、第四章、415a）。第二巻、第九章、421a でアリストテレスが述べるところでは、人間は「触覚の精確さ」という点で他の動物よりも優れている。また、人間には「呼吸することなく感覚すること」ができないという特性があり、その結果、「人間にとって、嗅覚器官は他の動物の器官とは異なるように思われる」。知性（第三巻、第三章、427b）に関して、アリストテレスはエンペドクロスの断片「現にそこにあるものに応じて、人間の知恵は増大する」を想起した後で、「人間以外の動物に思惟や推論は存在しないが、表象は存在する」（第三巻、第一〇章、433a）としている。ただしこの直前で表象は一種の思惟活動とされているので、動かす能力である欲求と思惟はさまざまな度合であらゆる動物に共通のものである。

★2　『哲学史講義』ではわずかに発育した人間が一度現われるが、それは私たちの分析を覆すというよりも確証するものである。「〔魂が〕栄養をとり感覚するだけでなく、知性をももつ場合、それは人間の魂である」。それゆえ、人間は植物の性質と動物の性質とを内部に統一している。これは近代の自然哲学において、人間は動物であり植物であると言い表わされ、三つの形式を区別し分離する考えに対立する思想なのである〔強調引用者〕。*Leçons sur l'histoire de la philosophie*, t. III, p. 568.〔『哲学史（中巻の二）』、九三頁〕

★3　*Philosophie de l'esprit*, § 389, p. 185.〔『精神哲学（上）』、六七―六八頁〕

★4　私たちは本書で、ヘーゲルによる受動的ヌースの解釈の生成過程を辿ることはできない。それは、イエーナ講義（一八〇五―〇六年）からハイデルベルク講義（一八一六―一七年と一七―一八年）を経て、ベルリンの『哲学史講義』（一八一九―二〇年から一八二九―三〇年）までである。ヘーゲルからすれば、アリストテレスによるヌース（特に受動的ヌース）の探究は、明らかに『霊魂論』の主な哲学的方向づけを構成している。この点に関しては、（イエーナ期に試みられ、およそ一八〇五年の作とされる）ヘーゲルによる『霊魂論』の一節（第三巻、第四―五章、429b22′ 430a25）の翻訳が存在することを思い出す必要がある。二頁にわたる原稿には「アリストテレス『霊魂論』第三巻第四章――Απορησευε――第五章」という表題が付されている。ヴァルター・ケルンは論文 «Eine Übersetzung Hegels zu *De Anima*, III, 4-5, mitgeteilt und erläutert» (*Hegel-Studien* 1, 1961, pp. 49-88) のなかでこの翻訳を注釈し転載している。同じ著者による、ヘーゲルの文献資料において受動的ヌースが分析された箇所がすべて引用されている論文についても指示しておこう。«Die Aristotelesdeutung Hegels. Die Aufhebung des Aristotelischen 'Nous' in Hegels 'Geist'», *Philosophisches Jahrbuch* 78, 1971, pp. 237-259.

★5　〔*Philosophie de l'esprit*,〕§ 389.〔同書、六八頁〕

★6　第三巻、第五章、430a10-15。ここで私たちはエミール・バルボタンの『霊魂論』翻訳を参照する（coll. Budé, Paris, Belles

Lettre, 3ᵉ tirage, 1989, p. 82)。彼の訳文は当箇所についてはトリコ訳〔*De l'âme*, trad. Jean Tricot, Vrin, 1982〕よりも忠実なものである。イエーナ草稿でヘーゲルが提起したこの件の翻訳は次のとおりである。***«So nun ist der Nus beschaffen einerseits dadurch, daß er alles wird, anderseits daß er alles macht, als ein thätiges Wesen, wie das Licht; denn auf eine gewisse Weise macht auch das Licht die nur der Potenz nach seyende Farben zu actu Farben»***. KERN, «Eine Übersetzung Hegels zu *De Anima*», op. cit., p. 51 を参照。

★7　ヌースは「自分自身で思惟することができる」。『霊魂論』、第三巻、第四章。

★8　「持つこと（ἔχειν）はたんに何かをある属性として身につけることではなく、何かに対して振舞うという様式において何かを持つことを意味する。その際、振舞いが向かっていく対象は、その振舞い自体において、また、その振舞い自体によって、何らかの仕方で告知されている」。Heidegger, *Aristote, Métaphysique* Θ 1-3. *De l'essence et de la réalité de la force*, Cours de 1931, trad. Bernard Stevens et Pol Vandevelde, Paris, N. R. F. Gallimard, 1991, p. 153.〔ハイデッガー『アリストテレス「形而上学」第九巻一―三――力の本質と現実性について』岩田靖夫他訳、創文社、一九九四年、一七一―一七二頁〕

★9　ヘーゲルは一八〇五年に ἕξις を「thätiges Wesen〔活動的本質〕」と訳している。彼は注記に、「ἕξις、即かつ対自的な習慣。習慣、無意識的行動（本質、後天的本質、試練にかけられた本質）」と書き記している。『霊魂論』のドイツ語訳（W. Theiler, 1959）では「終始変わらぬ振舞い」となっている。

★10　「受動的ヌース」と「能動的ヌース」は第三巻、第四・五章の題名である。トリコの指摘によれば、「アリストテレスは一度だけ ὅ παθητικὸς νοῦς〔受動的ヌース〕という語を用いているが、ὅ ποιητικὸς νοῦς〔能動的ヌース〕とはどこにも言っていない。つまり、ヌースの二つの形式のあいだに区別を設けたのは古代の注釈者たちである」。*De l'âme*, note 1, p. 181.

★11　後に指摘することだが、ケルンは前掲二論文において、ヘーゲルが受動的ヌースを「人間学」の真の基盤とするに至った、その明確な理由を問い質してはいない。ケルンによれば、受動的ヌースはただ単に、ヘーゲルによって「人間の精神」と同一視されただけである（とりわけ、«Die Aristotelesdeutung Hegels», op. cit., p. 73 を参照）。

★12　*De l'âme*, p. 173〔429a10〕.

★13　Ibid., pp. 173, 174〔429a14-17〕.

★14　pp. 96, 97〔417a17-19〕.

★15　p. 174〔429a15-16〕.

★16　p. 102〔418a2〕.

★17　«Hegel et Aristote», *Hegel et la pensée grecque*, publié sous la direction de Jacques d'Hondt, Paris, P. U. F., 1974, pp. 97-120; pp.

103, 104. ヘーゲルの引用は*Leçons*, III, p. 531 [163, 164]〔『哲学史（中巻の二）』、四二―四四頁〕から行われている。

★18 *Leçons*, III, p. 527.〔同書、三八頁〕

★19 Ibid.〔同書、三八頁〕

★20 Ibid. p. 519.〔同書、三八―三九頁〕

★21 «Hegel et Aristote», op. cit., p. 105.

★22 Ibid.

★23 Ibid., p. 107.

★24 Ibid.

★25 Ibid.

★26 Ibid., p. 105.

★27 *Hegel et le destin de la Grèce*, Paris, Vrin, 1975, note 1, p. 301.

★28 *De l'âme*, p. 95.〔416b33-34〕

★29 Ibid.〔417a2-4〕

★30 Ibid., p. 96.〔417a7-8〕

★31 Ibid., pp. 139, 140.〔424a17-24〕「植物は魂のある部分をもち、そして触覚対象から何らかの作用を受ける――実際に冷たくなったり、温かくなったりする――のに、感覚はしないのか。その理由は、植物が中間的状態をもたず、また感覚されるものの形相を「その質料を伴わずに」受け入れうるような原理ももたず、逆に、質料と一緒にその形相の作用を受けるということである」(pp. 140, 141〔424b1-3〕)。

★32 *Leçons*, III, pp. 573, 574 [209].〔『哲学史（中巻の二）』、一〇一頁〕

★33 Cf., *De Gen. et Corr.*, I, 7, 323b 18.「能動者」と「受動者」は「類としては類似したものであり、種としては類似していない」。

★34 *De l'âme*, p. 97.〔417a18-21〕

★35 *Leçons*, III, p. 574 [209].〔『哲学史（中巻の二）』、一〇一頁〕

★36 *De l'âme*, p. 96.〔417a13〕訳文は若干変更した。

★37 διαιρετέον〔区別〕という語には「それは区別されるべきである」という含意がある。

★38 pp. 97, 98.〔417a23-26〕

★39　p. 98.〔417a26-29〕
★40　p. 99.〔417b1〕
★41　Ibid.〔417b3〕
★42　p. 100.〔417b15-16〕
★43　*Leçons*, III, p. 570 [205].〔『哲学史（中巻の二）』、九六頁〕ヘーゲルは *ἐνέργεια* を概して Wirklichkeit〔現実性〕と訳している。また、Wirksamkeit（活動状態）あるいは Tätigkeit（活動）という訳語も用いている。
★44　この分析は所有というものを存在の過去の状態とみなすヘーゲルの特徴を予示している。顕著なところでは、とりわけ、Remarque du §76 de la *Science de la logique (E)*, pp. 223, 224〔『小論理学（上）』、二三五頁〕。
★45　*De l'âme*, p. 102.〔417b29-32〕ヘーゲルはこの件を省略しながら引用している。「一般に可能態は二種類に区別される。例えば、ある子供は軍人になる可能性があるという場合と、ある大人が軍人になる可能性がある（実際の力がある）、というように」(*Leçons*, III, p. 572.〔『哲学史（中巻の二）』、九八頁〕)
★46　*De l'âme*, p. 101.〔417b20-25〕
★47　Ibid., p. 179.〔430a1〕
★48　*Leçons*, III, pp. 579, 580.〔『哲学史（中巻の二）』、一〇九頁〕
★49　*De l'âme*, p. 176.〔429b6-10〕
★50　p. 182.〔429b5-9〕
★51　*Leçons*, III, p. 578 [214].〔『哲学史（中巻の二）』、一〇八頁〕
★52　Ibid., pp. 582, 583 [218].〔同書、一一三頁〕翻訳は若干変更した。ケルンが指摘するところによると、受動的ヌースを「即自」、能動的ヌースを「対自」とするヘーゲルの解釈は後になってからのもので、ベルリンでの『諸講義』から始まったものである。それ以前、ヘーゲルは *leidender und tätiger Verstand*〔受動的かつ能動的悟性〕と言っていただけだった。«Eine Übersetzung Hegels...», op. cit., p. 61.
★53　Ibid., p. 525 [159].〔『哲学史（中巻の二）』、三六頁〕
★54　«Hegel et Aristote», op. cit., p. 107. オバンクは *Leçons*, III, p. 525 に言及している。
★55　*Hegel et le destin de la Grèce*, op. cit., p. 293.
★56　*Leçons*, III, p. 583.

★57　暗に *blosse Veränderung*〔「単なる」変化〕と言おうとしている。

★58　Ibid., p. 520 [155].〔『哲学史（中巻の二）』、三二一―三二二頁〕

★59　プラトンは『ソピステス』においてこの種の違いの哲学的意味を明らかにしている。存在の絶対的な反対物として理解された「否定」と、「存在と交錯した非‐存在」、すなわち規定された他性との関係に関わる、存在の相対的否定を区別したのである（240 a-c. *Œuvres*, trad. Robin, Paris, éd. de la Pléiade, 1950, t. II, p. 293）。μὴ ὄν と οὐχ ὄν の違いは 257b-c（p. 320）に明確に現われている。

★60　*Science de la logique, Doctrine de l'être*, trad. Pierre-Jean Labarrière et Gwendolin Jarczyk, Paris, Aubier-Montaigne, 1972, p. 78.〔『大論理学（上巻の一）』、一一一頁〕

★61　Trad. Tricot, Paris, Vrin, 1974, t. I, 1022b, 1023a, pp. 302-305. アリストテレスは所有態《ヘクシス》＝習慣と配置状況《ディアテシス》、受動的様態《パトス》が性質《ポイオン》の三つの種類であると明確に述べている。『範疇論』でも同じ区別が取り上げられている（*Catégories*, trad. Tricot, Paris, Vrin, 1969, それぞれ 8b, 25-9a, 3, pp. 42, 43, et 9a, 29, p. 44）。他方で、『形而上学』Δ巻〔第五巻〕でアリストテレスが述べるところでは、所有態《ヘクシス》とは「何ものかを所有しているものと所有されているその何ものかとのあいだのある現実活動《エネルゲイア》（ἐνέργεια）、すなわち一種の行為または運動をいう。例えば、あるものが何ものかを製作し、何ものかが製作される場合に、これら両者の中間に製作がある。同じように、衣服を所有している者とこの者の所有している衣服との中間にはある所有態《ヘクシス》があるといわれる」（第二〇章、1022b4-8, p. 308）。ここで所有態が「ある種の現実活動《エネルゲイア》」として呈示されているからといって驚いてはいけない。運動や行為が留保された状態であるといっても、所有態は休息状態ではなく、可能態《デュナミス》の中心で既に作動しているある種の活動状態なのだ。ちょうど衣服がそれを着る者のために作られると言われるように、所有態は可能態《デュナミス》と現実態《エネルゲイア》を互いに適合させるのである。「〜のために作られる」という表現形式は、厳密な意味での損耗過程ではなくて（形式が損傷すればいかなる無傷の状態もありえない）、親密になること、柔軟になることである。所有態によって、可能態にある事物はその完成態との遭遇へと導かれるのである。

★62　ヘーゲルは『精神現象学』の有名な件で、観照することの円環状態を描出している。「行為に向かう個人は円環のなかにいるように思われ、そしてこの円環のなかでは各々の契機が他の契機を既に予想しているため、いかなる始まりもありえないように思われる。というのも、根源的本質は必ずその目的でなければならないため、個人は自らの根源的本質を行為の結果はじめて知るからであり、行為をするためには、前もって目的をもっていなければならないからである。だがだからこそ、個人は媒介なしに始めなければならないし、事情がどうであろうとも、始まり、手段および終わりについてそれ以上気を配ることなく、行為へと進まなければならない（zur Tätigkeit zu schreiten）」（「精神的な動物の国とだまし、または「ことそのもの」」、訳文は変更、I, p. 327 [264]〔『精神現象学（上）』、四五〇―四五一頁〕）。

☆1　アリストテレスは『自然学』第二巻第一章、第五巻第一章などで、「転化（μεταβολή）」を分類している。転化は、実体が生成し消滅する変化である「生成消滅（γένεσις και φθορά）」と「運動（κίνησις）」の二種類に分かれる。「運動」は「可能なものとしてのかぎりにおける可能なものの完全現実態〔現実活動〕」（『自然学』201a11）と規定される。例えば、建築材料（木材や石など）は建築されうるものとしてのみ、建築される、ということが建築の運動である。木材や石は既にそれ自身の形相を備えているが、これらは建築されるべき家（目的）と関係づけられる限りで建築という運動過程に参与する。こうした建築材料は、家の質料とみなされ、家の形相を可能態として含んでいるから運動しうるのである。

運動はさらに三つの種類に分類される。通常、運動といえばある場所から他の場所への「移動（φορά）」を意味するが、これはアリストテレスのいう運動の一種類でしかない。この他にも、例えば白いものが黒いものに変わるというような性質上の転化、すなわち「性質変化（ἀλλοίωσις）」も運動の一種類に数え上げられる。また、小さなものが大きくなったり、逆に、大きなものが小さくなったりするような量の変化、すなわち「増大減少（αὔξησις καί φθίσις）」も運動の範疇に属する。

第三章

★1　Trad.〔Robert〕Dérathé, Paris, Vrin, 1975, Additif du §151, p. 196.〔「法の哲学」藤野渉・赤沢正敏訳『世界の名著44　ヘーゲル』中央公論社、一九七八年、三八二頁〕

★2　*De l'habitude*, Paris, «Corpus des œuvres de philosophie en langue française», Fayard, 1984, p. 9.〔『習慣論』野田又夫訳、岩波文庫、一九三八年、七頁〕

★3　第二巻、第二章。ラヴェッソンがギリシア語から引用し、自由に翻訳している（note 1, p. 10〔同書、八頁〕）。

★4　*De l'habitude*, op. cit., p. 10.〔同書、八頁〕

★5　*Leçons*, III, p. 559.〔『哲学史（中巻の二）』、七九―八〇頁〕ここでは〔アリストテレス〕『自然学』、第七巻、第三章、245b3-9sq と 246a11-246b2 が（遠まわしに）引用されている。

★6　*Leçons*, Ibid.〔同書、七九頁〕

★7　*Phénoménologie de l'esprit*, 1, p. 221.

★8　*Philosophie de la nature*, §350 [291].〔『自然哲学（下）』、五六〇頁〕

★9　*Phénoménologie de l'esprit*, 1, p. 221.〔『精神現象学（上）』、三〇四頁〕

★10　André Lalande, *Vocabulaire technique et critique de la philosophie*, Paris, P. U. F., 1931, p. 393.

★11　ラヴェッソンはといえば、次のように考えている。「習慣は植物の生命のなかではごくわずかにしか生じえない。しかしながら、変化が持続すれば、もはや永続的な痕跡が生じる——たんに植物の物質的構成においてのみならず、その生命のより高次の形式においても、変化の痕跡が生じるのだ。どんなに野生的な植物であっても栽培に服する」。*De l'habitude*, op. cit., p. 15.〔前掲書、一六頁〕ラヴェッソンはウェルギリウスの「農耕詩」（第二巻、四九）を参照している（ここでは別の翻訳（trad. Henri Goelzer, coll. Budé, Belles lettres, Paris, pp. 69, 70）から転載する）。「とはいえ、かかる植物〔野生の樹木〕とても、何人かこれに接ぎ木し、あるいは、その場所を変じて耕した窪みに移し植えれば、その野生の性を捨て去るべく、そして、なお手入れを加えれば、ほどなくして、いかなる命令にもさほど抗さずして服従する」。ラランドは、「夜のあいだ花に光を照らし、昼のあいだそれを薄暗い状態におくという実験によって明らかになるような植物の習慣」を取り上げている。*Vocabulaire*..., op. cit., p. 394.

★12　*Philosophie de la nature*, §345, p. 200.〔『自然哲学（下）』、四九四頁〕訳文は変更した。

★13　Ibid., §346, p. 201.〔同書、五一一頁〕

★14　*Recherches physiologiques sur la vie et la mort*, Gauthier-Villars, reproduction fac-simile de l'édition de 1800, Paris, 1955, p. 40. ビシャは習慣の獲得を動物のものとすることで、「動物的生命」と「有機的生命」を区別する。「動物がもつ機能の数々は互いに極めて異なる二つの種類をなす。ある機能は消化吸収と排出という習慣的連続から構成される。これらの機能によって、動物は互いに隣接した組織体中の分子を自分自身の実体へと絶えず変形し、次いで、これらの分子が異質なものとなってしまった場合にこれらを廃棄する。動物はこの種の機能を通じてもっぱら自分のなかで生き、別の種類の機能によって自分の外で生存する。動物は世界に住まう者であり、世界が自分の生まれる場にすぎない植物とは異なる。動物は自分を取り巻くものを感覚し知覚し、自分の感覚を内省し、その影響にしたがって自発的に動き回り、さらには、自分の欲望や恐れ、喜び、苦しみを声によって頻繁に伝達することができる。第一の種類の諸機能の総体を私は有機的生命と呼ぶ。なぜなら植物であれ動物であれ、あらゆる有機的な生物はこの機能をある程度享受しているから、有機的組成はこの機能が作用するために必要な唯一の条件であるからである。この機能が第二の種類のそれとひとつになって動物的生命を形づくる。動物的生命と名づけられるのはこの機能が動物界に特有の属性であるからである」。Ibid., p. 40. ヘーゲルは *Philosophie de l'esprit*, Additif du §398, p. 442〔『精神哲学（上）』、一四六頁〕でもビシャを参照している。

★15　Ibid., §355.

★16　生物における諸要素とその統合に関して、『動物部分論』第二巻第一章の冒頭、アリストテレスが「合成には三段階ある」と述べる箇所を参照しよう。まず第一に、「ある人びとが元素と呼ぶ大地、空気、水、火のようなものからの結合」がある。「流動するもの、固形のもの、熱いもの、冷たいものが合成体の質料である（……）。第二は第一の合成体からの構成で、骨や肉などのような動物体における等質部分の形成である。第三は順序として最後のもので、顔や手などのような異質部分の形成である」。trad. [Pierre] Louis, coll. Budé, Paris, Belles Lettres, 1956, p. 21.〔『動物部分論』島崎三郎訳『アリストテレス全集八』岩波書店、一九六九年、二八五頁〕

★17 ***Der animaliche allgemeine Organismus ist die Rekonstruktion der physischen Elemente zu Einzelnen.***〔*Jenaer Systementwürfe III: Naturphilosophie und Philosophie des Geistes*, Felix Meiner Verlag, PhB Bd 333,〕p. 137 から訳出した。

★18 *Philosophie de la nature*, Remarque du §368, p. 211 [304].〔『自然哲学（下）』、六五四頁〕キュヴィエによれば、「どんなに小さな骨の側面や骨端も、それが属する綱、目、類そして種に関連するある一定の特徴を備えている。だから、うまく保存された骨の先端部分を手にとるだけで、応用の原理によって、また効果的な類比や比較をほんの少し巧みに利用することで、その動物全体を示すその他の特徴も確実に規定することができる」。*Recherches sur les ossements fossiles de quadrupèdes, où l'on rétablit les caractères de plusieurs espèces d'animaux que les révolutions du globe paraissent avoir détruites*, Paris, 1812, Discours préliminaire, p. 65.

★19 植物がそれ自身で自己区別化のプロセスなのだとしても、依然としてこのプロセスはひとつの「自己」を構成してはいない。この意味で、植物は厳密な意味での主体ではない。第三四六節に引き続いてヘーゲルが述べるところでは、植物の「自己への還帰は同化を終息させるが、この還帰には（……）自己感情という結果がない」〔『自然哲学（下）』、三四七節、五三四頁〕。

★20 Remarque du §358, p. 205 [296].〔同書、六一〇頁〕

★21 **contracter** を意味するドイツ語の動詞は **zusammenziehen**（引き締める、収縮させる、集結させる）である。ドイツ語で「習慣をつける〔contracter une habitude〕」と表現することはできないが、それでも **zusammenziehen** の意味（文字通りには、収縮させること〔contracter〕、一緒に引き寄せること）はここで分析したプロセスのエコノミーを言い表わしている。注記しておくと、ドイツ語で「習慣を身につける」は **die Gewohnheit anzunehmen** と表現される。**die Gewohnheit etwas zu tun** という表現は「何らかの習慣をもつこと」を、**die Gewohnheit ablegen** は「習慣をやめる」を意味する。

〔フランス語の動詞 **contracter** はラテン語 **contrahere**（引き寄せる・契約する）に由来し、著しく異なる二つの語義をもつ。それは一方で、「（身体の一部を）緊張させる・収縮させる・縮小させる」という意味、他方で「（契約などを）結ぶ・取り決める・（義務や借金などを）負う」という意味をもつ（前者はドイツ語の **zusammenziehen** に、後者は **kontrahieren** に対応する）。**contracter** には、「（悪い意味で）習慣をつける（**contracter une habitude**）」という表現がある。〕

★22 *Philosophie de la nature*, §350, p. 202 [291].〔『自然哲学（下）』、五六〇頁〕

★23 *Différence et répétition*, Paris, P. U. F., 1968, p. 101.〔『差異と反復』財津理訳、河出書房新社、一九九二年、一二五頁〕

★24 Ibid.〔同箇所〕

★25 Ibid., p. 99.〔同書、一一三頁〕

★26 Ibid., p. 128.〔同書、一五六頁〕ドイツ語の Verbindung にはここで問題になっている結合とまさに同じ意味がある。

★27 *L'Evolution créatrice*, Paris, P. U. F., 1981, pour la collection «Quadrige», p. 116.〔『創造的進化』松浪信三郎・高橋允昭訳『ベルグソン全集四』白水社、一九六六年、一三九頁〕

★28 Ibid.〔同書、一三九―一四〇頁〕

★29 *Philosophie de la nature*, Remarque du §345 [289].〔『自然哲学（下）』、四九四頁〕Es tritt ein Punkt ein, wo die Verfolgung der Vermittlung, es sei in chemischer oder in Weise mechanischer Allmählichkeit, abgebrochen und unmöglich wird. Dieser Punkt ist allenthalben und durchdringend (...).

★30 §352, p. 203.〔同書、三五七―三五八頁〕訳文は変更した。

★31 このことはヘーゲルが第三五四節で述べている。

★32 *Phénoménologie de l'esprit*, 1, p. 224.〔『精神現象学（上）』、三〇八頁〕

★33 私たちはここで、一八〇五―〇六年の『自然哲学』が das Passive〔受動的なもの〕と das Tätige〔能動的なもの〕と名づけるものの関係の核心に触れている [101]。

★34 *Philosophie de l'esprit*, Remarque du §410, p. 216.〔『精神哲学（上）』、三〇二頁〕ビシャは同じ現象を分析し、次のように問うている。「感覚が、多様で、時には対立する数多くの変容を被るというあの能力はどこから生じるのだろうか。これを理解するためにまずもって指摘しておきたいのだが、快楽、苦痛、無関心が循環する中心は感覚を受けるあるいは伝達する器官のなかにあるのではすこしもなくて、感覚を感じ取る魂のなかにあるのである」。*Recherches*, op. cit., p. 41.

★35 この点に関してベルクソンの美しい仮説を想起してもいいだろう。「生命の奥底には、物理的な力の必然性にできるだけ多量の不確定性を接ぎ木しようとする努力」がある。*L'Evolution créatrice*, op. cit., p. 116.〔『創造的進化』前掲書、一三八―一三九頁〕

★36 *Philosophie de la nature*, Additif du §365.〔『自然哲学（下）』、六四五―六五〇頁〕

★37 Édition et traduction Augusto Véra, Paris, Ladrange, 1863, pp. 388, 389.

★38 *Philosophie de la nature*, §359, p. 205 [296].〔『自然哲学（下）』、六一三頁〕

★39 §369, pp. 211, 212 [305].〔同書、六七四頁〕訳文は変更した。

★40 §370, p. 212 [306].〔同書、六七九頁〕訳文は変更した。*Philosophie de l'esprit*, Additif du §381, p. 387.〔『精神哲学（上）』、二六

一二七頁〕も参照のこと。

☆1 θεωρεῖν はもともと「見ること」を意味し、実践に対する認識、直観のことをいう。それは既に所有している知識を実際に行使することを指し、とりわけ、物事を良く観ることが重要視される。日本語では「観想する、研究する、見る、知識を行使する」などと訳される。知識に関する類語に ἐπιστήμη があるが、これは知識を備えてはいるが行使していない状態で「知識・知識の所有」などと訳される。ἐπιστήμη と比較すると θεωρία（観想、研究、理論）には知識を実際に使用するというニュアンスがある。

第四章

★1 *Philosophie de l'esprit*, Remarque du §411, p. 219 [343].〔同書、三一五頁〕

★2 §411, p. 218[343].〔同書、三一四頁〕

★3 Remarque du §410, p. 217 [341, 342].〔同書、三〇四頁〕

★4「動物の有機的な組織は、その外面的な関係のなかで直接的に自己内に反省している」。*Philosophie de la nature*, §357, p. 205.〔前掲書、六〇七頁〕

★5 *Phénoménologie de l'esprit*, I, p. 258.〔『精神現象学（上）』、三五二頁〕

★6「自己意識が自らの直接的な現実に対してもつ関係の観察 人相学と骨相学」。この章では「一般的な人間的形態（allegemeine menschliche Gestalt）」が問題となっている。Ibid., p. 257.〔同書、三五一頁〕

★7 Ibid., p. 223 [179].〔同書、三〇七頁〕

★8 Ibid., p. 262.〔同書、三五八頁〕

★9 pp. 259, 260 [209].〔同書、三五四頁〕

★10 pp. 266, 267.〔同書、三六五頁〕

★11 p. 264 [212].〔同書、三六〇頁〕

★12 p. 257.〔同書、三五一頁〕

★13 p. 259 [209].〔同書、三五三頁〕

★14 p. 267.〔同書、三六五頁〕訳文は変更した。

★15 p. 279.〔同書、三八四頁〕

★16 p. 264 [212].〔同書、三六一頁〕

★17 *Esthétique*, III, p. 124 [370].〔『美学（第三巻の上）』、一六二九頁〕

★18 人間の形態はありとあらゆる「表面的で変わりやすい特殊性」をもつ彫刻のなかで純化されなければならない。Ibid., p. 119.〔同書、一六一七頁〕

★19「この外面性は自分自身ではなく魂を表示し、それゆえ魂の記号である」。*Philosophie de l'esprit*, §411, p. 218.〔『精神哲学（上）』、三一四頁〕

★20 *Esthétique*, III, p. 149.〔『美学（第三巻の上）』、一六五九頁〕

★21 *Philosophie de l'esprit*, Remarque du §410, p. 216.〔『精神哲学（上）』、三〇二頁〕

★22 Additif du §411, p. 513.〔同書、三〇一頁〕

★23 Remarque du §410, p. 215.〔同書、三〇一頁〕

★24 §412, pp. 219, 220.〔同書、三一三頁〕

★25 §410, p. 214.〔同書、三〇〇頁〕

★26 p. 513.〔同書、三一二―三一三頁〕

★27 このことは第四五七節で説明される。

★28 §457, p. 252.〔『精神哲学（下）』、一三〇頁〕

★29 Remarque du §410, p.216.〔『精神哲学（上）』、三〇三頁〕

★30 Ibid., p. 217 [342].〔同書、三〇四頁〕

★31 習慣が駆り立てる、それ自身に対する意志の働きから、ヘーゲルが人倫（*Sittlichkeit*）のなかで習慣に付与する主要な役割を説明することができる。『法哲学要綱』ではこう述べられている。「教育学は人間を人倫的にする術である。それは人間を自然的なものとみなし、人間を生まれ変わらせる道を示す（……）。習慣においては、自然的意志と主観的意志との対立は消え失せ、そうして主観の内的葛藤は克服されている。そのかぎりで習慣は人倫的なものにも必要であるが、同じくまた哲学的思惟にも必要である。哲学的思惟は、精神が恣意的思いつきに対して陶冶され、この思いつきが打破されて、理性的思惟に自由な道が開かれることを要求するからである」。Additif du §151, p. 196.〔『法の哲学』前掲書、三八二頁〕

★32 *Esthétique*, III, p. 124 [II. 370].〔『美学（第三巻の上）』、一六二二頁〕

★33 Ibid. [II. 370, 371].〔同書、一六二三頁〕訳文は変更した。

★34 p. 126 [II. 373].〔同書、一六二五頁〕

★35 p. 127 [II. 374]. 〔『美学（第三巻の上）』、一六二六頁〕

★36 pp. 127, 128 [II. 373, 374]. 〔同書、一六二六―一六二七頁〕

★37 *Esthétique*, II, p. 151 [II 13]. 〔『美学（第二巻の中）』、一〇八九頁〕

★38 III, p. 162 [II 413]. 〔『美学（第三巻の上）』、一六六九頁〕

★39 Ibid., p. 108. 〔同書、一六〇二頁〕

結　論

★1 *Philosophie de l'esprit*, §412, p. 219. 〔『精神哲学（上）』、三二三頁〕

★2 *Principes de la philosophie du droit*, Additif du §151, p. 196. 〔「法の哲学」前掲書、三八二頁〕

★3 *Philosophie de l'esprit*, Remarque du §410, p. 218. 〔『精神哲学（上）』、三〇五頁〕

第二部

序　言

★1 「精神的内面性」の原理はローマ世界において現われていたかもしれないが、それはただ、倫理的および政治的混沌の上に現われていたにすぎない。ギリシアの政治理念は倫理的全体性における個人と国家との実体的統一を前提としていたが、そうした理念の終焉を時世の流れ――数々の皇帝による暴政――によってしるしづける新しい市民性の概念が導き出される。これ以後、個人は国家との関係を分裂した状態にみ、自分自身のなかにはその自律の庇護と保証だけを見い出すようになるのである。Cf. *Leçons sur la philosophie de l'histoire*, 3e partie, chap. II, «Le Christianisme», p. 257sq. 〔『歴史哲学講義（下）』、一八六頁以下〕

★2 Ibid., p. 257. 〔同書、一八七頁〕

★3 *Philosophie de l'esprit*, Remarque du §552, p. 339. 〔『精神哲学（下）』、二七七頁〕

★4 *Gott als Geheimnis der Welt*, Tübingen, J. C. B. Mohr, 1977. *Dieu mystère du monde*, trad. de l'allemand sous la direction de Horst von Hombourg, Paris, Cerf, 1983.

★5 Ibid., p. 126.

★6　Ibid.

★7　*Leçons sur l'histoire de la philosophie*, VI, «La Philosophie moderne», p. 1396.

★8　*Philosophie de l'esprit*, Additif du §424, p. 527.〔『精神哲学（下）』、三四頁〕

★9　*Doctrine du concept*, p. 45.〔『大論理学（下）』、一五頁〕同じ確認は「小論理学」第四二節補遺においてもみられる。そこでヘーゲルは、カントが純粋統覚と普通の統覚を区別したことを想起している。普通の統覚は「多様をそのままに自己の内に取り入れるが、純粋統覚は多様を「私のもの」とする働きである。これは確かにあらゆる意識の本性を正しく言い表わしている」（〔*Science de la logique (E)*,〕pp. 499, 500〔『小論理学（上）』、一七二頁〕）。

★10　この点に関しては、デカルトが習慣を放棄したことについてジャン＝リュック・マリオンがおこなった見事な分析を参照のこと。Cf. *L'Ontologie grise de Descartes*, ch. I, Paris, Vrin, 1981.

★11　「この絶対宗教は啓示（offenbare）宗教、すなわち、それ自身がその内容、その十全さ（Erfüllung）であるような宗教である。しかしまた、それはいわば啓示された宗教でもある。この表現は一方では、神がこの宗教を啓示したこと、神が自分自身を啓示したことという意味になり、他方では、この宗教は啓示されたものであるから、人間に外部から（von außen）到達したもの、与えられたものとして実定宗教であるという意味になる」。*Leçons sur la philosophie de la religion*, III, p. 27 [19].〔『宗教哲学（下）』、一一頁〕

★12　ベルナール・ブルジョワは「〔神学者たち〕にとって許し難いヘーゲルの自負（……）の拒絶、つまり、思弁的弁証法が神の創造する自由に対しておこなう廃棄の拒絶」に言及している。«Le Dieu de Hegel: concept et création», *La Question de Dieu selon Aristote et Hegel*, publié sous la direction de Thomas de Konninck et Guy Planty-Bonjour, Paris, P. U. F., 1991, pp. 285-320; p. 319.

★13　ハイデガーはこう述べている。「ヘーゲルの概念が伝統的な論理学の概念の止揚されたもの――これは存在論の導きの糸として用いられる――であることは、次のことからも同じように明らかになる。すなわち、ヘーゲルにとって神の本質は、結局のところ、キリスト教特有の神意識のなかで現われるものであること、しかも、キリスト教神学、およびとりわけその三位一体の教義を通過した形で現われるものであることからも明らかになる。」*La* Phénoménologie de l'esprit *de Hegel*, op. cit., pp. 158. 159.〔『ヘーゲル「精神現象学」』前掲書、一九五頁〕

★14　オットー・ペゲラーはハイデガーの『精神現象学』解釈の力線をきわめて明快に引き出し、ハイデガーにとって、何がこの著作の存在－神学的な内容と構造を構成しているのか、連想させている。«Hölderlin, Schelling und Hegel bei Heidegger», *Hegel-Studien*, Bd 28, 1993, pp. 327-371. 特に p. 359sq. を参照。

★15　この点については、この件の「前代未聞の大胆さ」を指摘したレオナール神父の注釈を参照されたい。«Le Droit de l'absolu chez

Bruaire», *La Question de Dieu selon Aristote et Hegel*, op. cit., pp. 401-427; p. 427.

☆1　ここで「転回」と訳したのは多種多様な意味をもつフランス語 **tour** である。**tour** はまず、「円環の曲線および円環を描く運動」という含意があり、「周り、周囲」、「輪郭、縁」、「一周、一巡」などを指し示し、また、「あるものがその場で回転する運動」の意味で「回転」、「自転」を指す。次に、「通常は成功させるのが困難な技術、スペクタクルなどで他人を驚かせる技」といった含意から、**tour** には「芸当、曲芸、軽業」などの意味がある。また、「同じ動作や行為が引き継がれていくこと」から「順番」という意味もある。そして、「何かが作られる、あるいは進展するにつれて示す様子」という含意から「外観、様相」、「成り行き」といった意味もある。**tour** の動詞形は **tourner**（回転する／させる）であるが、この動詞はラテン語 **tornare** に由来する。**tornare** は「轆轤《ろくろ》で何かを細工すること」、つまり、轆轤の回転運動によって粘土や木材、鉄が形を整えられることを意味する。他にも、同一の綴りで若干語源が違う語 **tour** も存在するが、こちらはラテン語 **tornus** から派生した、「旋盤・轆轤」を意味する語である。

　また、第四章の表題「神の可塑性、あるいは出来事の転回」には **tour** の類義語の **tournure**（転回）が用いられている。**tour** とほぼ交換可能な意味をもつ **tournure** は **tornatura**（轆轤細工術）に由来する語で、例えば、**prendre tournure** という表現で「形が整ってくる」「具体化してくる」などの意味になる。

　いずれにせよ、**tour** の原義において回転運動と成形作用が密接に結びついており、この二重の意味が、キリスト教の三位一体と受肉、無化《ケノーシス》が論究される本章の内容と深く関わっていることに留意されたい。

☆2　第二部では神の無化《ケノーシス》を軸としてヘーゲルのキリスト教解釈が議論の俎上にのせられるが、その読解に必要な範囲で、キリスト教の中心的な玄義である三位一体論に関する語彙を整理しておきたい。

　三位一体論は、ギリシア定式では、父なる神と子なる神と聖霊なる神とが、各々三つのヒュポスタシス（位格）であり、かつひとつのウーシア（実体）として完全に一致し、互いに交流すると表現される。ギリシア語ヒュポスタシスの原義は「起源」「支持」「根底」「実体」「個体」などであるが、これはラテン語のスブスタンティア（下に立つもの）に相当し、それ自体で存在する個的な実体のことを表わす。この語を多用したのはプロティノスで、初期キリスト教思想はそこから大いなる着想を得た。四五一年のカルケドン公会議以降、生き生きとした個的実体を意味するヒュポスタシスは、ウーシア（実体）やピュシス（本性）とは区別され、神—子—聖霊の位格を意味するようになった。こうして、キリスト論においては、神性と人性はヒュポスタシス的に結合していると表現される。

　また、キリスト教の解釈において、ヒュポスタシスの同義語として「プロソーポン」という語も用いられた。プロソーポンはギリシア語では「顔、面影」「面、仮面」（ラテン語では「ペルソナ」）を意味し、さらには「役柄」「登場人物」をも指し示した。また、「面を通して語る人物」という意味が敷衍されて、面の奥に隠された実体のことを指すようにもなる。あらゆる基体は理性的か否かに関わらず一様にヒュポスタシスと呼ばれるが、これに対して、プロソーポンはそれ自身で完成した理性的な基体に限られる。それゆえ、プロソーポンは自らの完全さを自覚することで神を意識することができ、非理性的なもの（動物や植物、鉱物など）よりも高次にあって、自分の行為と不作為に対する責任を負うとされる。カルケドン信条において、ヒュポスタシスとプロソーポンにはそれぞれ「スブスタンティア」と「ペルソナ」というラテン語訳が定められ、三位一体はラテン定式で、三つのペルソナがひとつの本質であると表現された。

第一章

★1 「啓示された宗教」を詳述するにあたって、私たちはアドリアン・ペペルザックがおこなった紹介をよりどころとする（«Selbsterkenntnis des Absoluten. Grundlinien der Hegelschen Philosophie des Geistes», *Spekulation und Erfahrung. Texte und Untersuchungen zum Deutschen Idealismus*, II, Bd. 6, Frommann-Holzboog, 1987）。ペペルザックはこのセクションを大きく二つの契機、「啓示された宗教の概念」（第五六四—五六五節）と「啓示された宗教の概念の展開」（第五六六—五七一節）に分割する。Chap. IV, 4, pp. 93, 97.

★2 *Philosophie de l'esprit*, §564-566.

★3 §564.

★4 §565.

★5 §566.

★6 §567.

★7 §568.

★8 §569.

★9 §570 前半部

★10 §570 後半部

★11 §571.

★12 §564, p. 354.〔『精神哲学（下）』、二九五頁〕

★13 Remarque du §564, p. 354.〔同書、二九五—二九六頁〕

★14 §564.〔同書、二九七頁〕

★15 §565, p. 355 [447].〔同書、二九七—二九八頁〕

★16 Ibid., pp. 355, 356 [447].〔同書、二九八頁〕

★17　§566, p. 356.〔同箇所〕

★18　§567, p. 356 [448].〔同書、二九九頁〕

★19　§568, p. 356.〔同箇所〕

★20　Ibid., p. 357 [448].〔同書、三〇〇頁〕

★21　三つの推理は第五六九節1、第五七〇節2と3というようにヘーゲル自身によって番号が付けられている。

★22　*Science de la logique (E)*, §183, p. 424.〔『小論理学（下）』、一六二頁〕U、P、Sという文字はそれぞれ普遍、特殊、個別を表わす〔本訳書では普、特、個と表記する〕。

★23　*Philosophie de l'esprit*, §569.〔『精神哲学（下）』、三〇〇頁〕

★24　Ibid., p. 357 [448].〔同箇所〕

★25　Ibid., [449].〔同書、三〇一頁〕

★26　第五七〇節の最初の部分。

★27　*Science de la logique (E)*, §189, p. 428.〔『小論理学（下）』、一七〇頁〕

★28　Ibid., §190.〔同書、一七一頁〕

★29　*Philosophie de l'esprit*, §570, p. 357.〔『精神哲学（下）』、三〇一頁〕

★30　Ibid., p. 358 [449].〔同箇所〕

★31　*Science de la logique (E)*, §191, pp. 429, 430.〔『小論理学（下）』、一七四―一七五頁〕

★32　§570の末尾, p. 358 [449].〔『精神哲学（下）』、三〇一頁〕

第二章

★1　ルターが *κένωσις* を**Entäußerung**と翻訳していたことを想起されたい。

★2　この訳語の選択を採用したブルジョワが明確にするところでは、「**Entäußerung**は、〔Ent〔「離脱」を表わす接頭辞〕が示すように〕自己からないしは自己と分離する外化（Äußerung）、あるいは、外化による自己からないしは自己との分離を表わす」（*Philosophie de l'esprit* 仏訳、note 4, p. 98）。ところで、**Entfremdung**〔疎外〕が **aliénation** と訳されることがしばしばある。ブルジョワによれば、**Entäußerung**が形式だけを変化させるのに対して、**Entfremdung**は形式も内容も変化させる放棄の運動を意味する。私たちはこの観点を共有することにする。**Entäußerung**は宗教的文脈において、神の放棄を表象によって表現すること、表象の形式のなかで神を顕示することであるからである。精神にとって、この剝奪状態の内容と意味は哲学的思弁においても変わらないままである。

私たちはEntfremdungを「extranéisation」と訳すことにする。この語は外国人の法的地位を意味するフランス語「extranéité」から作られている（Littré, treizième édition, 1963)。私たちはジャン＝ピエール・ルフェーヴルが提案した訳語「étrangeté」を使い続けることはできない。この訳語は曖昧な点を残すし（この概念は今やフロイト特有のものである）、それは古めかしい動詞（古フランス語「estrangier」）を典拠としているからである。私たちは、ピエール＝ジャン・ラバリエールとグヴェンドリーヌ・ジャルクチィックの選択（Entäußerungに「extétriorisation」、Entfremdungに造語「extérioration」）も採用しない。

★3 *Leçons sur la philosophie de la religion*, III, p. 151.

★4 *Philosophie de l'esprit*, §566, p. 356 [447].〔『精神哲学（下）』、二九八頁〕

★5 Ibid., §570, p. 358.〔同書、三〇一頁〕

★6 *Leçons sur la philosophie de la religion*, III, p. 14. 訳文は変更した。

★7 *La Christologie de Hegel. Verbum Crucis*, traduit de l'espagnol par B. Pottier, Paris, Beauchesne, 1983, p. 639.

★8 *Philosophie de l'esprit*, §567.〔『精神哲学（下）』、二九九頁〕

★9 *La Christologie de Hegel*, op. cit., p. 538.

★10 グザヴィエ・ティリエットが明確にするところによれば、「キリストの無化ないしは虚無の神秘は〈受肉〉の神秘と同一のものである。それは、賛歌の言葉を用いているとみられる『フィリピの信徒への手紙』で堂々と宣明されている。このリズミカルなテクスト、その重要さからして唯一の、その果断さからして計り知れないこのテクストは、パウロの教説部分から独立しているわけではまったくない。つねに使徒書簡は無化の至上の表現たる十字架という逆説の肯定へと帰着するのである」。«L'Exinanition du Christ: théologies de la kénose», *Le Christ visage de Dieu*, «Les Quatre Fleuves», *Cahiers de recherche et de réflexion religieuses*, n°4, Paris, Seuil, 1975, pp. 48-59; p. 50.

★11 伝統的な注釈による。Cf. Athanase, *Contra Arianos*, 1, 40-41.

★12 *Dictionnaire de théologie catholique* (tome VIII, 2e partie, Librairie Letouzey et Ana, Paris, 1925, p. 2343) の「Kénose」の項目からの引用。

★13 Cf.〔Paul〕Althaus, *Die Theologie Martin Luthers*, Gütherslo, 1963, p. 172sq.

★14 *Dictionnaire de théologie catholique* (op .cit., p. 2339) の「Kénose」の項目を参照。

★15 *Die Bekenntnisschriften der evangelisch-lutherischen Kirche* [BSLK], Göttingen, Vanderhoeck und Ruprecht, 1979, p. 1030. 私たち

はここで、ルター派による無化の理論化をめぐる複雑な歴史の詳細には立ち入らない。とりわけ十八世紀には、神が自分の威厳を放棄したことの解釈をめぐって、ギーセン派の神学者とチュービンゲン派の神学者が対立した論争があった。

★16 *Leçons sur la philosophie de la religion*, III, p. 132 [135]. 訳文は変更した。

★17 *Dieu mystère du monde*, op. cit., pp. 148, 149.

★18 *Leçons sur la philosophie de la religion*, III, p. 96 [93]. 訳文は変更した。

★19 ジャン＝ルイ・クレティアンの論文タイトルより（*Archives de philosophie*, vol. XLIII, 1980, Cahier 2, pp. 263-298）。さらには、過剰さを贈与や豊饒さの範疇外で思考するという、スタニスラス・ブルトンの神学的試みにも言及する必要がある。「過剰さの秘密やその作用の秘密を私たちが看破するのは、その様相がどのようなものであれ、豊饒さにおいてでは（……）少しもない」（*Être, monde, imaginaire*, Paris, Seuil, 1976, p. 169）。ポール・リクールは *Lectures 3. Aux frontières de la philosophie*（Paris, Seuil, 1994, p. 145）でこの考えを注釈しながら次のように記している。「贈与においては豊かな主体、あらかじめ豊かな主体が、豊かであるから贈与をおこなう一個の自己がつねに存在しているとされる。そうなると、贈与をおこなうためには所有者でいなければならないのだろうか」。この問いはヘーゲルによって同じ言葉で表現されたかもしれない。いずれにせよ、ブルトンの分析がヘーゲルの思考に欠けている過剰さの概念と連動していることは否定できない。

★20 ただし、オリゲネスはὑπόστασιςという形而上学的表現を選択していた。「ラテン派神学者たちが言うには、神の本質には三つの実体的ペルソナがある。ギリシア派が言うには、神にはひとつの本質と三つの位格《ヒュポスタシス》がある」。（Cf. Albert Chapelle, *Hegel et la religion*, Paris, Éditions Universitaires, 1967, 3 vol., 2, p. 84.）

★21 *Leçons sur la philosophie de la religion*, III, p. 66.

★22 Ibid., p. 67.

★23 Ibid.

★24 ラッソンはヘーゲルの原稿「ob der Geist vom Vater, oder vom Vater und Sohn ausgehe」を訂正する必要があると考え、「原稿：子から（ヘーゲルの奇妙な間違い）」と注で指示している [64]。この訂正はジブランの仏語翻訳版にもみられる（p. 68）。

★25 教師たちによれば、ヘーゲルはこの学科に関して平均以下の進歩しか示さなかった。G. Hoffmeister, *Dokumente zu Hegels Entwicklung* [439] で、「神学は並以下」と記されている。

★26 *Science de la Logique (E)*, § 238-242, pp. 460-462.

★27 Cf. 特に *Leçons*, III, p. 157.

★28 〔Hans Urs von Balthasar,〕*Prometheus. Studien zur Geschichte des deutschen Idealismus*, Heidelberg, 1947, p. 575.

★29 *Leçons*, III, p. 152.

★30 Ibid., p. 153.

★31 この場合、諸器官とは直観、想像力、記憶に関する精神的諸機能のことである。

★32 *Philosophie de la nature*, §345, p. 201[289].〔『自然哲学（下）』、四九四頁〕

★33 Ibid.〔同箇所〕

★34 *Philosophie de l'esprit*, p. 335.〔『精神哲学（下）』、二七〇頁〕

★35 *Dieu sans l'être*, Paris, P. U. F., coll. «Quadrige», 1991, p. 238.

★36 *Dieu sans l'être*（同頁）の、ジャン＝リュック・マリオンによる『歴史哲学講義』（*Jubiläumausgabe*, Bd. 11, p. 480）の引用。

★37 Ibid., p. 238.

★38 Ibid., p. 239.

★39 ジャン＝リュック・マリオンはこう続けている。「ヘーゲルが形而上学的な（「通俗的」）時間概念を成就し、そしてまた、カトリック的な実在物〔＝聖餅〕を忌避したとしても、明らかにそこには何の偶然もない。自己意識および時間意識とはかけ離れたこの実在物は、その独立性と永続性によって『通俗的時間概念』の二つの根本的特徴（ここと今の優位、意識が感じる知覚への時間の還元）を失墜させる。」Ibid., note 1, pp. 239, 240.

★40 *Die protestantische Theologie im 19. Jahrhundert, ihre Vorgeschichte und ihre Geschichte*, Evangelischer Verlag, Zollicon, Zürich, 1952.「ヘーゲル」と題された第一〇章はジャン・カレールによって翻訳されている（*Cahiers théologiques*, n°38, Delachaux et Niestlé, Neuchâtel, 1955）。ここで引用された翻訳は、p. 51。

★41 Ibid., p. 38.

★42 Ibid., p. 48.

★43 pp. 48, 49.

★44 p. 51.

★45 Ibid.

★46 Ibid.

★47 ルター『九五箇条の提題』からの引用（Henri Strohl, *Luther jusqu'en 1520*, Paris, P. U. F., 1962, Thèse 47, p. 230）。

★48　*Philosophie de l'esprit*, §571, p. 358.〔『精神哲学（下）』、三〇二頁〕

★49　Ibid., Remarque du §564, p. 355.〔同書、二九六頁〕

★50　マリオンが主張するのはこのことである。*Dieu sans l'être*, op. cit., p. 26.

★51　「秩序〔ordre〕」はここで、パスカル的な意味で理解されたい。

★52　«Hegel», op. cit., pp. 48, 49.

★53　Cf., *Leçons sur la philosophie de la religion*, III, p. 79.

★54　*Dieu sans l'être*, op. cit., p. 272.

★55　*Leçons sur la philosophie de la religion*, III, p. 62.

★56　ジャン・ボーフレの表現。Jean Beaufret, Présentation à la traduction *Poème* de Parménide, Paris, P. U. F., coll. «Épiméthée», 1955, p. 48.

★57　*Glas*, Paris, DenoëlGonthier, 2 vol., 2, p. 309.

★58　ブルジョワが提起するハンス・キュングの読解を参照（Bernard Bourgeois, "Hegel et l'Incarnation selon Hans Küng", *Le Christ visage de Dieu*, «Les Quatre Fleuves», *Cahiers de recherche et de réflexion religieuses*, n° 4, Paris, Seuil, 1975, pp. 81-84）。キュングにとってもまた、ヘーゲルは「超越性と内在性の統一を、絶対知のなかで成就される、思惟のそれ自身への内在性のなかにおくことによって」超越性を内在性へと還元する。「ヘーゲルの試みは、絶対知、すなわち歴史が完成するところにおいて、生ける神の超越性を否定することを目指している」。ブルジョワは「ハンス・キュングによれば、未来の拒否と超越性の拒否は密接に結びついている」と結論づけている（p. 83）。

第三章

★1　*Foi et savoir*, trad. Alexis Philonenko et Claude Lecouteux, Paris, Vrin, 1988, p. 100.〔『信仰と知』、一三頁〕

★2　Ibid., p. 206 [134].〔同書、一六九頁〕

★3　啓蒙の哲学者たちにとって、「神とは知性で理解しえない、思惟されることのできない何ものかである。知が何も知ることがなくて、信仰のなかに閉じこもらなければならない場合、知は何も知ることがない。結局のところ、旧来の定義に従えば、絶対者は理性に敵対することも、これに味方することもありえず、理性の彼方にある」。Ibid., p. 92.〔同書、四頁〕

★4　*Philosophie de l'esprit*, §569, p. 357.〔『精神哲学（下）』、三〇〇頁〕

★5　Ibid., Remarque du §564.

★6　*Dieu mystère du monde*, op. cit., p. 98.

★7　「この意識は、人間的なもの、有限なもの、脆弱なもの、虚弱さ、否定的なものが神の契機それ自体であり、神自身の内にあることを表現しており、他在、すなわち有限なもの、否定的なものは神の外にあるわけではなく、他在として神との合一を妨げるものではないということを表現している。他在、すなわち否定的なものは神の本性そのものの契機として知られる。精神の理念の本性についての最高の認識はこの点に含まれている」。*Leçons sur la philosophie de la religion*, III, p. 164 [172].〔『宗教哲学（下巻）』、一三三頁〕訳文は変更した。

★8　Cf. Hans KÜNG, *Menshwerdung Gottes. Eine Einführung in Hegels theologisches Denken als Prolegomena zu einer künftigen Christologie. Incarnation de Dieu. Introduction à la pensée thélogique de Hegel comme prolégomènes à une christologie future*, trad. Élisabeth Galichet et Catherine Haas-Smets, Paris, Desclées De Brouwer, 1973, p. 222.

★9　*O grosse Not, Gott selbst ist tot, am Kreuz ist er gestorben – hat dadurch das Himmelreich uns aus Lieb' erworben.*

★10　*Dieu mystère du monde*, op. cit., p. 98. この学問的な議論への参照に関しては、note n°51, pp. 98, 99。

★11　*Adv. Marc.*, II, 27. *Deus pusillus inuentus est, ut homo maximus fieret. Qui talem deum dedignaris, nescio, an ex fide credas deum crucifixum.*

★12　*Adv. Prax.*, 29.

★13　*Contra Arianos*, III, 34. これは「苦悩を〈ロゴス〉そのものに属するものとするのではなく、肉体を〈ロゴス〉の本性に固有な苦悩とすること」という意味である。

★14　ユンゲルの引用による。*Dieu mystère du monde*, op. cit., p. 100.

★15　〔*L'Esprit du christianisme et son destin*,〕trad. Jacques Martin, Paris, Vrin, 3e édition, 1971, p. 116 [Nohl 325].

★16　*Foi et savoir*, p. 206.〔『信仰と知』、一六九頁〕

★17　Ibid., p. 207.〔同箇所〕

★18　*Phénoménologie de l'esprit*, 2, p. 211.〔『精神現象学（下）』、二八〇頁〕

★19　リヒャルト・クローナーはこの諸段階を概観している。Richard kroner, *Von Kant bis Hegel*, Tübingen, J. C. B. Mohr, 1921-1924, 2, pp. 403-415.

★20　*Phénoménologie de l'esprit*, 2, p. 221.〔『精神現象学（下）』、二九三頁〕訳文は変更した。

★21 Ibid., p. 258.〔同書、三三九頁〕

★22 p. 226.〔同書、二九八頁〕

★23 p. 258 [488].〔同書、三三九頁〕

★24 p. 260.〔同書、三四二頁〕

★25 pp. 260, 261.〔同書、三四三頁〕

★26 p. 263.〔同書、三四六頁〕

★27 pp. 280, 281 [507].〔同書、三六九頁〕

★28 *Leçons*, III, p. 162. 訳文は変更した。〔『宗教哲学（下巻）』、一二二頁〕

★29 Ibid., p. 159 [167]. 訳文は変更した。〔同書、一二五頁〕

★30 Ibid., p. 160 [167]. 訳文は変更した。〔同書、一二五―一二六頁〕

★31 *Foi et savoir*, p. 91 [1].〔『信仰と知』、三頁〕

★32 Ibid., p. 205 [132].〔同書、一六七頁〕

★33 ヘーゲルは啓蒙を、デカルトによって開示され、カントとその直接の後継者たちによって成就された思想の伝統と理解している。

★34 Ibid., p. 91.〔同書、四頁〕

★35 p. 92.〔同書、五頁〕

★36 Ibid.〔同書、四頁〕

★37 Ibid.〔同箇所〕

★38 p. 189.〔同書、一四五頁〕

★39 p. 97.〔同書、一一頁〕

★40 p. 94.〔同書、七頁〕

★41 p. 93 [3].〔同書、六頁〕

★42 Ibid.〔同箇所〕訳文は変更した。

★43 *Philosophie de l'esprit*, Remarque du §564, p. 354.〔『精神哲学（下）』、二九五―二九六頁〕

★44 *Philosophie de l'esprit*, p. 246〔同書、一一二頁〕でこのことが示されている。

★45 *Philosophie de l'esprit* 仏訳版（op. cit., p. 68）の「解説」。

★46　Ibid., pp. 68, 69. この回帰は思弁的心理学の発展において、表象から思弁的思惟への移行、「想起、構想力、記憶（Gedächtnis）という三つの契機において展開される」移行に対応する。
★47　*Leçons sur la philosophie de la religion*, I, pp. 34, 35 [31, 32]. 訳文は変更した。
★48　ポール・リクールはまさしく、ヘーゲルの表象を形象的思考と解釈している。「この語［Vorstellung］は Vorstellung と Begriff［表象と概念］という対立するペアのなかで意味をもつ。（……）だから、これを「répresentation〔表象〕」ではなく、「pensée figurative〔形象的思考〕」と翻訳しなければならないだろう。「表象」という語が受け入れられるのは、Vorstellung の外延をヘーゲルの用法にしたがって強調するかぎりでしかない。それは物語やシンボル、お望みならば「イメージ」だけでなく、三位一体、創造、堕落、受肉、救済、等々というように洗練され、ある意味で概念化された表現にまで及ぶ。端的に言うと、宗教的言説から神学的言説にまで及ぶのだ。ヘーゲルの命題は、そうした言説がいかに合理化されていようとも、Vorstellung はこの語のもっとも強い意味でいまだ概念的ではなく、しかし、すでに形象的である、というものに他ならない」。«Le statut de la *Vorstellung* dans la philosophie hegelienne de la religion», *Lectures 3. Aux frontières de la philosophie*, op. cit., pp. 41-62; p. 41.
　同様の分析はガストン・フェサールの分析のなかにも見い出せる。彼は表象と象徴主義を同一視したうえで、「シンボルに対する一方的な優位を形式的な記号に与え、これら二項の関係を明確にせず、シンボルがもっている対立した多様な価値を区別しない点でヘーゲルを非難する」。そして彼は、「私見では、ここにこそ概念の専制の起源がある」と付け加えている。*Hegel, le christianisme et l'histoire*, textes réunis et présentés par Michel Sales, Paris, P. U. F., 1990, p. 60.
★49　ヘーゲルによる「形式（Form）」としての表象の定義に関しては、とりわけ *Philosophie de l'esprit*, Remarque du §573, p. 361sq〔『精神哲学（下）』、三〇六頁以下〕を参照。
★50　第五六五節に関しては、〔本書の第二部、第一章、I、Bで〕既に展開されたことを参照されたい。

第四章

★1　*Leçons sur la philosophie de l'histoire*, p. 247 [386].〔『歴史哲学講義（下）』、一六二頁〕訳文は変更した。
★2　Ibid.〔同箇所〕
★3　Ibid., p. 82.〔同書、一七六頁〕
★4　Ibid., p. 247.〔同書、一六二頁〕

★5 Ibid., p. 250 [391].〔同書、一六九頁〕

★6 *Leçons sur la philosophie de la religion*, III, p. 162 [169, 170].〔『宗教哲学（下）』、一二一頁〕訳文は変更した。

★7 *Leçons sur la philosophie de l'histoire*, p. 251.〔『歴史哲学講義（下）』、一七二頁〕

★8 Ibid. [142].〔同書、一七一頁〕訳文は変更した。ヘーゲルは、〔インド哲学における〕ブラフマンのさまざまな受肉と〔キリスト教の〕〈受肉〉を区別し、また、『精神哲学』第五七三節（p. 366『精神哲学（下）』、三一五頁）で分析されているあらゆる形の汎神論と啓示された宗教を分かつ絶対的な隔たりを推し測ることが必要だと何度も主張している。インドの宗教についてヘーゲルは、「（……）この神の統一性、しかも実際には精神的な神の統一性は、それ自身においてきわめて具体性に欠ける。それはいわばあまりにも非力なので、インドの宗教は最も常軌を逸した多神論であるという点で、巨大な混乱である」と書いている。『宗教哲学講義』は、キリスト教の〈受肉〉が、ギリシアの理想を備えた美しき個体性や、ユダヤ教における孤立した主体性たる〈一者〉とはいかなる点で異なるのかを示している。

★9 *Leçons sur la philosophie de la religion*, III, pp. 160, 161 [168]. 訳文は変更した。

★10 *Esthétique*, III, p. 245.〔『美学（第三巻の上）』、一八三二頁〕

★11 Ibid., pp. 288, 289.〔同書、一八八八頁〕

★12 Ibid., p. 288.〔同箇所〕

★13 これはミケランジェロ、ラファエロ、レオナルド・ダ・ヴィンチによって創造された諸個人である。ファン・アイクの絵画作品に対するヘーゲルの反応が物語るように、古典的な理想の手法でキリストを表象する試みはすべて不当で期待外れである。ファン・アイクは「ガン大聖堂の祭壇上にある」〈父なる神〉の絵画において確かに「完成度の高い成果を挙げている」けれども、「これはオリンピアのユピテルと比肩しうる作品であるが、永遠の静寂、偉大さ、力強さ、威厳などの表出によっていかに完璧な域に達していようとも、（……）私たちに不満を残す。というのも、〈父なる神〉として表象され、同時に人間的個体の特徴をともなって表現されるものは、〈神の子キリスト〉をおいて他にはないからである。キリストにおいてはじめて、個体性と人間性が神の特徴をもち、しかもこの特徴が、ギリシアの神々のように虚心な想像の所産ではなくて、本質的啓示であり、これこそ要点であるというふうに私たちはみるのである」。
Ibid., p. 243.〔同書、一八三〇頁〕

★14 Ibid., II, pp. 263, 264.〔同書、一二九八頁〕

★15 ヘーゲルにおいて〈受肉〉の無化がもつ本義のひとつはここにある。

★16 *Phénoménologie de l'esprit*, 2, pp. 265, 266 [494].〔『精神現象学（下）』、三四九頁〕

★17 *Leçons sur la philosophie de la religion*, III, p. 162 [157].〔『宗教哲学（下巻）』、一二二頁〕

★18 キリストの死、すなわち神の「第一の実存」の死は「至高なる制限、有限化」である。Ibid.

★19 *Doctrine de l'être*, p. 108.〔『大論理学（上巻の一）』、一五三頁〕

★20 Ibid., p. 110.〔同書、一五五頁〕ヘーゲルがここで、制限と限界という概念のカントの使用法に加える逆転について指摘しておく必要がある。カントにとっては、制限の反対物である限界は動的なものである。限界によって、分離された二つの縁が互いに関係づけられうるからである（「理性の限界」という表現を参照されたい）。

★21 *Leçons sur la philosophie de la religion*, III, p. 151.

★22 Ibid., p. 161.

★23 Ibid., p. 135.

★24 〔Manfred Baum,〕*Die Enstehung der hegelschen Dialektik*, Bouvier Verlag, Bonn, 1986, p. 4.

★25 *Science de la logique(E)*, §123, p. 381 [131].〔『小論理学（下）』、四三頁〕

★26 だから、実存のカテゴリーは「現象、すなわち反省された有限性の総体、現象の世界」へと発展するのである。Ibid., §132, p. 386.〔同書、五九頁〕

★27 *Philosophie de l'esprit*, §565, pp. 355, 356.〔『精神哲学（下）』、二九八頁〕

結論

★1 *Das Wesen des Christenthums*, Frommann Verlag, Stuttgart, 1903, «Das Geheimnis des christlichen Christus oder des persönlichen Gottes» [177]. *L'Essence du christianisme*, trad. Jean-Pierre Osier, Paris, Maspéro, 1968, ch. XVI: «Le Mystère du Christ chrétien ou du Dieu personnel», p. 286.〔『キリスト教の本質（上）』船山信一訳、岩波文庫、一九六五年、三〇三頁〕

★2 Ibid., p. 285 [178].〔同箇所〕

★3 *Foi et savoir*, p. 114 [28].〔『信仰と知』、三六頁〕

★4 Ibid., p. 108.〔同書、二七頁〕

★5 Ibid., p. 115.〔同書、三七頁〕

★6 Ibid., p. 121 [36].〔同書、四六頁〕

★7 この供犠の本質は、理性がそれ自身の産出物において承認されえないという点にある。「理論理性は（……）自律的尊厳を要求することも、自ら息子を自己産出することを要求することもしない。そして、純粋な理性統一と悟性の多様性とのこの二元論のうちにある自分に耐えることができて、媒介者であり、内在的認識であることを求めないという、自己自身の空虚さと尊厳を欠いた状態に放任されたままにとどまらざるをえない」。Ibid., p. 116.〔同書、三九頁〕

★8 Ibid., p. 207.〔同書、一六九頁〕

★9 *Philosophie de l'esprit*, Remarque du §571, p. 359.〔『精神哲学（下）』、三〇三頁〕

★10 *Phénoménologie de l'esprit*, 2, p. 305.〔『精神現象学（下）』、三九七—三九八頁〕訳文は変更した。

★11 Ibid.〔同書、三九七頁〕

★12 ドゥルーズの次のような見解を参照されたい。「超越論哲学の最高の主導性が、思考そのものに時間の形式を導入した点にあるならば、今度はこの形式が、純粋で空虚な形式であるかぎりにおいて、死んだ神〔と、ひび割れた「私」と、受動的な自我〕を破棄できない形で意味する」。*Différence et répétition*, op. cit., p. 117.〔『差異と反復』前掲書、一四三頁〕

★13 ヘーゲルにおいて、真の供犠はつねに疎外化に、他者の内への自己の変容に結びついている。それは『精神現象学』「絶対知」の章からの次のような抜粋から確認することができる。「自らの限界を知ることは、自らを犠牲にすることを知ることである（seine Grenze wissen heißt, sich aufzuopfern wissen）。この犠牲が疎外化（Entäußerung）であり、そのとき精神は、その純粋な自己を自らの外なる時間として（als die Zeit außer ihm）、また自らの存在を空間として直観しながら、自ら精神になることを自由で偶然な出来事の形で現わす（in der Form des *freien zufälligen Geschehens* darstellt）」。〔*Phénoménologie de l'esprit,*〕2, p. 312 [529, 530].〔同書、四〇五頁〕

★14 Ibid., p. 311.〔同書、四〇七頁〕

★15 Ibid., p. 312.〔同書、四〇六—四〇七頁〕

★16 *Être et temps*, §82, op. cit., p. 503 [435]〔『存在と時間（下）』前掲書、四一九頁〕

第三部

序　言

★1 *Entretien avec Francis Fukuyama*, journal *Le Monde* du mardi 25 février 1992, p. 2. ヘーゲルは宗教改革から現代に至る期間を「歴史の終わり」の対象としている。「形式的なこの絶対原理によって、私たちは歴史の最終段階（Stadium）、私たちの世界へと導かれる」

（*Leçons sur la philosophie de l'histoire*, p. 337〔『歴史哲学講義（下）』、三五二頁〕）。宗教改革の原理、すなわち主体的自由の成就はフランス革命によって完成する。だから、ベルナール・ブルジョワが書くように、「歴史の問題の解決は（……）フランス革命以来、成し遂げられている」。

★2　*Philosophie de l'esprit*, Remarque du §571, p. 359 [450].〔『精神哲学（下）』、三〇三頁〕

★3　Ibid., §573, p. 360 [451].〔同書、三〇六頁〕

★4　*Phénoménologie de l'esprit*, 1, p. 55 [47].〔『精神現象学（上）』、八五―八六頁〕

第一章

★1　*Philosophie de l'esprit*, §573, p. 360 [450].〔『精神哲学（下）』、三〇六頁〕

★2　§572-573.

★3　Remarque du §573, p. 361 [451].〔同箇所〕

★4　Ibid.〔同箇所〕

★5　§574.

★6　§575-577.

★7　§574.

★8　Ibid., p. 373.〔同書、三二九頁〕

★9　*Doctrine du concept*, p. 43.〔『大論理学（上巻の一）』、六三頁〕

★10　ペペルザックはこの運動を注釈して、「論理的で抽象的な観念と絶対精神の具体的な知との同一性は、学を証明されざるその諸前提から解放し、そうしてあらゆる直接性から解放する」と主張している。*Selbsterkenntnis des Absoluten*, op. cit., p. 125.

★11　§572-573.

★12　§572 et début du §573.

★13　*Doctrine du concept*, p. 368.〔『大論理学（下巻）』、三五七頁〕

★14　Cf. *Esthétique*, I, pp. 32, 33.

★15　芸術と宗教のこうした区別を、ヘーゲルは第五七二節の冒頭で解明している（p. 360 [450]〔『精神哲学（下）』、三〇五頁〕）。「学とは芸術と宗教の統一である」。すなわち、「形式の方から見て外面的な、芸術の直観方法（Anschauungsweise）」と「それによって実体的内容が宗教の全体性のうちで多くの独立した形態（in viele selbständige Gestalten）に引き裂かれている（zersplittert）ところの主観的な活動」との統一である。

★16 §573, p. 360 [451].〔同書、三〇六頁〕

★17 Ibid.〔同箇所。引用文については、原著で省略されている箇所を一部補足した。〕

★18 §572.〔同書、三〇七頁〕

★19 Remarque du §573.

★20 Ibid., p. 370.〔同書、三二三頁〕

★21 Ibid.〔同箇所〕

★22 Ibid., p. 362.〔同書、三〇八頁〕

★23 Ibid.〔同箇所〕

★24 §575-577.

★25 *Doctrine du concept*, p. 369.〔『大論理学（下巻）』、三五七頁〕訳文は変更した。

★26 Ibid., p. 284.〔同書、二六八頁〕『小論理学』第二一六節も参照。

★27 *Philosophie de l'esprit*, §575, p. 373.〔『精神哲学（下）』、三二九頁〕

★28 §576, p. 374.〔同書、三二九―三三〇頁〕

★29 Ibid.〔同書、三三〇頁〕

★30 *Science de la logique (E)*, §239, p. 461.〔『小論理学（下）』、二四二頁〕

★31 *Philosophie de l'esprit*, §576, p. 374 [462].〔『精神哲学（下）』、三三〇頁〕

★32 *Doctrine du concept*, p. 303.〔『大論理学（下）』、二八七頁〕

★33 Ibid., p. 304.〔同書、二八七―二八八頁〕

★34 *Philosophie de l'esprit*, §577, p. 374.〔『精神哲学（下）』、三三〇頁〕

★35 第三章はこの分析を対象とする。

第二章

★1 一八二九年九月二七日付、ダウプ宛ての手紙。*Briefe von und an Hegel* [III 254]. ブルジョワの引用による。«Présentation»,

Philosophie de l'esprit, op. cit., note 34, pp. 82-83.

★2　Bernard Bourgeois, ibid.

★3　一八二九年七月十一日付、ヘーゲル宛てのヴァイセの手紙。*Briefe* ..., III, op. cit., p. 260. ブルジョワが引用し注釈している（«Présentation», 〔ibid.,〕p. 83）。この手紙に対するヘーゲルの返事については分からない。

★4　一九六八年九月六日の会の記録《プロトコル》。*Questions IV*, trad. Jean Beaufret, François Fédier, Jean Lauxerois, Claude Roëls, Paris, N. R. F. Gallimard, 1976, pp. 247, 248.〔ハイデガー『四つのゼミナール』大橋良介・ハンス・ブロッカルト訳、創文社、一九八五年、四八頁〕

★5　デリダによれば、「Aufheben とは、同じひとつの運動によって位置をずらし、持ち上げ、交代し、昇級させるという意味での relever のことである」。*Marge - de la philosophie*, op. cit., p. 143.〔「人間の目的＝終末」前掲、三〇三頁〕Aufheben を relève と訳すことの妥当性に関しては、Jean-François Courtine, «Relève-répétition», *Heidegger et la phénoménologie*, Paris, Vrin, 1990, pp. 89-106; p. 96sq を参照。

★6　*Critique de la raison pure*, trad. A. Traymesaygues et P. Pacaud, Paris, P. U. F., 1975, p. 145.〔カント『純粋理性批判（上）』篠田英雄訳、岩波文庫、一九六一年、二一九頁〕

★7　確かめてみると興味深いだろうが、ヘーゲルからすれば、止揚はあらゆる哲学者の著作のなかにみられるのである。

★8　*Philosophie de l'esprit*, §387.

★9　一八〇五—〇六年の『精神哲学』はこの亡霊性を人間の眼差しのなかに見い出される夜として呈示している。「人間とは、自らの単純性のうちにすべてを包括するような夜、空虚な無（dies leere Nichts）であり、無限に多様な表象や像が織りなす豊かさ——そのいずれもが精神に立ち返ることも現存することもない——である。この場合——純粋な自己において——、想像的な諸表象（phantasmagorischen Vorstellungen）のなかに実存しているのは夜であり、自然の内部である。（……）こちらでは血に染まった頭（ein blutiger Kopf）が、あちらではまた別の白いシルエット（eine andere weisse Gestalt）が急に姿を現わすと同時に消え去っていく（verschwinden also）。ひとがある人物の眼差しに（ins Auge）見入るときに見い出されるのは、まさにこうした夜なのである——ひとは自分の眼差しを夜のなかに沈めると、この夜は恐ろしいもの（furchtbar）と化し、世界の夜が各々の出会いへと進み出るのである。」Trad. Guy Planty-Bonjour, Paris, P. U. F., 1982, p. 13 [172].

★10　*Phénoménologie de l'esprit*, 1, p. 30.〔『精神現象学（上）』、五〇頁〕

★11　Ibid., 2, p. 261.〔『精神現象学（下）』、三四四頁〕

★12　Ibid.[490, 491].〔同書、三四三頁〕訳文は変更した。

★13 Ibid., p. 262.〔同書、三四四頁〕
★14 *Leçons sur la philosophie de l'histoire*, Intoroduction, p. 20 [552].〔『歴史哲学講義（上）』、一七頁〕
★15 Ibid.〔同箇所〕
★16 Préface à la *Science de la logique* de 1831, p. 17.〔『大論理学（上巻の一）』、一二頁〕
★17 Ibid., p. 22 [29].〔同書、一八頁〕
★18 *Doctrine du concept*, pp. 82, 83.〔同書、五四頁〕
★19 Ibid〔同箇所〕
★20 *Phénoménologie de l'esprit*, 1, p. 27.〔『精神現象学（上）』、四六頁〕
★21 Ibid. [22].〔同書、四四頁〕訳文は変更した。
★22 Ibid., p. 27.〔同書、四六頁〕
★23 p. 26 [22. 23].〔同書、四四―四五頁〕
★24 p. 27.〔同書、四六頁〕
★25 Préface à l'édition de 1817 de *l'Encyclopédie*, *Science de la logique (E)*, p. 117〔『小論理学（上）』、二〇頁〕
★26 Ibid.〔同箇所〕
★27 Bernard Bourgeois, «Présentation», *Science de la logique (E)*, op. cit., pp. 11, 12.
★28 *Phénoménologie de l'esprit*, 1, p. 14.〔『精神現象学（上）』二八頁〕ヘーゲルはὅρος に関する同時代人たちの留保（彼らによれば、絶対者は無制限なものであり、それゆえ形式をもたない）を手厳しく判断している。「予言者的な語りはまさしく物事の中心にいて、その深みにいると思いこんでいる。それらは規定（ὅρος）を軽んじていて、故意に概念と必然から離れている」〔同書、二五頁〕。
★29 p. 49.〔同書、七五頁〕
★30 *Leçons sur la philosophie de l'histoire*, p. 51.〔同書、九九頁〕
★31 ヘーゲルは『精神現象学』の序文（1, p. 27〔『精神現象学（上）』、四六頁〕）で、「内容は既に考えられたものとなっているから、個人の所有するものである」と述べている。
★32 Ibid., p. 26 [22].〔同書、四四頁〕
★33 p. 45.〔同書、七〇頁〕
★34 Ibid.〔同箇所〕

★35 Ibid.〔同書、七〇―七一頁〕

★36 *Doctrine de l'être*, p. 81.〔『大論理学（上巻の一）』、一一五頁〕訳文は変更した。

★37 「止揚されたもの（**das Aufgehobene**）をより的確に規定するにあたって、ある物はその対立物との統一に達したときにはじめて止揚されている、と言うことができる。この明確な規定から見た場合、ある物がひとつの反省したものであることは契機と呼ぶほうが適切だろう」。Ibid., p. 83.〔同箇所〕

★38 *Doctrine de l'être*, p. 389.〔『大論理学（下巻）』、三八〇頁〕

☆1 **aufheben, Aufhebung** をいかに翻訳するかは、フランスのヘーゲル受容史において重要な問題である。この語を翻訳する難しさは、「廃棄すること」と「保存すること」という意味の両義性、さらに「もち上げること、高めること」の含意を加えるならば、その意味の三重性を的確に表現できるかどうかにある。二十世紀になってフランスでヘーゲル研究が進展するなかで、この二重性（あるいは三重性）に合致するフランス語訳が選択され、案出されてきたが、そのなかで代表的なものだけを簡単に列挙しておきたい。（Cf. **Gwendoline Jarczyk, Pierre-Jean Labarrière, *Hegeliana*, P. U. F, 1986, pp. 102-120.**)

1）ジャン・イポリットによる「**supprimer, suppression**（廃棄する、廃棄）」はかつて最も共有され、最も流通していた訳語である。だがこの語には、「廃棄する」という止揚の片方の意味しか表現していないという欠点がある。アンドレ・ドッズが選択した訳語 **enlever**（取り除く）にも同じ問題がある。

2）ジャン・ヴァールは **supprimer** の接頭辞 **sub**（下に）を修正して「**sur-primer**（上に－押す）」という造語を提起したが、この表現はさほど議論の的にならなかった。上方への運動性に忠実であろうとして、**heben**（もち上げる）と **primer**（押す）の対応がうまくいっていないためだろう。

3）エマニュエル・マルティノは、ハイデガーの『ヘーゲルの「精神現象学」』の翻訳のなかで、長い間躊躇したうえで「**assumer, assomption**（引き受ける、引き受け）」という訳語を選択している。彼は、**aufheben** は純粋な否定性を含んでおらず、結局は根本的な肯定性を意味するとしてこの語を選択したが、疑問の余地を残す解釈である。また同様に、**dépasser**（超越する）という訳語も、止揚の肯定的な意味は指し示しているものの、過ぎ越されたものの否定性に関してはうまく言い表わせていない。

4）「**relever**、**relève**」はジャック・デリダが提案した訳語である。彼の説明によれば、「高められると同時に自分の役目から解除され、ある種の昇進にあたって、後を継いで交代する［**prend la relève**］ものに取って代られる、という意味で」（***Marges***, Minuit, 1967, p.102）、「**Aufheben** とは **relever** である。「**relever**」が同じ運動のなかで、移動させる、高める、とって代わる、昇進するということを同時に指し示すという意味で」（ibid., p. 143）。この訳語にはジャン＝リュック・ナンシーなど多くの賛同者がいる。確かに、語末の **lever**（持ち上げる）は独語 heben にちょうど対応しており、「交代する」という含意も止揚の意味に適している。ただし、止揚の運動においてある現実が別の現実に「交代すること」はあくまでも外在的な置換にすぎないのではないか、止揚においてはむしろ内容こそが高められるのであり、この訳語は否定的なものの保存というニュアンスが弱いのではないか、とする向きもある。

5）現在、デリダの relever と同じくらい広く使用されている訳語は「sursumer, sursomption」である。この表現はカナダの哲学者イヴォン・ゴーチエが発案したもので、フランスではヘーゲル研究の泰斗ピエール＝ジャン・ラバリエールとグヴェンドリーヌ・ジャルクチィックによって積極的に使用されている。接頭辞 sur（上に）とラテン語 sumere（取る）から構成されるこの造語には、ある性質をその直接的な状態から上方へと高められたものとして把握するという肯定的な意味がある。また他方で、接頭辞「上に」によって、最初のものが否定され、高められて別の形をとるという否定のプロセスの意味も含まれている。この語はカントの「subsomption（包摂：語源的には「下方で取ること」）」を意識したものだが、両者の意味はまったく異なる。カントの包摂は、ある部分が全体の下で把握されるのに対して、ヘーゲルの sursomption（上方で取ること）においては、個別性はそれ自身のなかで、それ自身を高めることで概念の全体性を展開させるからである。

第三章

★1 *Philosophie de l'esprit*, §577, p. 374.〔『精神哲学』、三三〇頁〕
★2 *Doctrine du concept*, p. 393.〔『大論理学（下巻）』、三八四頁〕
★3 とりわけ、第五七六節で使用されている [462]。
★4 第五七三節で使用されている [451]。
★5 第五七一節注釈の末尾で使用されている [450]。
★6 *Phénoménologie de l'esprit*, 1, p. 30 [27].〔『精神現象学（上）』、五一頁〕
★7 Ibid., p. 46 [39, 40].〔同書、七一頁〕
★8 Ibid., 2, p. 301.〔『精神現象学（下）』、三九三頁〕
★9 *Doctrine de l'essence*, p. 272.〔『大論理学（中巻）』、二五三頁〕
★10 *Philosophie de l'esprit*, §382, p. 178.〔『精神哲学（上）』、三五頁〕
★11 *Phénoménologie de l'esprit*, 1, p. 29.〔『精神現象学（上）』、四八―四九頁〕
★12 *Doctrine de l'essence*, p. 269.〔『大論理学（中巻）』、二五一頁〕

★13 Ibid., p. 271.〔同書、二五三頁〕
★14 Ibid., p. 270.〔同書、二五二頁〕
★15 Ibid., p. 272.〔同書、二五三―二五四頁〕
★16 p. 269.〔同書、二五一頁〕
★17 p. 266.〔同書、二四八頁〕
★18 p. 262.〔同書、二四四頁〕
★19 pp. 294, 295.〔同書、二七五頁〕
★20 p. 293.〔同書、二七四頁〕
★21 p. 295.〔同書、二七六頁〕
★22 p. 289.〔同書、二七〇頁〕
★23 p. 295.〔同書、二七六頁〕
★24 この点に関しては、次の非常に有益な著作を参照されたい。Gabriella Baptist, *Il Problema della modalità nelle logiche di Hegel. Un itinerario tra il possibile e il necessario*, Genova, Pantograf, 1992.
★25 デリダは思考にとっての二重の不可能性、つまり、ギリシアとは「幸運な偶然事」にすぎないという主張と、ギリシア的な伝統の起源は終末論的序列の必然性に対応するという主張を叙述するときに、ヘーゲルを参照している。«Violence et métaphysique», *L'Écriture et la différence*, Paris, Seuil, 1967, pp. 117-228; p. 227.〔『エクリチュールと差異（上）』若桑毅他訳、法政大学出版局、一九七七年、二九七―二九九頁〕
★26 *Doctrine du concept*, p. 377.〔『大論理学（下巻）』、三六七頁〕
★27 Ibid.〔同箇所〕
★28 *Doctrine de l'essence*, p. 295.〔『大論理学（中巻）』、二七六頁〕
★29 Ibid.〔同箇所〕
★30 *Phénoménologie de l'esprit*, 2, p. 304.〔『精神現象学（下）』、三九七頁〕
☆1 **absolu**（絶対的な）は、ラテン語**absolutus**（完成した、完全な）に由来する語である。このラテン語は**solvere**（解放する、自由にする、完成する）の過去分詞で、この動詞には「結び合わさったものを分離する、引き離す、切り離す」という意味がある。**absolu**の原義に即して、マラブーは、ヘーゲルにおける精神の発展の絶対性を、自らを完成させるという意味だけでなく、自己を自己から引き離して自己を解放する、自由にするという運動性として解釈する。

第四章

★1 *Phénoménologie de l'esprit*, I, p. 55.〔『精神現象学（上）』、八五頁〕

★2 Ibid., p. 56 [48].〔同書、八六頁〕

★3 Préface à la *Science de la logique* de 1831, pp. 14-15.〔『大論理学（上巻の一）』、九頁〕

★4 *Science de la logique(E)*, § 189, pp. 427, 428.〔『小論理学（下）』、一七〇頁〕この節では命題の推論による展開が叙述されている。「以上のことから、形式について次のようなことが生じている。1）各契機はいずれも中間項、したがって全体的なものという規定および位置を獲得し、このことによってそれらが抽象であるという一面性（……）を即自的には失っている。2）媒介が同じく即自的にではあるが――すなわち互いに前提し合う媒介からなる円環としてではあるが――完成されている。」

★5 *Phénoménologie de l'esprit*, I, p. 51.〔『精神現象学（上）』、七九頁〕

★6 Préface à la *Science de la logique* de 1831, p. 14.〔『大論理学（上巻の一）』、八頁〕

★7 ヘーゲルがニュールンベルク滞在中（一八〇六、一八一六年）に執筆した教育に関する全テクスト（最後のものは彼がベルリン大学の教授だった一八二二年に執筆されたもの）には、*Textes pédagogiques* (Paris, Vrin, 1978) という書名がブルジョワによって付せられている。引用は一八〇九年九月二九日のギムナジウム演説の抜粋である（p. 85）〔『ヘーゲル教育論集』上妻精編訳、国文社、三五頁〕。

★8 Ibid., pp. 79, 80.〔同書、二五―二六頁〕

★9 Préface à la *Science de la logique* de 1831, p. 14.〔『大論理学（上巻の一）』、八頁〕

★10 «Violence et métaphysique», op. cit., p. 166.〔『エクリチュールと差異』前掲書、二一七頁〕

★11 Préface à la *Science de la logique* de 1831, p. 14.〔『大論理学（上巻の一）』、八―九頁〕

★12 対立する二つの意味をもつ語のいくつかの例。Aufhebung と aufheben、Abgrund：究極の根拠と底なしの深淵。Sinn：感官《サンス》（感覚）と意味《サンス》（意義）。Geschichte：事実と物語、歴史の主観的および客観的側面。plastisch：形を与えるおよび受け取る能力。対立する二つの意味をもつ語というわけではないが、次のような語もやはり言語の思弁的精神を物語っている。Urteil：判断と根源的分割。meinen：意見を表明する、自分のものにする。Sitten：倫理的規定態および慣習の普遍性という二重の意味での風俗。

★13 ジャン＝リュック・ナンシーによる引用（*La Remarque spéculative*, Paris, Galilée, 1973, pp. 87, 88）。このヘーゲルの書簡は *Correspondance*, trad. Jean Carrère, Paris, N. R. F. Gallimard, I, p. 269 から引用されている。

★14 *Introduction à la métaphysique*, ch. II: «Sur la grammaire et l'étymologie du mot 'être'» trad. Gilbert Kahn, Paris, Gallimard, coll. «Tel», 1967, p. 69.〔ハイデガー『形而上学入門』平凡社ライブラリー、一九九四年、一〇二頁〕

★15 «Hegel et la proposition spéculative», *Dialogue avec Heidegger*, t. II: «Philosophie moderne», Paris, Minuit, 1973, pp. 110-142; p. 137.

★16 *Phénoménologie de l'esprit*, 1, p. 52 [45].〔『精神現象学(上)』、八〇頁〕

★17 アリストテレスは思惟の「博物学者」として振る舞った。彼は生物や化合物の「調査目録」を作成するように、論理的カテゴリーのそれを作成したからである。「アリストテレスは思惟を有限的に使用し、これを的確に記述した。思惟の諸形式を踏まえて、彼は博物学者的な態度をとったのだ。(……)それは有限な思惟の博物史である」。*Leçons sur l'histoire de la philosophie*, III, p. 594.〔『哲学史(中巻の二)』、一二五頁〕

★18 Ibid., pp. 607, 608.〔同書、一四六頁〕

★19 *Phénoménologie de l'esprit*, 1, p. 53.〔『精神現象学(上)』、八一頁〕

★20 *Leçons sur l'histoire de la philosophie*, III, p. 608.〔『哲学史(中巻の二)』、一四七頁〕

★21 『純粋理性批判』「純粋悟性概念の演繹について」、一九。

★22 *Foi et savoir*, p. 107.〔『信仰と知』、二六頁〕

★23 Ibid., p. 113.〔同書、三五頁〕

★24 Ibid., p. 109 [22].〔同書、二九―三〇頁〕訳文は変更した。

★25 Ibid.〔同書、二九頁〕ヘーゲルによれば、カント哲学そのものには唯一のア・プリオリな総合判断は存在しない。この点に関しては、アンドレ・スタンニュネックの著作、*Hegel, critique de Kant* (Paris, P. U. F., 1985) を参照。そこでは、ヘーゲルがア・プリオリな総合判断を批判した箇所がすべて指摘されている(pp. 58-66)。

★26 *Phénoménologie de l'esprit*, 1, p. 55.〔『精神現象学(上)』、八五頁〕

★27 Ibid.〔同書、八四頁〕

★28 Ibid.〔同箇所〕

★29 Ibid., p. 53 [45].〔同書、八二頁〕

★30 Ibid.〔同箇所〕

★31 p. 54.〔同書、八四頁〕

★32 p. 55.〔同箇所〕

★33 p. 54.〔同書、八三頁〕
★34 p. 55.〔同書、八四頁〕
★35 p. 52.〔同書、八〇―八一頁〕
★36 p. 53.〔同書、八一頁〕
★37 p. 55.〔同書、八五頁〕
★38 p. 54.〔同書、八二頁〕
★39 Préface à la *Science de la logique* de 1831, p. 24.〔『大論理学（上巻の一）』、二〇頁〕
★40 ガダマーは『真理と方法』で、「反復（Wiederholung）」と「強調（Hervorholung）」を区別している。後者は「模倣的」なものではなく、「直示的な」反省である。私たちが解釈と呼ぶのは、まさしくこの強調のエコノミーである。*Vérité et méthode*, Paris, Seuil, trad. Étienne Sacre revue par Paul Ricœur, ed. abrégeé, 1976, p. 41 (GW. 1 — *Hermeneutik I. Wahrheit und Methode*, Tübingen, J. C. B. Mohr).
★41 *L'Espace littéraire*, Paris, Gallimard, 1955, p. 265.〔『文学空間』粟津則雄・出口裕弘訳、現代思潮社、一九九〇年、二七八頁〕
★42 *Phénoménologie de l'esprit*, 1, p. 51.〔『精神現象学（上）』、七九頁〕
★43 Ibid., p. 53.〔同書、八二頁〕

結論

★1 «Présentation» de l'*Encyclopédie*, *Science de la logique*, op. cit., p. 61.
★2 *Phénoménologie de l'esprit*, 1, p. 12 [10].〔『精神現象学（上）』、二六頁〕
★3 Ibid., p. 74 [65].〔同書、一一四頁〕
★4 *De l'essence et de la réalité de la force*, op. cit., p. 72.〔『アリストテレス「形而上学」第九巻一―三』前掲書、一〇二頁〕
★5 Ibid., p. 94.〔同箇所〕
★6 Ibid.〔同箇所〕
★7 『存在と時間』でも言及されていない。これら二著作の関係については、Jean-François Courtine, «Kant et le temps», *Heidegger et la phénoménologie*, op. cit., pp. 107-127; とりわけ、p. 113sq.
★8 *Kant et le problème de la métaphysique*, trad. Alphonse de Wæhlens et Wælter Biemel, Gallimard, coll. «Tel», 1953, p. 231.〔『カン

トと形而上学の問題』門脇卓爾・ハルトムート・ブフナー訳、創文社、二〇〇三年、一七三頁〕

★9　Ibid., p. 244.

★10　Ibid.

★11　Ibid., p. 231.〔同書、一七二頁〕

★12　可塑性は、細胞のなかで何かを形成するものないしは何かを形成するのに役立つものを意味する。πλάσσειν／πλάττειν〔形成する〕の別の派生語に触れておくと、a）「plasma〔遺伝質〕」は素材の最も単純な状態のひとつ（第四の状態）、b）「protoplasme（ドイツ語ではprotoplasma）〔原形質〕」は生きた細胞を構成する、複雑かつ可変的に化合された有機物質、c）「plaste〔色素体〕」は植物細胞の原形質に含まれ、合成の作因をなす粒子（顆粒、繊維）のことである。

★13　フランシスコ・ヴァレーラはその興味深い著作 ***Autonomie et connaissance. Essai sur le vivant***（Paris, Seuil, 1989）において、これらの組織の「構造的可塑性」を論じている。

他方で、「可塑性」の概念は、記憶のプロセスに含まれる神経メカニズムの研究において重要な概念になっている。アメリカの心理学者ドナルド・オールディング・ヘッブ（一九〇四―一九八五年。著書に、***The organisation of behaviour***, J. Wileys and sons, 1949〔『行動の機構』白井常訳、岩波書店、一九五七年〕がある）は伝達能率を変化させることのできる「可塑的シナプス」の存在を仮定した第一人者だった。三〇年代末、さまざまな実験観察によって彼は、記憶の神経回路（パヴロフが提起した同時反応の連合をつかさどる反省回路）を厳密に局所化するという考えを放棄するに至る。ヘッブは神経回路が自己組織化しうるという仮説、すなわち、回路は知覚ないしは学習の要求に従って神経が活動するあいだ、自らの連接状態を変化させうるという仮説を立てた。シナプスは、神経活動がもたらす印象が過去の機能を反復することで変化しうるという特権的な場なのである（cf., Yves Frégnac, «Les Mille et Une Vies de la synapse de Hebb», ***La Recherche***, «La Mémoire», n° 267, juillet-août 1994, pp. 788-790）。

ヘッブ以来、シナプスがその伝達効率を変化させる能力は「可塑性」と呼ばれ続けてきた。実際に、ここ二十年間の研究によって、シナプスは固定されていないことが証明されるに至っている。この意味で、シナプスは神経情報の単なる伝達装置ではなく、それは情報自体を形成し、再形成する。ニューロンからニューロンへと信号を伝達するそれらの能力は、個人の環境や「歴史」に応じて増加したり（「長期的な相乗作用」）、減少したり（「長期的な減退作用」）しうる。こうした科学的発見をさらに掘り下げて研究すれば、いかなる意味でシナプスが脳の未来という貯蔵所であると言えるか、示すことができるだろう（cf., Sue D. Healy, «La Mémoire et l'adaptation animale», op. cit., pp. 768-773; Masao Ito, «La Plasticité des synapses», op. cit., pp. 778-785）。

参考文献

I　ヘーゲルの著作

〔頻繁に引用されるヘーゲルの著作の日本語訳書に関しては、巻頭の凡例で指示したとおりである。〕

A）ドイツ語文献

Hegels theologische Jugendschriften, hsgg. von Nohl, Tübingen, 1907.

その他の著作に関しては、読者の便宜を図るため、以下の版を使用している。

a) *Philosophische Bibliothek* des éditions Felix Meiner établies d'après *G. W. F Hegel Gesammelte Werke (G. W.), Studienausgaben auf der Grundlage der Akademieausgabe*:

PhB 319a: Jenaer Kritische Schriften (I): *Differenz des Fichteschen und Schellingschen Systems der Philosophie.*

PhB 319b: Jenaer Kritische Schriften (II): *Wissenschaftliche Behandlungsarten des Naturrechts.*

PhB 319c: Jenaer Kritische Schriften (III): *Glauben und Wissen.*

PhB 331: Jenaer Systementwürfe: *Fragmente aus Vorlesungsmanuskripten zur Philosophie der Natur und des Geistes.*

PhB 332: Jenaer Systementwürfe II: *Logik, Metaphysik, Naturphilosophie.*

PhB 333: Jenaer Systementwürfe III: *Naturphilosophie und Philosophie des Geistes.*

PhB 375, PhB 376, PhB 377: *Wissenschaft der Logik.*

PhB 385: *Wissenschaft der Logik. Die Lehre vom Sein (1832).*

PhB 414: *Phänomenologie des Geistes.*

PhB 33: *Enzyklopädie der philosophischen Wissenschaften im Grundrisse* (1830). Éd. Glockner (G. 10) pour les Additifs.

PhB 59/60, PhB 61/63: *Vorlesungen über die Philosophie der Religion.*

PhB 124a: *Grundlinien der Philosophie des Rechts.*
PhB 235-238b: *Briefe von und an Hegel.*
b) Suhrkamp (*G. W. F. Hegel. Werke in zwanzig Bänden*), établies à partir des *Œuvres (Werke)* rassemblées entre 1832 et 1845:
Bd 4: *Nürnberger und Heidelberger Schriften 1808-1817.*
Bd 2: *Berliner Schriften 1818-1831.*
Bd 12: *Vorlesungen über die Philosophie der Geschichte.*
Bd 13-15: *Vorlesungen über Ästhetik* I, II, III.
Bd 18-20: *Vorlesungen über die Geschichte der Philosophie* I, II, III.

B）フランス語訳文献

L'Esprit du christianisme et son destin, trad. Jacques Martin, Paris, Vrin, 1971.
Des manières de traiter scientifiquement du droit naturel, trad. Bernard Bourgeois, Paris, Vrin, 1972.
La Différence entre les systèmes philosophiques de Fichte et de Schelling, trad. Bernard Gilson, Paris, Vrin, 1986.
Foi et savoir, trad. Alexis Philonenko et Claude Lecouteux, Paris, Vrin, 1988.
La Première Philosophie de l'esprit *(Iéna 1803-1804)*, trad. Guy Planty-Bonjour, Paris, P. U. F., 1969.
Logique et métaphysique (Iéna 1804-1805), trad. Denise Souche-Dagues, Paris, Gallimard, 1980.
Philosophie de l'esprit (de la *Realphilosophie* 1805), trad. Guy Planty-Bonjour, Paris, P. U. F., 1982.
Phénoménologie de l'esprit, trad. Jean Hyppolite, 2 volumes, Paris, Aubier-Montaigne, 1939-1941.
Science de la logique, trad. Pierre-Jean Labarrière et Gwendoline Jarczyk, 3 volumes, Paris, Aubier-Montaigne, 1972, 1976, 1981.
Préface à la seconde édition de la *Science de la logique* de 1831, trad. Catherine Malabou, *Philosophie* n°19, pp. 13-26, Paris, Minuit, 1991.
Encyclopédie des sciences philosophiques:
I *Science de la logique*, trad. Bernard Bourgeois, Paris, Vrin, 1970.
II *Philosophie de la nature*, trad. Jean Gibelin, *Précis de l'Encyclopédie des sciences philosophiques*, pp. 137-214, Paris, Vrin, 1967.
III *Philosophie de l'esprit*, trad. Bernard Bourgeois, Paris, Vrin, 1988.
Principes de la philosophie du droit, trad. Robert Dérathé, Paris, Vrin, 1982.

Textes pédagogiques (Nuremberg et Berlin), trad. Bernard Bourgeois, Paris, Vrin, 1978.
Leçons sur l'histoire de la philosophie, trad. Pierre Garniron. Tomes I à VI, Paris, Vrin, 1971-1978.
Leçons sur la philosophie de l'histoire, trad. Jean Gibelin, Paris, Vrin, 1963.
Leçons sur la philosophie de la religion, trad. Jean Gibelin. Tomes I à III, Paris, Vrin, 1954-1959.
Esthétique, trad. Simon Jankélévitch. Tomes I à IV, Paris, «Champs» Flammarion, 1979.
Correspondance, trad. Jean Carrère. Tomes I à IV, Paris, Gallimard, 1962-1967.

II　ヘーゲルに関する著作

ALAIN, *Idées*, Paris, «Champs» Flammarion, 1983, chap. «Hegel», pp. 165-238.〔アラン「イデー　哲学入門」渡辺秀訳『アラン著作集六』白水社、一九八〇年〕

AUBENQUE, Pierre, «Hegel et Aristote», *Hegel et la pensée grecque*, publié sous la direction de Jacques d'Hondt, Paris, P. U. F., 1974, pp. 97-120.

BAPTIST, Gabriella, *Il Problema della modalità nelle logiche di Hegel. Un itinerario tra il possibile e il necessario*, Genova, Pantograf, 1992.

BARTH, Karl, *Die protestantische Theologie im 19. Jahrhundert, ihre Vorgeschichte und ihre Geschichte*, zweite verbesserte Ausgabe, Evangelischer Verlag, Zollicon, Zürich, 1952. Chap. X, «Hegel». Ce chapitre a fait l'objet d'une traduction par Jean Carrère dans les *Cahiers théologiques* n°38, Delachaux et Niestlé, Neuchâtel, 1955.

BAUM, Manfred, *Die Enstehung der hegelschen Dialektik*, Bouvier Verlag, Bonn, 1986.

BEAUFRET, Jean, «Hegel et la proposition spéculative», *Dialogue avec Heidegger*, vol. II (Philosophie moderne), Paris, Minuit, 1973, pp. 110-142.

BOURGEOIS, Bernard, «Les Deux Âmes: de la nature à l'esprit», *De saint-Thomas à Hegel*, publié sous la direction de Jean-Louis Vieillard-Baron, Paris, P. U. F., 1994, pp. 117-151.

– «Le Dieu de Hegel: concept et création», *La Question de Dieu selon Aristote et Hegel*, publié sous la direction de Thomas de Konninck et Guy Planty-Bonjour, Paris, P. U. F., 1991, pp. 285-320.

– *Le Droit naturel de Hegel. Commentaire*, Paris, Vrin, 1986.

– *Études hegeliennes*, Paris, P. U. F., 1992.

– «Entretien avec Francis Fukuyama», journal *Le Monde* du mardi 25 février 1992, p. 2.

– *Éternité et historicité de l'esprit selon Hegel*, Paris, Vrin, 1991.

– «Hegel et l'Incarnation selon Hans Küng», *Le Christ visage de Dieu*, «Les Quatre Fleuves», *Cahiers de recherche et de réflexion religieuses*, n°4, Paris, Seuil, 1975, pp. 81-84.

– Présentation de la *Science de la logique* de l'*Encyclopédie des sciences philosophiques*, pp. 7-112.

– Présentation de la *Philosophie de l'esprit* de l'*Encyclopédie des sciences philosophiques*, pp. 7-93.

BRITO, Emilio, *La Christologie de Hegel. Verbum Crucis*, traduit de l'espagnol par B. Pottier, Paris, Beauchesne, 1983.

CHAPELLE, Albert, *Hegel et la religion*, 3 vol., Paris, Éditions Universitaires, 1963-1971.

DERRIDA, Jacques, *Glas*, Paris, Denöel-Gonthier, 1981.

– «Les Fins de l'homme», *Marges - De la philosophie*, Paris, Minuit, 1972, pp. 169-238.〔ジャック・デリダ「人間の目的＝終末」高橋允昭訳『現代思想』一九七九年九月号臨時増刊「ハイデガー」〕

– «*Ousia* et *Grammè*», *Marges - De la philosophie*, pp. 31-78.

Dokumente zur Hegels Entwicklung, hrsgg. von J. Hoffmeister, Stuttgart 1936.

FESSARD, Gaston, *Hegel, le christianisme et l'histoire*, textes réunis et présentés par Michel Sales, Paris, P. U. F., 1990.

HEIDEGGER, Martin, *La* Phénoménologie de l'esprit *de Hegel*, cours du semestre d'hiver 1930-1931. Trad. Emmanuel Martineau, Paris, N. R. F. Gallimard, 1984. (*Gesammtausgabe*, Klostermann, 32).〔マルティン・ハイデガー『ヘーゲル「精神現象学」』藤田正勝・アルフレド・グッツオーニ訳、創文社、一九八七年〕

– «Hegel et son concept de l'expérience», *Chemins qui ne mènent nulle part*, trad. Wolfgang Brockmeier, N. R. F., Gallimard, Paris, 1962, pp. 147-252. (*Holzwege*, Klostermann, 1949).〔マルティン・ハイデガー「ヘーゲルの経験概念」茅野良男・ハンス・ブロッカルト訳『杣道』創文社、一九八八年〕

JANICAUD, Dominique, *Hegel et le destin de la Grèce*, Paris, Vrin, 1975.

KERN, Walter, «Eine Übersetzung Hegels zu *De Anima*, III, 4-5, mitgeteilt und erlgäutert», *Hegel-Studien*, 1, 1961, pp. 49-88.

– «Die Aristotelesdeutung Hegels. Die Aufhebung des Aristotelischen 'Nous' in Hegels 'Geist'», *Philosophisches Jahrbuch* 78, 1971, pp. 237-259.

KOJÈVE, Alexandre, *Introduction à la lecture de Hegel*, Paris, coll. «Tel», Gallimard, 1947.〔アレクサンドル・コジェーヴ『ヘーゲル読

解入門「精神現象学」を読む』上妻精・今野雅方訳、国文社、一九八七年〕
KOYRÉ, Alexandre, «Hegel à Iéna», *Études d'histoire de la pensée philosophique*, Paris, N. R. F. Gallimard, pp. 148-189.
KÜNG, Hans, *Incarnation de Dieu. Introduction à la pensée de Hegel comme prolégomènes à une christologie future*, trad. Elisabeth Galichet et Catherine Haas-Smeth, Paris, Desclées de Brouwer, 1973.
KRONER, Richard, *Von Kant bis Hegel*, Tübingen, J. C. B. Mohr, 1921-1924, 2 vol.
LABARRIÈRE, Pierre-Jean, «Histoire et liberté», *Archives de philosophie*, 33, oct-déc. 1970, pp. 701-718.
– avec Gwendoline JARCZIK: «Le Statut logique de l'altérité chez Hegel», *Philosophie*, Paris, Minuit, n°13, Hiver 1986, pp. 68-81.
LEBRUN, Gerard, *La Patience du concept, Essai sur le discours hegelien*, Paris, N. R. F. Gallimard, 1972.
LÉONARD, André, «Le Droit de l'absolu chez Bruaire», *La Question de Dieu selon Aristote et Hegel*, publié sous la direction de Thomas de Konninck et Guy Planty-Bonjour, Paris, P. U. F., 1991, pp. 401-405.
VAN DER MEULEN, Jean, «Hegels Lehre von Leib, Seele und Geist», *Hegel-Studien*, Bd. 2, 1963, pp. 251-280.
NANCY, Jean-Luc, *La Remarque spéculative*, Paris, Galilée, 1973.
PEPERSACK, Adriaan, «Selbsterkenntnis des Absoluten. Grundlinien der Hegelschen Philosophie des Geistes», *Spekulation und Erfahrung. Texte und Untersuchungen zum Deutschen Idealismus,* II, Bd. 6, Frommann-Holzboog, 1987.
PÖGGELER, Otto, «Hölderlin, Schelling und Hegel bei Heidegger», *Hegel-Studien*, 28, 1993, pp. 327-371.
SOUCHE-DAGUES, Denise, *Le Cercle hégélien*, Paris, P. U. F., 1986.
– *Hégélianisme et dualisme*, Paris, Vrin, 1990.
– *Recherches hégéliennes. Infini et dialectique*, Paris, Vrin, 1984.
STANGUENNEC, André, *Hegel, critique de Kant*, Paris, P. U. F., 1985.

Ⅲ　その他の引用文献

ALTHAUS, Paul, *Die Theologie Martin Luthers*, Gütherslo, 1963.
ARISTOTE, *De l'âme*, trad. Jean Tricot, Paris, Vrin, 1982 et trad. Émile Barbotin, Paris, ed. Budé, Belles Lettres, 1989. 〔アリストテレス「霊魂論」山本光雄訳『アリストテレス全集六』岩波書店、一九六八年〕
– *Catégories*, trad. Jean Tricot, Paris, Vrin, 1969. 〔アリストテレス「カテゴリー論」山本光雄訳『アリストテレス全集一』岩波書店、

一九七一年〕
– *Métaphysique*, trad. Jean Tricot, Paris, Vrin, 1974, 2 volumes.〔アリストテレス「形而上学」出隆訳『アリストテレス全集一二』岩波書店、一九六八年〕
– *Des parties des animaux*, trad. Pierre Louis, ed. Budé, Belles Lettres, Paris, 1956.〔アリストテレス「動物部分論」島崎三郎訳『アリストテレス全集八』岩波書店、一九六九年〕
– *Seconds analytiques*, trad. Tricot, Paris, Vrin, 1971.〔アリストテレス「分析論後書」加藤信朗訳『アリストテレス全集一』岩波書店、一九七一年〕
AUBENQUE, Pierre, *Le Problème de l'être chez Aristote*, Paris, P. U. F., 1962.
BALTHASAR, Hans Urs von, *Prometheus. Studien zur Geschichte des deutschen Idealismus*, Heidelberg, 1947.
BEAUFRET, Jean, Présentation à la traduction du *Poème* de Parménide, Paris, P. U. F., 1955.
BERGSON, Henri, *L'Évolution créatrice*, Paris, P. U. F., 1969 pour l'édition dans la collection «Quadrige».〔アンリ・ベルグソン「創造的進化」松浪信三郎・高橋允昭訳『ベルグソン全集四』白水社、一九六六年〕
BICHAT, François Xavier, *Recherches physiologiques sur la vie et la mort*, ed. Gauthier Villars, reproduction fac simile de l'édition de 1800, Paris, 1955.
BLANCHOT, Maurice, *L'Espace littéraire*, Paris, Gallimard, 1955.〔モーリス・ブランショ『文学空間』粟津則雄・出口裕弘訳、現代思潮新社、一九六二年〕
BRETON, Stanislas, *Être, monde, imaginaire*, Paris, Seuil, 1976.
CANGUILHEM, Georges, *Études d'histoire et de philosophie des sciences*, Paris, Vrin, 1970, 2nde édition.〔ジョルジュ・カンギレム『科学史・科学哲学研究』金森修監訳、法政大学出版局、一九九一年〕
CHRÉTIEN, Jean-Louis, «Le Bien donne ce qu'il n'a pas», *Archives de philosophie*, vol. XXLIII, 1980, Cahier 2, pp. 263-298.
COURTINE, Jean-François, *Heidegger et la phénoménologie*, Paris, Vrin, 1990.
CUVIER, Georges, *Recherches sur les ossements fossiles de quadrupèdes, où l'on rétablit les caractères de plusieurs espèces d'animaux que les révolutions du globe paraissent avoir détruites*, Paris, 1812.
Dictionnaire de théologie catholique, Librairie Letouzey et Ana, Paris 1925.
Die Bekenntnisschriften der evangelischer-lutherischen Kirche [BSLK], Göttingen, Vanderhoeck und Ruprecht, 1979.

DELEUZE, Gilles, *Différence et répétition*, Paris, P. U. F., 1968.〔ジル・ドゥルーズ『差異と反復』財津理訳、河出書房新社、一九九二年〕

DERRIDA, Jacques, *L'Écriture et la différence*, Paris, Seuil, 1967.〔ジャック・デリダ『エクリチュールと差異』若桑毅他訳、法政大学出版局、一九七七年〕

De la grammatologie, Paris, Minuit, 1967.〔『根源の彼方に　グラマトロジーについて』足立和浩訳、現代思潮社、一九七二—七六年〕

FEUERBACH, Ludwig, *L'Essence du christianisme*, trad. Jean-Pierre Osier, Paris, Maspéro, 1968 (*Das Wesen des Christenthums*, Frommann Verlag, Stuttgart, 1903).〔フォイエルバッハ『キリスト教の本質』船山信一訳、岩波文庫、一九六五年〕

FRÉGNAC, Yves, «Les Mille et Une Vies de la synapse de Hebb», *La Recherche*, «La Mémoire», n°267, juillet-août 1994, pp. 788-790.

GADAMER, Hans-Georg, *Vérité et méthode*, Paris, Seuil, trad. Étienne Sacre revue par Paul Ricœur, ed. abrégée, 1976 (*G.W.* 1, *Hermeneutik* I, *Wahrheit und Methode*, Tübingen, J. C. B. Mohr).〔ハンス=ゲオルク・ガダマー『真理と方法　哲学的解釈学の要綱』轡田収他訳、法政大学出版局、一九八六年〕

HEALY, Sue D., «La Mémoire et l'adaptation animale», *La Recherche*, «La Mémoire», n°267, juillet-août 1994, pp. 768-773.

HEBB, Donald Holding, *The organisation of behaviour*, J. Wileys and sons, 1949.〔ドナルド・オールディング・ヘッブ『行動の機構』白井常訳、岩波書店、一九五七年〕

HEIDEGGER, Martin, *Aristote*, Métaphysique J 1-3, *De l'essence et de la réalité de la force*, trad. Bernard Stevens et Pol Vandevelde, Paris, N. R. F. Gallimard, 1991 (*Aristoteles Metaphysik IX*, Klostermann, 1981).〔マルティン・ハイデガー『アリストテレス「形而上学」第九巻一—三——力の本質と現実性について』岩田靖夫他訳、創文社、一九九四年〕

– *Les Concepts fondamentaux de la métaphysique (Monde-finitude-solitude)*, trad. Daniel Panis, Paris, N. R. F. Gallimard, 1992 (*Die Grundbegriffe der Metaphysik. Welt-Endlichkeit-Einsamkeit*, Klostermann 1983).〔マルティン・ハイデガー『形而上学の根本諸概念　世界−有限性−孤独』川原栄峰・セヴェリン・ミュラー訳、創文社、一九九八年〕

– *Essais et conférences*, trad. André Préau, Paris, Gallimard, 1953 (*Vorträge und Aufsätze*, Pfullingen 1954).

– *Être et temps*, trad. François Vezin, Paris, N. R. F. Gallimard, 1986 (*Sein und Zeit*, *Gesammtausgabe* 2, Klostermann 1977).〔マルティン・ハイデガー『存在と時間』細谷貞雄訳、ちくま学芸文庫、一九九四年〕

– *Kant et le problème de la métaphysique*, trad. Alphonse de Wæhlens et Walter Biemel, Paris, coll. «Tel», Gallimard, 1953 (*Kant und das Problem der Metaphysik*, Klostermann 1965).〔マルティン・ハイデガー『カントと形而上学の問題』門脇卓爾、ハルトムー

ト・ブフナー訳、創文社、二〇〇三年〕
– *Introduction à la métaphysique*, trad. Gilbert Kahn, Paris, Gallimard, coll. «Tel», 1967. (*Einführung in die Metaphysik*, Max Niemeyer Verlag, 1952).〔マルティン・ハイデガー『形而上学入門』川原栄峰訳、平凡社ライブラリー、一九九四年〕
– *Questions IV*, trad. Jean Beaufret, François Fédier, Jean Lauxerois, Claude Roëls, Paris, N. R. F. Gallimard, 1976. (Max Niemeyer Verlag, 1969).
ITO, Masao, «La Plasticité des synapses», *La Recherche*, «La Mémoire», n°267, juillet-août 1994, pp. 778-785.
JÜNGEL, Eberhard, *Dieu mystère du monde*, trad. de l'allemand sous la direction de Horst von Hombourg, Paris, Cerf, 1983 (*Gott als Geheimnis der Welt*, Tübingen, 1977).
KANT, Imannuel, *Anthropologie du point de vue pragmatique*, trad. Michel Foucault, Paris, Vrin, 1979 (*Werksausgabe*, Suhrkamp Verlag, Bd.XI).〔イマヌエル・カント『人間学』坂田徳男訳、岩波文庫、一九五二年〕
– *Critique de la raison pure*, trad. A. Traymesaygues et P. Pacaud, Paris, P. U. F., 1975, 8ème édition (Bd III/IV).〔イマヌエル・カント『純粋理性批判』篠田英雄訳、岩波文庫、一九六一—六二年〕
– *Critique de la raison pratique*, trad. F. Picavet, Paris, P. U. F., 1971 (Bd VII).〔イマヌエル・カント『実践理性批判』波多野精一他訳、岩波文庫、一九七九年〕
– *Critique de la faculté de juger*, trad. Alexis Philonenko, Paris, Vrin, 1979 (Bd X).〔イマヌエル・カント『判断力批判』篠田秀雄訳、岩波文庫、一九六四年〕
LALANDE, André, *Vocabulaire technique et critique de la philosophie*, P. U. F., Paris, 1931.
LEIBNIZ, G.W., *Nouveaux essais sur l'entendement humain*, ed. Jacques Brunschwig, Paris, Garnier-Flammarion, 1966.〔ライプニッツ『人間知性新論』米山優訳、みすず書房、一九八七年〕
MARION, Jean-Luc, *Dieu sans l'être*, Paris, P. U. F.,1991 pour l'édition dans la collection «Quadrige».
– *Sur l'ontologie girse de Descartes*, Paris, Vrin, 1981.
PLATON, *Œuvres*, trad. Léon Robin, Paris, ed. de la Pléiade, 1950, 2 vol.〔『プラトン全集』田中美知太郎、藤沢令夫編、岩波書店、一九七四—七八年〕
RAVAISSON, Félix, *De l'habitude*, Paris, «Corpus des œuvres de philosophie en langue française», Fayard, 1984.〔フェリックス・ラヴェッソン『習慣論』野田又夫訳、岩波文庫、一九三八年〕

RICŒUR, Paul, *Lectures 3. Aux frontières de la philosophie*, Paris, Seuil, 1994.

ROUSTANG, François, *Influence*, Paris, Minuit, 1990.

STROHL, Henri, *Luther jusqu'en 1520*, Paris, P. U. F., 1962.

TILLIETTE, Xavier, «L'Exinanition du Christ: théologies de la kénose», *Le Christ visage de Dieu*, «Les Quatre Fleuves», *Cahiers de recherche et de réflexion religieuses*, n°4, Paris, Seuil, 1975, pp. 48-59.

VARELA, Francisco, *Autonomie et connaissance. Essai sur le vivant*, Paris, Seuil, 1989.

訳者あとがき　カトリーヌ・マラブーが塑造する可塑性の未来のために

自由など欲しくありません。出口さえあればいいのです。右であれ左であれ、どこに向けてであれですね、ただこれひとつを願いました。それが錯覚であろうともかまわない、要求がささやかならば錯覚もまたささやかなものであるはずです。木箱の壁に押しつけられて、ひたすら膝をかかえているなど、まっぴら！　どこかへ、どこかへ出て行く！

——カフカ「ある学会報告」

カトリーヌ・マラブーは、指導教授ジャック・デリダの脱構築とエクリチュールの思想を批判的に継承しながら、ヘーゲルやハイデガーの独創的な読解を続けている、現在のフランスで最も注目されている哲学者である。マラブーの主たる研究対象は、現代フランス哲学（とりわけデリダの脱構築）とドイツ哲学（とりわけヘーゲルの弁証法とハイデガーの存在論）の関係の生産的な問い直しである。本書はデリダの指導の下に書き上げられた彼女の国家博士論文だが、この著作において既に、ヘーゲル哲学に関する学術論文という枠には収まりきらない彼女の大胆な展望が透けてみえる。マラブーは、ヘーゲルの時間論を批判的に読解するハイデガー、ハイデガー哲学を批判的に継承するデリダといった複数の対話を潜在的に共鳴させることで、彼女自身の哲学の核心をなす「可塑性」の運動、すなわち、自ら形を与える－受け取るという時間的な塑造過程を見定めようとしているのである。

本書においてマラブーが引き受ける問いは、端的に言って、「ヘーゲル哲学には未来は存在しないのか」というものである。これは第一に、一九三〇年代以降のフランスのヘーゲル受容に決定的な影響を及ぼしたアレクサンドル・コジェーヴに対する批判的応接である。無神論的人間主義者コジェーヴは、ヘーゲルの精神の自己展開を目的論的に解釈し、最終的にあらゆる否定性が止揚された「歴史の終わり」を想定した。つまり、「絶対知」へと到達した時点で、ヘーゲル哲学は否定性をもはや喪失し、時間性そのものを無化するのだ。この歴史の飽和点においては、いかなる未聞の出来事も到来せず、真新しい未来が出来する可能性そのものが消滅するのである。

また第二に、「ヘーゲルの未来」という問題設定は、ハイデガーが『存在と時間』の末尾で提起した根本的なヘーゲル批判への応答でもある。この存在論哲学の創始者によれば、ヘーゲルが想定する時間は、点的な〈今〉を基点としたアリストテレス流の「通俗的時間」に過ぎない。なるほど、ヘーゲルは「否定の否定」という視座から、精神と時間の近親性を示した点では妥当なのかもしれない。しかし彼は「平板化された世界時間」のなかの精神の運動を吟味するばかりで、この「通俗的時間」を可能とする「根源的時間性」を解明しない。ヘーゲルの哲学において時間性そのものが未来から到来する(「脱自的＝地平的時間性は、第一義的には、未来から時間化する」第八一節)ことはなく、真の未来は欠如したままなのである。

ヘーゲル哲学による未来の無化、あるいは、ヘーゲル哲学という未来が不在の思考——こうした論難に答えるために、マラブーはあくまでもヘーゲルと同じ目線に立って彼の哲学を肯定しようと試みる。マラブーは、ヘーゲル哲学における新たな時間性の到来を論証するために、「**voir venir**(予見＝不測)」という両義的な表現に着目し、「**plasticité**(可塑性)」という概念を活用する。

まず、「**voir venir**」はフランス語独特の表現である〔二九四頁訳注一を参照〕。それは一方で、「出来事の到来を予見すること」を意味する。何かが到来するところの未来の〈今〉の連続からなる線状的時間軸にしたがって、現在の〈今〉から計算され予期される。しかし他方で、「voir venir」は「事態の推移を見計らいながら慎重に待機していること」をも意味する。それは、正確にはいつ起こるのかわからない出来事を待つこと、さらに言えば、何かが到来するがままにまかせて、これに不意を突かれることである。待機する主体は出来事の不可測の到来に驚くがままになるのである。

「予見＝不測」はかくして、〈今〉の流れからなる客観的時間とこの時間軸そのものに到来する別の時間性を同時に指し示すのだが、これらは、ハイデガーの「通俗的時間」における未来と「根源的な将来」に相当するものだろう。マラブーの目的は、「時間をめぐるヘーゲルとハイデガーの思想の対立を提起すること」〔本書二六頁〕ではない。彼女は、他ならぬヘーゲル自身がハイデガーの存在論そして時間論をたどり直すように戦略を仕掛けるのだ。マラブーは、「予見＝不測」という切り口によって、ハイデガーの二重の時間性という視点を導入し、ヘーゲル哲学の主体性を存在論的に解明するのである。

また、マラブーは本書を通じて「可塑性」という概念を練り上げている（これは最近の著作に至るまで彼女の哲学の中心概念であり続けている）。plasticité（可塑性）はギリシア語plassein（造形する）に由来する語で、主に造形芸術の領域、とりわけ彫刻芸術の文脈で使用される用語である。粘土や蠟が可塑的であると言われるように、可塑性とは「形を贈与すること、形を受け取ること」である。ただし、造形された粘土素材が最初の状態へと戻ることが難しいように、可塑的な作業において、素材は不可逆的、累積的に形を整えられていく。この点で、「可塑性」はélastique（弾性がある）、visqueux（粘性がある）、あるいはpolymorphe（多形性がある）といった、外部の形成作用を受動的に被り続けるだけの性質とは決定的に異なる。可塑性は一度保存された形態が新たな変形に抵抗するかぎりにおいての変形作用なのである。つまり、可塑的な過程において、付与された数々の形は偶然的なものではなく本質的なものとして素材のなかに残存するのである〔三一一—三一二頁を参照〕。

「可塑性」という語は十八世紀末、ゲーテの時代にフランス語とドイツ語のなかに登場した。ロマン派の文学者たちがこの語をたびたび使用していたが、可塑性に概念的な価値を最初に付与したのは他ならぬヘーゲルであるとマラブーは考える。なぜなら、ヘーゲルが初めて可塑性を本質的なものとの関係において理解したからである。本書が示すとおり、ヘーゲルの弁証法は、直接的なものを否定し変形することで自己展開する主体の可塑的な過程だと言える。マラブーはヘーゲルのテクストにおいてさほど目立たなかった「可塑性」概念を積極的に活用することで、こうした主体の運動を形態論的観点から読み取ろうとするのである。

マラブーは『大論理学』一八三一年版の序文の仏訳者であるが、そのなかに「可塑的な論述」という表現が出てくる。本書の序論と第三部で二度引用される〔三四頁、二六八頁〕この件には、「可塑的な論述には受容と理解のやはり可塑的な意味が不可欠であること」と記されている。本書のヘーゲル解釈は、まさにこの可塑的な論述－読解という相互的な形成作用をひとつの到達点にしていることに留意されたい。

さて、可塑性概念の発見について、マラブーの日本旅行に関するエピソードにも触れておきたい。自伝的テクスト「存在の壁に閉じ込められて」〔《Murée de l'être》, *La vocation philosophique*, Bayard, 2004〕において、彼女は青年期に苦しんだ閉所恐怖症が自分の哲学的情動をなしていることを告白している。閉所恐怖症とは閉ざされた空間のなかで四方の壁から極度の圧迫感を感じる症状である。また、それは同時に、壁が逆に流動的なものとして感じられ、壁が外部へと無限に開かれていくという広場恐怖症も併発する。マラブーは圧迫する壁がもたらす幽閉状態と変動する壁による不気味な解放感にしばしば心理的、身体的に悩まされていた。

高校の哲学の授業でプラトンの「洞窟の比喩」を初めて耳にした時、マラブーはこの哲学的比喩を自身の閉所恐怖症と直観的に結びつけた。哲学を習得することは閉域から脱出する術を学ぶことなのか。真理が隠されている外部へと通じる出口を見い出すことなのか。ならば、外部へと自分自身で脱出するという実存的な決断が必要なのか、それとも、倒れそうにない四方の壁の配置が自発的に変化して明るい外光が射してくるまで待てばよいのか──その当時、「いかにして壁の外に出るか」という問いは、暗黙裡に彼女自身の実存的かつ哲学的なモティーフになっていた。

若い頃、マラブーのお気に入りの映画作品はマルグリット・デュラス原作の『ヒロシマ　わが愛』(アラン・レネ監督、日本公開時のタイトル『二十四時間の情事』)だった。その主人公、ナチス協力者のフランス人女性は第二次世界大戦後、街の人々によって地下室に閉じ込められてしまう。マラブーは、暗い閉所でいかんともしようのない状態に苛まれるヒロインに自己投影していたのかもしれない。大学生時代、マラブーは日本を一ヶ月ほど旅行し、この主人公さながら、実際に広島の平和記念館を訪れた。広島滞在の後、彼女は日光を訪れ、ある禅寺に立ち寄った。そこで、マラブーは庭園の片隅に設えられた暗い地下室のような一室に足を踏み入れる。案内人に手渡された明かりで壁を照らすと、驚いたことに、その部屋の四方は壁ではなく、錯綜した状態で立ち並ぶ夥しい数の仏教彫刻だった。その瞬間、マラブーは四方の壁がそれ自身で自らを否定するような運動を全身で感じ取ったと言う。堅牢な壁に囲繞された状態からの出口を欲する必要はない、閉鎖空間のなかに捕らわれる律動に身を委ねることによって閉塞感を克服することができる、と彼女はそのとき確信した。そもそも出口の問い、外部への脱出の問いを立てることこそが哲学的な閉塞状態をもたらす要因だったのであり、「出口なし」を起点としながらひとつの全体が自己変形し続けるような力域を思考すればよい──そんな確信を抱いて、彼女はヘーゲルの〈体系〉の壁を「可塑性」という明かりで照らし、その自己変貌過程の解明に本格的に着手するのである。

***

さて、読者のなかには、ヘーゲルの〈体系〉など全体主義的な悪しき閉鎖空間であると一蹴する、〈体系〉的思考への閉所恐怖症を患った方も少なくはないだろう。そうであればなおさら、マラブーの手引きにしたがって、『ヘーゲルの未来』の豊かな道程を、いささか足早にではあるが、たどり直してみることも悪くはないはずだ。

本書でマラブーは、ヘーゲルのきわめて限定されたテクストを集中的に読解する。それは『エンチュクロペディー』の第三部『精神哲学』の「人間学」、「啓示された宗教」、「哲学」のセクションである。それぞれのセクションは「人間」、「神」、「哲学者」という形象に即して丹念に読解されていく。というのも、この「人間—神—哲学者」の三幅対は精神の諸段階を画する固定した審級ではなく、数々の時間が交錯することで、実体‐主体の自己形成作用をもっとも加速させる力動的な形象だからである。本書は三部構成になっているが、それは一方で、古代ギリシア—近代—絶対知という時系列的《クロノロジー》区別化、他方で、偶有性の本質的生成—本質の偶有的生成—絶対知による両者の存在論的優先性の放棄、という論理的区別化に対応するものである。

第一部「ヘーゲルの人間、第二の自然の加工方法」では、人間の可塑的個体性が、実体‐主体のギリシア的契機に即して検討され、習慣をめぐる生物一般と人間のあいだの共通性と差異が考慮されながら、人間の固有性である「偶有性の本質的生成」が解明される。

マラブーはまず、魂の個体的主体性への個別化、つまり、習慣の取得を通じた人間の形成に着目する。「自己感情の機構《メカニズム》」である習慣によって、魂は肉体との単純な観念的統一を確立し、白痴や精神錯乱の危機から解放され、未来の時間を予見する可能性を獲得する。魂と肉体の相互浸透関係の端緒を開く習慣は、この場合、「ある種の所有様態としての存在様態」というギリシア語原義に近いとされる。魂は肉体を経て生じる諸感情を自己に即して所有することで安定した存在となるのである。

こうした習慣＝所有態《ヘクシス》をさらに分析するために、論述は、ヘーゲルが魅了されたアリストテレスの『霊魂論』へと舞台を移す。焦点が当てられるのは、人間の出現を可能にする位相、「受動的ヌース」である。なぜなら、「受動的ヌース」においてこそ、加工されること－加工すること、作用を受けること《パスケイン》－何かを生み出すこと《エネルゲイン》という二重の作用の根源的統一がなされるからである。習慣はこうした可塑的運動における、消滅をともなわない性質変化《アロイオーシス》として特徴づけられ、受動的ヌースが感覚から思惟作用へと至る過程がヘーゲルの注釈に沿って通観される。ヘーゲルはヌースの可能態から現実態への実体的な移行を、ヌースが時間的な自己区別化をおこなう主体的な活動として解釈し、アリストテレス注釈者から非難される。だが、マラブーからすれば、このヘーゲルの誤読はアリストテレス哲学が孕んだ非アリストテレス的な概念規定を用いて、この哲学を思弁的観念論へと翻訳することに他ならない。実際、習慣の取得によって、ヌースには、未来を留保した存在様態（「時間の第二の自然」）を確保し、将来を見通すための時間性が開かれるのである。

こうなると、習慣という「第二の自然」を獲得する人間は特権的な範例であるようにみえる。だが、マラブーはさらに、ラヴェッソンやビシャ、ベルクソンを参照しながら、有機的な生物一般と「人間の固有性」の境界をさらに審問する。有機的な生物は非有機的な素材を自分のなかで収縮させ、また、外界の刺激を特定の身体表面で感受することで感覚的な性向を形成する。外部から吸収され保存されるエネルギーは、今度は反転して、内部から外部へと表出され、こうして、生物は受動性から能動性へと反復的で連続した変化を繰り返す。つまり、あらゆる生物はある種の習慣を身につけ、「予見＝不測」という基本的な時間性の形をもつのである。

ならば、あらためて人間の固有性とは何か。「精神の完全な表現」である言語を使用する能力だろうか。しかし、ヘーゲルによれば、言語表現とは内的なものの外的なものへの直接的な表出ではなく、むしろ、内部-外部の対立を欠いた、指示対象《レフェラン》のない自己参照性のことである。つまり、人間は、いかなる指示対象によっても根拠づけられない、魂と肉体の可塑的な自己解釈をおこなうという点で生物一般とは異なるのだ。ただし、こうした「可塑的個体性」は実体的な人間の手前にあって、その主体の自己区別化のプロセスを可能にする位相にとどまる。習慣の作用によって、数々の偶有性はこの個体性の内に総合されて、あくまでもア・ポステリオリに本質へと生成する。「人間」という普遍的な「類を十全に表現」し終えることなく、「偶有性の本質的生成」を習慣的に繰り返すことが、逆説的にも、人間の固有性なのである。

第二部「ヘーゲルの神、二重の本性の転回」では、神の可塑性が実体-主体の近代的契機に即して検討され、神と人間の時間的な転回点をなす無化《ケノーシス》の契機が考慮されながら、神の疎外化と近代的主体性の出現をしるしづける「本質の偶有的生成」が解明される。

ヘーゲルによれば、主体性の近代的概念は歴史的にみて、キリスト教の三位一体教義のなかで準備され、デカルトからカントに至る近代哲学のなかで確立される。ギリシア的な実体から近代的な主体へと、主体は習慣を放棄することで自律した自由を手に入れるのだ。また、その宗教的契機について言えば、主体性概念は「啓示された宗教」、すなわち、神自身による絶対的な自己啓示を経る。なかでもヘーゲルが着目するのは、三位一体の推論における実体から主体への生成である。

キリスト教は自己啓示を遂行する真の宗教である。ヘーゲルにとって、啓示は〈父〉―〈子〉―〈精霊〉がおこなう普遍―特殊―個別の三つの推論、つまり、キリストの受肉―死―復活、キリストに対する信者たちの信仰実践、祭祀共同体の形成として解釈される。しかし、神学者たちからすれば、ヘーゲルの自己啓示の推論的解釈は神を論理的必然の運動へと束縛するという冒瀆を犯している。三位一体が弁証法的論理に沿って作用するならば、神自身は思惟の運動に従属してしまうのだ。

　ヘーゲルは、なかでも、キリストにおける神の本質と人間の本質の統一の神秘である無化《ケノーシス》を弁証法的に解釈する。彼は無化を同じひとつの出来事の区別化の過程、つまり、神の他者への生成とみなすことで、神の内に否定性を導入する。だがそうなると、〈父〉は限りない豊饒さや恩寵を剝奪されることで根源的な欠乏に曝される。自らを否定し区別しながら弁証法的なプロセスに服従する〈父〉の姿など、神学者たちからすれば目も当てられない光景だろう。神の無化を弁証法的に解釈することで、ヘーゲルは論理的必然が支配する現在時の優位を確保し、「通俗的時間」の成就に手を染めているのだろうか。神が絶対的に現前《プレゼント》し続けるならば、それはもはやいかなる賜物《プレゼント》ももたらさない。神が現在時において突然、到来することはもはやない。かくして、ヘーゲルの神には未来が不在である、と断罪されるのである。

　しかし、神学者がヘーゲルを非難するのは、彼らが神の疎外化という一面しか見ないからだ、とマラブーは言葉を返す。このプロテスタントの哲学者にとって、神の主体性は近代的な主体性の出現と関連することで初めて意味をもつ。とりわけ、ルター派神学者の文句とされる「神自身が死んだ」という宣言はヘーゲルにとって、絶対的な理念の契機であると同時に、人間の主体性、すなわち近代哲学の絶対的な視点を形作る。〈神の死〉は神学的かつ哲学的な二重の分節化を神と人間の主体性にもたらす歴史‐哲学的転回点なのである。

　驚くべきことに、ヘーゲルは〈神の死〉を単に実体的な「死の死」としてではなく、神が主体的に自己否定をおこなう「否定の否定」とみなす。そして、無化《ケノーシス》という神の自己否定は近代的主体の自己否定と相互に関連する。一方で、無限なる神は自分を疎外化することで自らを有限に曝す。他方で、啓蒙理性は〈神の死〉以後、有限な主体性の自律と自由を信頼するあまり、これを無限にまで高めてしまい、やはり自らを疎外化する。〈神の死〉の意義が宗教的領域から哲学的領域に移し置かれるとき、神の疎外化と近代的主体性の疎外化が同時に生じるのである。

　疎外化の過程において、神は神から離れており、近代的主体性の意識は意識から離れている。ところで、「表象」は、例えば有限者が無限者を形象化するように、概してある対象のイメージ化とみなされる。しかし、ヘーゲルにとって表象（＝前に置くこと）は「互いに分離された諸領域」の思弁的内容に形式を与える行為である。表象とは、「自分を自分の前に置く」という分離状態に形式を付与するという神や近代的主体性の思弁的能力、いわば、精神的なものの感覚的発現である。それは必ずしも形象をともなわない純粋な図式の作用であり、この点をめぐってヘーゲルがカントの超越論的構想力を誤読したのには理由があるのだ。

〈父〉が自らを〈子〉のうちに疎外化するという〈受肉〉は新たな時間の転回点である。主体はその他者を介し、自己の外部化を通じて自己と関係を結ぶ。それゆえ、習慣が範例的個体性を塑像するという古代ギリシアの「偶有性の本質的生成」に対して、近代における無化《ケノーシス》のプロセスは「本質の偶有的生成」といえるだろう。この自己疎外化によって、自己が自己の前に時間をおくという表象的な現象が新たに生じる。神は自分の前に時間軸（「生命過程」）を設定する。また、この時間軸はその終極（有限性）を予想させる。そして、諸瞬間が出現と消滅を繰り返す弁証法的な線状的連関（現象）が導き出される。マラブーの所見によれば、神の無化はこうして、近代的主体性に時間形式を与え、その見返りとして、自らの疎外化を受け取るという可塑的なプロセスとして作用する。この転回点においてキリスト教と哲学は思弁的に連関し、その二重の本性が互いに可塑的に時間性を与える－受け取るのである。

　かくして宗教から哲学への移行が開始されるわけだが、やがて、絶対知はあらゆる出来事の終わりを告げるのだろうか。確かに、絶対知の到来とともに時間は亡ぼされるとヘーゲルは告知する。だが、そのとき消滅するのは時間それ自体ではなく、ある特定の時間、つまり、疎外化のプロセスが開いた線状的時間である。それゆえ、ヘーゲルは「通俗的時間」を完成させることで時間そのものを廃棄したとするのはハイデガーの僻目である。習慣というギリシア的契機にしろ、疎外化という近代的契機にしろ、それらは主体性が未来の出来事を予見するための時間軸を贈与した。絶対知においては、今度はこの種の予期の構造に暇が出され、これら二つの時代と時間が新たに結び合わされるのである。

第三部「ヘーゲルの哲学者、落下の二つの方法」では、古代ギリシアと近代という二つの時代と時間が総合され、実体‐主体における「偶有性の本質的生成」と「本質の偶有的生成」の落下運動によって、絶対知の新たな時間性が可塑的に生み出されるという弁証法の〈根源〉が描出される。

芸術と啓示宗教を経て、哲学の段階に至って、歴史の労働を終えた精神は背後を振り返り、自分がたどってきた長途に回顧的な眼差しを向ける。哲学の務めは「思惟の諸形式」を統合し、これらを「絶対的な形式」に高めることである。だが、直観や表象といった諸形式を既に通過した哲学の事象には困難がつきまとう。なぜなら、哲学はすべてを概念化し、自分の前にもはや対象をもたないようにみえるからである。しかし、それでもなお、概念は感性的に発現し、哲学は「形と適合した定在」を贈与し続けるだろう。

自分の外部に対象をもたない哲学は、それ自身の内で論理—自然—精神の三幅対を三つの推論にそって叙述する。まず、論理と精神は自然に媒介されることで感性的な定在を獲得し、学の実習期間に入る。また、自然と論理を統合する精神は「私は考える」という根本的な認識作用、すなわち学の端緒をなす。最後に、論理が他の二項を媒介することで概念の自己回帰がなされ、「自己を知る理性」が姿を現わす。

この最後の段階において、弁証法的止揚の発展は絶対知に至ってどのような幕切れを迎えるのか、という問いが当然ながら生じるだろう。思弁哲学の漸進的発展は絶対知の「力の一撃」で突然中断されるのか、それとも、悪無限にも似た循環運動を繰り返すのかという二者択一の問いは、ヘーゲルの存命中から提起されてきた。だが、絶対知において、止揚そのものが自分自身を止揚する、つまり止揚が自らを廃棄－保存し始めると考えることはできないのだろうか。

古代ギリシアにおける可塑的個体性の習慣と近代におけるカントの超越論的構想力は既に止揚の構造にしたがっている。前者は、作用を受ける《パスケイン》ことと何かを生み出す《エネルゲイン》ことの根源的統一であり、後者は現前と無を根源的に総合する統覚である。これら二つの作用、すなわち、過ぎ去ったものを潜在化する「収縮」と想像的なものを表象する「疎外化」を通じて、止揚の廃棄－保存を解釈するとどうなるのか、マラブーはじっと見澄ます。

こうした廃棄－保存のさらなる二重化とは、実はヘーゲルが言うところの、精神の「単純化」である。思弁的内容の発展は概念の内で自らを短縮し、その意味作用を先鋭化させることで精神の道程を短縮させる。哲学が「梗概」という理想的な形式で論述されると精神の律動は加速され、最後に、その形式は形式自身を根源的に単純化するに至る。こうした単純化の過程は、実は、習慣的《ヘクシス》かつ無化《ケノーシス》的である。単純化は一方で、精神を感覚的定在と親和させる（魂と肉体の可塑的統一）ことで、自然を論理的規定へと還元し、「第二の自然」を生み出す。それは他方で、具体的な定在の形式への生成を推進することで、精神の肉体性を供犠にかけ、その生気を奪い去る。止揚の廃棄－保存の二重性は、習慣－無化の二重のエコノミーと連動するのである。だがそうすると、やはり絶対知において、「偶有性の本質的生成」（習慣）と「本質の偶有的生成」（無化）の弁証法的止揚がなされ、偶然の不意の到来を無効にする「歴史の終わり」が告げられるのではないだろうか。

いや、絶対知の出来に合わせて「歴史の終わり」を宣告する者は、そこで止揚されるのが「通俗的時間」にすぎないということを見落としている。弁証法的止揚は最終的に、あらゆる対象を固定し自己固有化して、時間そのものを亡ぼすわけではない。それはむしろ、止揚の止揚をおこなうことで「通俗的時間」だけを振り払い、絶対的な止揚、つまり、自分自身から放免される止揚として、自己変貌のプロセスとして新たに作動し始めるのだ。これ以後、〈体系〉の〈自己〉は、自分の知に回顧的な眼差しを向ける「私は考える」を超過する。〈自己〉は、哲学の根源的な統合力をなすはずの「私」を絶対的に放棄する。「思惟する私」に暇を出し、特定の時間に別離を告げることで、〈自己〉は誰のものでもない営みのなかで、出来事の到来が予見されつつもこれに驚かされるような時間性を新たに切り開くのである。

ただし、止揚の止揚という自己放棄は何かの「力の一撃」によってではなく、「私」を欠いた〈自己〉の自発的な自動運動によって開始される。ギリシア的契機においては偶有性が落下して本質へと生成し（習慣）、また、近代的契機においては本質が落下して偶有性へと生成する（無化）のだが、この二つの落下運動によって自動運動は継続される。それはいかなる根源的主体をもたず、そして、到達すべき終焉（＝歴史の終わり）を目指すこともなく、本質的なものと偶有的なもの、必然と偶然の交錯によって作動し続ける。〈体系〉の〈自己〉はその本性として、絶対的な本質あるいは純粋な偶然の存在論的優先性をともに放棄し（＝落下させ）続けるのであり、これこそが、新たな出来事を産出し続ける弁証法の可塑的な〈根源〉、すなわち、絶対知の知なのである。

――かくして、到来すべき未来という時間性をめぐって、ヘーゲルは、フランス・ヘーゲル研究史のなかでコジェーヴ以来の卓越した対話者を見い出したのである。この老観念論哲学者は、はたして、彼女との悦ばしき邂逅を予見していただろうか。

＊＊＊

こうしてマラブーの肯定的なヘーゲル解釈を目の当たりにすると、それが現代フランスにおける反ヘーゲル主義およびポスト・ヘーゲル主義とは明確に一線を画していることがわかる。例えば、バタイユは、絶対知の運動が成就するまさにその地点で「非－知」に反転するというヘーゲルの絶対的なパロディに固執した。また、レヴィナスは、へーゲルの哲学体系を自己同一性に立脚する〈全体性〉の哲学とし、普遍化されたこの〈自己〉に収斂しない〈他者〉の倫理的外在性を主張した。そして、ドゥルーズは、他者との差異が自己からの区別とされ、自己同一性へと弁証法的に還元されるヘーゲルの概念運動に対して、肯定されるべき内在性の生成変化、すなわち「概念なき差異」を探究した。ヘーゲルに対するこの戦友名簿にはブランショやリオタールの名を、さらには「新哲学者」の面々をつけ加えることもできるだろう。ともかく、フーコーがコレージュ・ド・フランスの就任講演〔一九七〇年〕でイポリットの功績を讃えながらも、「私たちの時代は、論理学によるにせよ認識論によるにせよ、マルクスによるにせよニーチェによるにせよ、あげてヘーゲルから離脱しようと試みている」と明言し、反／脱／ポスト・ヘーゲル（主義）という「ポスト・モダンの条件」が整えられたのはさほど昔のことでないのである。

こうした先達たちのヘーゲル解釈とは異なり、マラブーはあくまでもヘーゲルの主体性の位相にとどまりながらその可塑的な運動を注視する。というのも、彼女の眼には、現代フランスの哲学者たちが出来事の可塑的な解釈を看過しているように映るからだ。ヘーゲル的な主体を批判するないしは回避するために、彼らは主体以前あるいは以後の審級を重要視する。その場合、形成作用によって具体化されない、輪郭ある形態を欠いた位相が議論の俎上に載せられる。そうなると、未来の到来がもたらす驚きや出来事は形態をもつことも、主体的な自己形成の運動を伴なうこともなくなってしまう、と彼女は不平を鳴らす。

例えば、レヴィナスの重要概念である「顔」は形態化を逃れる〈他者〉の顕現様態である。形態を付与され固定されると、〈他者〉の外在性は、レヴィナスが批判する西洋形而上学の原理である〈同じもの〉に適合してしまう。だから、「〈他者〉の顔は私に委ねられる可塑的な形象をいかなる時も破壊し逸脱する」〔『全体性と無限』第一部B3〕のであり、あらゆる形態の彼方にある〈他者〉の純粋な痕跡として顕現するのである。また、デリダが解釈するプラトンの「コーラ」も非可塑的な場である。「コーラ」はそこから形態が産出される母なる場でありながら、自らは形態を付与されることがない。「コーラ」はつねに真新しい創造の場でありながらも、数々の事象が現象するための支持体をなすことはない。「解釈学的な型がコーラを形に嵌め込み、これに形を付与するのは、接近できない、受動的ではない、「形態をもたない」、つねに純潔なるコーラがこれらの型を受け入れ、生じさせるようにみえる場合のみである」〔『コーラ』第一章〕。そして、ドゥルーズによれば、一方で、形態や主体を組織し発展させる超越的統一性の地層がある。また他方で、形態化の度合いが低い分子や微粒子のあいだで、主体化されざる力能や情動が組み合わせられる地層があり、両者は互いに関係する。ただ、多種多様な分子の流れは形態をもたない前 - 主体的な場の方で「生成変化」がなされるとされる〔『ミル・プラトー』第一〇章〕。

マラブーはこうした前 - 主体、非 - 主体的な形態なき潜勢的な場を評価しつつも、敢えて主体の変形作用を積極的に思考する道を選択する。「ポスト・モダン」思想の潮流のなかでヘーゲル的な主体性を再評価することなど、時代遅れの反動的な身振りだろうか。主体性の手前あるいは主体性以後の地平へと哲学の最前線は既に移動しているのだから、主体性を再考するという戦略はあからさまな戦線後退、さらには戦線離脱ではないだろうか。いずれにせよ、その返答を見い出す自由は読者に委ねられている。すなわち、マラブーの「可塑的な論述」に「受容と理解のやはり可塑的な意味」を付与する私たちの読解行為に。

＊＊＊

マラブーは現在のフランス哲学界においてもっとも理解力あるデリダ思想の継承者であり、実際、本書には彼の哲学的着想が散りばめられている。アリストテレス、ベルクソン、ヘーゲルを扱ったデリダの時間論「ウーシアとグランメー」〔『哲学の余白』所収〕を補助線としながら、序論ではヘーゲルの『自然哲学』の時間論がカントのそれと比較される。第一部では、自然と精神の蝶番をなす習慣の分析を通じて、動物と神との限界をなす「人間の固有性」が議論されているが、これは、ハイデガーにおける「固有性」の問いを扱ったデリダの「人間の目的＝終末」〔前掲書所収〕での考察を踏まえたものであろう。そして、本書では控え目にしか引用されない『グラマトロジーについて』や『弔鐘』だが、それらはとりわけ、構造主義的記号論、〈根源〉の脱構築的読解、キリスト教の神学構造といった問題系をめぐる理論的基盤を提供している。

ところで、デリダは本書が刊行された後、力のこもった長大な書評「複数の別離の時間――マラブー（が読解する）ヘーゲル（が読解する）ハイデガー」を執筆している〔*Revue Philosophique*, No 1, janvier-mars 1998, P. U. F.〕。そもそもデリダが純粋な「書評」というスタイルで文章を書くのは異例であるし、このテクストは、かつての指導教官デリダの元学生に対する教育的な配慮が読み取れるという点でも興味深い。また、本書の論評を通じて、デリダのヘーゲルとハイデガーに対する哲学的立場が浮き彫りになるという点でも味読に値する書評である。

デリダは最大限の賛辞と最大限の批判を込めて批評を進めていく。彼はマラブーによる哲学言語「予見＝不測」の発明と「可塑性」概念の練成、そして、互いに不可分なこれらの概念装置が可能にした、時間性をめぐるヘーゲルとハイデガーの生産的対話を心から称賛する。彼らの魅力的な鼎談を論評するデリダだが、いつしか、今度は自分が舞台の上に駆け上がって討議に参加し、「書評」という舞台設定が破綻するほど刺激的な論点を次のように矢継ぎ早に切り出して、彼らの思想の交錯のなかで哲学の未来そのものを問うという役回りを見事に力演してみせる。

――本書が問うているヘーゲルの「存在の図式化」〔四五頁〕は、ヘーゲルがほとんど論じない体系の感覚的身体の場を浮かび上がらせているのではないか？　ハイデガーが「通俗的時間」と呼称するときの「vulgär（通俗的）」は「courant（一般的な、流れている）」と仏訳されるが、この翻訳は時間を〈今〉の「流れ（cours）」とみなす解釈と偶然にも呼応しているのではないか〔二二一―二四頁〕？　来たるべき出来事を先取りするにしろ、出来事の到来に不意を衝かれるにしろ、「予見＝不測」とは盲目状態で見ること、「見ることなく見ること」ではないか？　本書ではとくに生物一般の可塑性が問われているが、可塑性は死や喪といったものに即しても語られるべきではないか？　フランスのヘーゲル受容を記述する際〔二八―三〇頁〕、コイレとコジェーヴの分析が手薄だし、また、イポリットの功績に触れないのはなぜか？　ヘーゲルの〈体系〉から偶然が排除されているという解釈に対して「この類の解釈は間違っている」〔二四二頁〕と即答するのは有無を言わせぬ否認であって、むしろ自分の反論を繊細に展開させる必要があるのではないか？　「予見＝不測」がヘーゲル的な主体性の時間構造をなすとすれば、この「予見＝不測」それ自体に根本的な中断をもたらす「まったき他者」はどのように到来するのか？　それは、ヘーゲルが好まなかった「おそらく」の思考と関係するのではないか？　等々――。

これらの指摘のなかには、確かに、博士論文の指導教官の元ゼミ生に対する勧奨誘掖といったものも含まれるだろう。しかし、そのなかでも、可塑性における死の契機や喪の作業をめぐるデリダの批判はきわめて根本的なものである。一見したところ、マラブーの「可塑性」概念はつねに生物の可塑的な自己形成運動という文脈で使用されているようにみえる。死と可塑性の関係については、「習慣は人間を殺す」という命題とともに、通りすがりにわずかに言及されるだけだ〔二二六頁以下〕。しかしそもそも、「その到来を予見しつつもこれに驚く」というもっとも範例的な出来事は死の到来であるだろう。「予見＝不測」それ自体に対して死という出来事、つまり、「予見＝不測」の不可能性は到来しないのか。ヘーゲルの主体性が「予見＝不測」に即して可塑的な自己運動を続けるとして、そこには非可塑的、非弁証法的なものは本当に残らないのか、とデリダは執拗に問うている。

本書の結尾において、弁証法的止揚は必然と偶然の対立そのものを放棄する。精神からすれば、偶有的なものが本質化するのか、本質的なものが偶有化するのか、どちらがより根源的な作用なのかがもはや問題とはならなくなる。それゆえ、あたかも自らに暇を与え自分でこれを受け取るかのように、精神はこの根源の問いから自発的に離別する。精神が自らに別離を告げるこの運動に、むしろ喪の可塑性というべきものをみてとることはできないだろうか、とデリダは問う。

そもそも、別離といっても複数の別離がある。一方で、将来の再会が既に計算された「さようなら（au-revoir）」という別離がある。この場合、精神は自分が別れを告げるものをさらに止揚し、内面化し、離別する当のものに対する喪の作業を遂行する。しかし他方で、再会が確約されていない、永訣の挨拶《サリュ》にも似た「さらば（adieu）」という別離がある。それは精神の可塑的な運動の中断を引き起こす別離、救済《サリュ》のない挨拶としての「さらば」である。つまり、「まったき他者」への呼びかけにも似た「さらば」という別離が告げられるのである。喪の作業の失敗や中断によって、可塑性にさらに何かが残存し、何かが放棄されるのではないだろうか。

もっと厄介で深刻なことがある。それは、別れの言葉を告げる瞬間、これら二つの別離を区別することが困難であり、複数の別離は互いに憑依し合っているということだ。ヘーゲルの弁証法のなかで非弁証法的に響き合っているのは、実は、これら二つの別離の言葉、根源的な二つの喪の経験ではないだろうか。本書で言及されている「神の死」に即して言えば、この神の疎外化とは、神が神自身に対して別離を告げ、再会の確約を予見しえぬまま喪の作業を開始するという出来事なのかもしれない。それゆえ、神は「自らの「到来を予見しつつこれに驚く」ものとしての神の未来」〔二八〇頁〕を賭けに投じたまま立ち去ってしまったのではないだろうか、「さらば《アデュー》、神よ《アデュ》（adieu à Dieu）」と言い残したまま――。

このように書評ではデリダとマラブーの対立が明らかになるが、だがそれは、マラブーの理論的な誤謬を証明したものというよりも、むしろ、ヘーゲルを読解する上での両者の立場と戦略の違いを示すものだろう。例えば、デリダは『弔鐘』において、ヘーゲルの絶対知から残余するもの、落下するものに対する喪の作業という視座をとった。これとは対照的に、マラブーは、自ら形を与える‐受け取るという可塑的運動がもたらすヘーゲル哲学の来たるべき創造性を積極的に肯定するのである。それゆえ、私たちは両者の哲学的戦略のすれ違いを、むしろ率直に受け入れるべきだろう。デリダの優れた門人が、彼の哲学への配慮と忠実さを保持しながらも、この良師とはまったく異なる光景（とりわけ第三部第三章）をヘーゲルの弁証法の核心部に見い出してしまったことを。

とはいえ、デリダの指摘の他にも、本書からはさまざまな論点は残る。マラブーが解明するヘーゲル的主体の時間の可塑性は、後期ハイデガーの「**Es gibt die Zeit**（時間が存在する＝それが時間を与える）」という贈与と受容の二重性とはどのように関係しているのか。また、本書ではヘーゲル哲学のなかにハイデガー的な時間性が確認され、前期ハイデガーのヘーゲル批判の不当性が論証されているが、だがさらに、後期ハイデガーのヘーゲル論（一九三〇―三一年の冬学期講義「ヘーゲル『精神現象学』」〔全集第三二巻〕や一九四二―四三年の「ヘーゲルの経験概念」〔第五巻『杣径』〕、ヘーゲルの「否定性」を注釈した第六八巻『ヘーゲル』）を参照すると、どんな争点が浮かび上がってくるのか。そして、本書では可塑性概念が重要な役割を果たしているが、だがはたしてこの概念がヘーゲル独自の概念なのか、あるいは、より一般的な哲学の概念、さらには他の分野でも有効に使用されうる概念なのか、十分に解明されなかった。これらの問いに返答するべくマラブーは、ハイデガー哲学の中核をなす「変貌《メタモルフォーズ》」概念の解明に取り組み、可塑性概念の可能性を確証するために脳科学との哲学的対話に挑戦し、そして、デリダ哲学との差異を肯定しながら、孤高なる哲学探求を続けることになるのである。

***

最後に、カトリーヌ・マラブーの略歴を紹介しておきたい。

マラブーは一九五九年にアルジェリアで生まれるが、アルジェリア独立戦争の激化とともに、彼女が幼少の頃にマラブー家はフランス本国に渡航する。高等師範学校《エコール・ノルマル・シュペリウール》の哲学準備学級《カーニュ》でヘーゲル哲学に興味を抱いて以来、彼女はヘーゲル研究を続け、一九九四年に博士論文『ヘーゲルの未来――可塑性・時間性・弁証法』を提出した。ヘーゲル研究の泰斗ベルナール・ブルジョワを長として、審査官ジャック・デリダ、ジャン＝リュック・マリオンらによる口頭試問を受けて彼女は博士号を取得し、同論文は一九九六年にヴラン出版から「哲学史」叢書の一冊として刊行された（本書）。マラブーはその後、デリダが創設した国際哲学コレージュで教鞭を執りながら、書評紙「キャンゼーヌ・リテレール」の書評委員を務めた後、パリ第十大学（ナンテール）哲学科助教授（現職）となっている。

マラブーはジャン＝リュック・ナンシーやラクー＝ラバルトの次世代の「デリダ派」の一翼を担っており、実際にデリダ関係の仕事を数多く手掛け、秀逸なデリダ論を多数発表している。彼女は「ルヴュ・フィロゾフィック」誌のデリダ特集号〔一九九〇年第三号。『デリダと肯定の思考』、高橋哲哉・増田一夫・高桑和巳監訳、未來社、二〇〇一年〕を編集し、デリダの旅の軌跡と両者の往復書簡から構成された共著『側道』〔*La Contre-allée*, La Quinzaine Littéraire-Louis Vuitton, 1999〕も発表している。

二〇〇三年、マラブーは教授資格論文として『ハイデガー変換機——哲学における幻想的《ファンタスティック》なものについて』〔*Le Change Heidegger Du fantastique en philosophie*, Léo Scheer, 2004〕を上梓した。本書で問題提起されているように、ハイデガーはヘーゲルを、未来のない「通俗的時間」を完成させ、〈存在〉を不動性として形而上学的に理解した哲学者であるとする。それでは逆に、ハイデガーはどのような変貌《メタモルフォーズ》の概念を思考し、これをどのように〈存在〉と関係づけたのか。マラブーは、**Wandel-Wandlung-Verwandlung**（変化－変形－変貌）という三幅対の内在的運動こそがハイデガーの〈存在〉の実相であるとし、この変換装置を介して、ハイデガーにおける形而上学、人間、神、言葉、歴史の自己変容運動を解き明かしていく。

本書の主要概念である「可塑性」だが、マラブーはその可能性を掘り下げるために、一九九九年十月にフレノイの現代美術国立スタジオで同名のシンポジウムを開催している。デリダ、ディディ＝ユベルマンなど、哲学のみならず、美術、音楽、数学、化学、脳科学などの専門家が一堂に会して、マラブーが提起した「可塑性」概念がまさに可塑的に論じられている〔*Plasticité*, Léo Scheer, 2000〕。さらに、『私たちの脳をどうするか』〔*Que faire de notre cerveau ?*, Bayard, 2004. 桑田光平・増田文一朗訳、春秋社、二〇〇五年〕において、マラブーは近年の脳生理学の成果に依拠しながら、ニューロン（神経細胞）や他の細胞のシナプス（接合部）の可塑的過程を論及している。自己形成・自己修復を繰り返す脳細胞組織は中央集中的で厳格な指令拠点などではなく、きわめて可塑的なシステムである。マラブーは、一度習得した偶有性が本質化されて外的圧力に対して抵抗を生じさせるという「可塑性」概念を、労働主体の従順な「柔軟性」を勧奨するグローバル市場主義、新自由主義の趨勢に対置させている。

　マラブーの最新著は『エクリチュールの暮れ方の可塑性――弁証法、解体作業、脱構築』〔*La plasticité au soir de l'écriture Dialectique, destruction, déconstruction*, Léo Scheer, 2005〕で、この自伝的テクストでは、彼女自身のこれまでの思索過程が綴られながら、その哲学的立場が表明されている。マラブーが批判的に継承してきたヘーゲルの弁証法、ハイデガーの解体作業、デリダの脱構築という三つの論理が相互に変貌させ合うような運動が、書記的なものと可塑的なもの、エクリチュールと形態が交錯する「可塑性」として描き出されるのである。

　こうした主著作以外にも、マラブーが発表した論文は数多い。デリダ、ヘーゲル、ハイデガーに関する論考を初めとして、その他にも、ルソー、プルースト、ドゥルーズ、フロイト、マルクス、レヴィ＝ストロースなど、多彩な論題で彼女は精力的に文章を発表してきた。第一論集の出版、そして、彼女独自の哲学のさらなる展開がこれからも大いに期待されるところである。

＊＊＊

　本書は、Catherine Malabou, *L'avenir de Hegel Plasticité, temporalité, dialectique*, Vrin, 1996 の全訳である。翻訳に際しては、Lisabeth During による英訳版 *The Future of Hegel Plasticity, Temporality and Dialectic*（Routledge, 2004）

も参照した。

翻訳が完成するまでにさまざまな方に御世話になった。

鵜飼哲氏には今回の翻訳にあたって出版社との仲介の労をとって頂いた。感謝の気持ちを表わしたい。そもそも、本書のことは鵜飼氏から、デリダの長大なヘーゲル－ジュネ論を講読する彼のゼミのなかで初めて知った。翻訳作業を終えるにあたって、私は思い出している――ヘーゲルの『弔鐘《グラ》』と『ヘーゲルの未来』が共鳴する、あの奇妙なはじまりの時間のことを。

翻訳を進めるなかで、同輩の優れた研究者かつ学友から実意のこもったたくさんの助言を頂いた。かつてパリ第十大学でマラブー・ゼミに同席した学兄・西山達也氏には、いつも変わらぬ確かな眼識でもって、訳文全体の細かい点に至るまで懇切丁寧な助言を数多く頂いた。また、ヘーゲル研究の俊英・大河内泰樹氏にも訳文に目を通してもらい、いくつもの有益な指摘を頂いた。両氏に感謝申し上げる次第である。

もっとも、どれほど多くの助けを借りたとしても、本訳書のありうべき間違いや不適切な箇所などの責任はすべて訳者にあることは言を俟たない。先学諸兄、読者の方々からの忌憚のない御批判、御教示を頂ければ幸いである。

原著者カトリーヌ・マラブーにも深い感謝の気持ちを表明したい。彼女には原著の不明な点に関して何度か訳者の質問に親切に答えていただき、翻訳完成までにつねに心ある励ましの言葉をかけて頂いた。留学中にマラブー氏から歓待や激励に満ちた研究指導という「形」で受け取ったものが、しばらくの時間を経て塑造され、今回、翻訳書という「形」を与えられて敬意と感佩の念とともに彼女に送り返されることは私の心からの願いである。

マラブー氏が編集委員を努めるレオ・シェール出版社の社長レオ・シェール氏からは、彼女の著作の外国語翻訳を支援するため、日本とフランスの出版活動の活性化のためにという理由で、今回の日本語訳に際して特別に翻訳奨励金を頂戴した。感恩の気持ちをここに表わしたい。

最後になったが、未來社編集部の小柳暁子氏には、著者マラブー氏来日直前の無理な日程のなか、迅速かつ的確に編集作業を進めて頂いた。また、未來社社長の西谷能英氏には万般にわたって大変御世話になった。厚く御礼を申し上げたい。

二〇〇五年六月十二日　西山 雄二

マ 行

ヤ 行

ラ 行

タ 行

ナ 行

ハ 行

索　引

〔人名・書名を一括して、五十音順に配列した。人名の原綴りは原則的にはフランス語表記にしたがう。〕

ア　行

カ　行

サ　行

■著者略歴

カトリーヌ・マラブー（Catherine Malabou）

1959年、アルジェリア生まれ。哲学者、パリ第10大学（ナンテール）助教授を経て、現在、キングストン大学教授。ジャック・デリダに提出した博士論文『ヘーゲルの未来——可塑性・時間性・弁証法』（本書）を皮切りに、ドイツ・フランスの近現代哲学と脳科学の領域横断的な研究を展開している。日本語訳書に、『デリダと肯定の思考』（高橋哲哉・高桑和巳・増田一夫監訳、未來社、2001年）、『わたしたちの脳をどうするか——ニューロサイエンスとグローバル資本主義』（桑田光平・増田文一朗訳、春秋社、2005年）、『新たなる傷つきし者——現代の心的外傷を考える』（平野徹訳、河出書房新社、2016年）、『明日の前に——後成説と合理性』（平野徹訳、人文書院、。2018年）、『偶発事の存在論——破壊的可塑性についての試論』（鈴木智之訳、法政大学出版局、2020年）、『真ん中の部屋——ヘーゲルから脳科学まで』（西山雄二・星野太・吉松覚訳、2021年）、『抹消された快楽——クリトリスと思考』（西山雄二・横田祐美子、法政大学出版局、2021年）。

■訳者略歴

西山雄二（にしやま・ゆうじ）

1971年、愛媛県生まれ。現在、東京都立大学教授。著書：『哲学への権利』（勁草書房、2011年）、『異議申し立てとしての文学——モーリス・ブランショにおける孤独、友愛、共同性』（御茶の水書房、2007年）。編著：『いま言葉で息をするために——ウイルス時代の人文知』（勁草書房、2021年）、『人文学と制度』（未來社、2013年）ほか。訳書：ジャック・デリダ『嘘の歴史 序説』（未來社、2017年）、『獣と主権者』（全二巻、共訳、白水社、2014-16年）、『哲学への権利』（全二巻、共訳、みすず書房、2014-15年）ほか。

ヘーゲルの未来――可塑性・時間性・弁証法

2005年7月5日　初版第1刷発行
2022年5月20日　第 2 刷 発 行

定価――――（本体5800円＋税）

著者――――カトリーヌ・マラブー

訳者――――西山雄二

発行者―――西谷能英

発行所―――株式会社未來社

〒156-0055 東京都世田谷区船橋1-18-9
振替 00170-3-87385
電話・代表 03-6432-6281
URL:http://www.miraisha.co.jp/
Email:info@miraisha.co.jp

印刷・製本――萩原印刷
ISBN978-4-624-01170-3 C0010

Translation funded by Editions Léo Scheer

（消費税別）

デリダと肯定の思考

マラブー編／高橋哲哉・増田一夫・高桑和巳監訳

デリダ本人もふくむ17人の哲学者・研究者による大部なデリダ論集。デリダ哲学のさまざまなキーワードの分析や思考法の筋道をたどり、その政治性についても触れる思想の読解書。四八〇〇円

ヘーゲル用語事典

岩佐茂・島崎隆・高田純編

ヘーゲル哲学の主要な用語を94項目選び、七つの大きな主題別ブロックのなかに配置し、平明な解説を加えた意欲的な「読む事典」。年譜文献解説なども収録したヘーゲル哲学案内。三五〇〇円

ヘーゲル伝

ドント著／飯塚勝久訳

フランスのヘーゲル研究第一人者、ジャック・ドント氏による本格的なヘーゲルの伝記。謎の多いヘーゲルを再発見し、ひとを不安にすると同時に誘惑する、生きた顔を再構成する。五六〇〇円

ヘーゲルの弁証法

ガダマー著／山口誠一・高山守訳

〔六篇の解釈学的研究〕解釈学的研究の方法的立場に立つガダマーがドイツ観念論の最高峰にいどんだヘーゲル研究の古典。ガダマー自身の思想的彷徨を同時に示す興味深い所産。三五〇〇円

人文学と制度

西山雄二編

人文学およびその教育・研究制度は大きな変容の時代を迎えている。社会、政治、経済との関わりのなかで世界の人文学者・哲学者はいま何を思い、いかなる未来を描いているのか。三二〇〇円

名を救う

デリダ著／小林康夫・西山雄二訳

〔否定神学をめぐる複数の声〕「否定神学」の読解を通じて、名の贈与の出来事、友愛と歓待、語りかけと祈り、来たるべき民主主義を問う。『パッション』『コーラ』とならぶ三部作。一八〇〇円